"十三五"军队重点院校和重点学科专业系列教材

管理理论与方法

李 婷 段光锋 主编

上海大学出版社
·上海·

图书在版编目(CIP)数据

管理理论与方法 / 李婷,段光锋主编. ——上海: 上海大学出版社,2023.4
ISBN 978-7-5671-4634-1

Ⅰ.①管… Ⅱ.①李… ②段… Ⅲ.①管理方法 Ⅳ.①C931

中国国家版本馆 CIP 数据核字(2023)第 050962 号

责任编辑　陈　露
封面设计　缪炎栩
技术编辑　金　鑫　钱宇坤

管理理论与方法

李　婷　段光锋　主编
上海大学出版社出版发行
(上海市上大路99号　邮政编码200444)
(https://www.shupress.cn)　发行热线 021-66135112
出版人　戴骏豪

＊

南京展望文化发展有限公司排版
商务印书馆上海印刷有限公司印刷　各地新华书店经销
开本 710mm×1000mm　1/16　印张 13.5　字数 250 千字
2023 年 5 月第 1 版　2023 年 5 月第 1 次印刷
ISBN 978-7-5671-4634-1/C·140　定价 68.00 元

版权所有　侵权必究
如发现本书有印装质量问题请与印刷厂质量科联系
联系电话: 021-56324200

《管理理论与方法》

编 委 会

主　编：李　婷　段光锋

副主编：陈立富　李　阳

编　委：（按姓氏笔画排列）

马玉琴　许　苹　李　阳

李　婷　张　崼　陈立富

段光锋　段增杰　顾仁萍

倪杰文　熊林平　戴志鑫

前　言

《管理理论与方法》共 12 章，包括管理的基本理论、原理、技术、方法及各个管理职能的相关内容。

从整体上而言，本书在编写上有两个特点：一是理论体系完整。教材在编写时，既考虑了管理理论的共性，即系统的理论体系和完整的方法体系，全书以管理基本职能为核心框架阐述了管理理论和技术方法。同时，也考虑了管理的个性问题，即不同管理环境、管理背景及管理制度下的管理个性差异。二是内容覆盖面广。本教材内容既包括管理学基本概念、基本原理和基本分析方法，同时，也吸纳了 20 世纪 90 年代以来最重要的管理学成果。

本书既可以作为卫生专业研究生的选用教材，也可供初、中级管理干部任职培训使用，同时还可以作为广大管理实践者和爱好者的参考书。

在本书编、审、定的过程中，编写组全体成员付出了辛勤的劳动，在此表示衷心感谢！由于编者的学术水平有限，加之时间仓促，书中难免存在缺点和不足，敬请读者批评指正。

编者
2023 年 2 月

目 录

第一章 管理学概述 ··· 001
　　第一节　管理的基本问题 ··· 001
　　第二节　管理与管理学 ·· 005
　　第三节　管理活动 ·· 010

第二章 管理理论的形成与发展 ··· 018
　　第一节　古典管理理论 ·· 018
　　第二节　行为科学理论 ·· 026
　　第三节　现代管理理论及发展 ··· 031

第三章 组织变革与文化 ··· 038
　　第一节　组织变革概述 ·· 038
　　第二节　组织文化的内容 ··· 040
　　第三节　组织文化测量模型 ·· 047

第四章 管理原理与方法 ··· 052
　　第一节　管理原理 ·· 052
　　第二节　管理的行政方法 ··· 058
　　第三节　管理的法律方法 ··· 060
　　第四节　管理的教育方法 ··· 062

　　　　第五节　管理的技术方法 …………………………………………… 063

第五章　质量管理常用方法 ……………………………………………… 065
　　　　第一节　质量管理概述 …………………………………………… 065
　　　　第二节　质量管理基本方法 ……………………………………… 067
　　　　第三节　质量管理常用工具 ……………………………………… 074

第六章　计划与目标 ……………………………………………………… 080
　　　　第一节　计划概述 ………………………………………………… 080
　　　　第二节　计划的流程与方法 ……………………………………… 085
　　　　第三节　目标与目标管理 ………………………………………… 092

第七章　组织 ……………………………………………………………… 099
　　　　第一节　组织概述 ………………………………………………… 099
　　　　第二节　组织设计 ………………………………………………… 101
　　　　第三节　组织结构类型 …………………………………………… 108

第八章　领导理论 ………………………………………………………… 115
　　　　第一节　领导概述 ………………………………………………… 115
　　　　第二节　经典领导理论 …………………………………………… 117
　　　　第三节　领导理论的进展 ………………………………………… 127

第九章　控制过程与方法 ………………………………………………… 131
　　　　第一节　控制概述 ………………………………………………… 131
　　　　第二节　控制过程 ………………………………………………… 136
　　　　第三节　有效控制 ………………………………………………… 144

第十章　沟通与谈判 ……………………………………………………… 150
　　　　第一节　沟通概述 ………………………………………………… 150
　　　　第二节　沟通管理 ………………………………………………… 156
　　　　第三节　组织冲突与谈判 ………………………………………… 161

第十一章　激励理论与应用 169
　　第一节　激励概述 169
　　第二节　激励理论 171
　　第三节　激励实务 184

第十二章　人力资源管理 189
　　第一节　人力资源管理概述 189
　　第二节　人力资源管理内容 192
　　第三节　人力资源演进与发展趋势 200

参考文献 205

第一章 管理学概述

管理学是一门横跨社会科学、自然科学和技术科学的交叉学科,更是一门系统研究管理活动基本规律和一般方法的科学。管理就是对一个组织所拥有的各种资源进行计划、组织、领导和控制,用最有效的方法实现组织目标的过程。本章阐述了管理的基本问题,管理及管理学的概念、性质,管理学常用的研究方法、管理的职能和管理的基本要素;介绍了管理者的相关理论等。

第一节 管理的基本问题

一、组织资源的有限性

任何组织的管理活动都是对资源的有效配置,都是要以高效率的管理来实现组织的目标。每个组织中人力资源、物质资源、信息资源、时间资源和关系资源等在数量和质量上虽然都不尽相同,但都是有限的,它们在管理的作用下经过特定的技术转换过程成为组织的产出物。如何对这些有限资源进行有效配置,是管理的基本问题。

组织目标确定后,组织要用可调动的资源去支持组织目标的实现,同时,组织目标的制定也必须从组织资源的有限性出发。目前,组织对有限资源的利用有两种基本方式:一是在既定条件下,组织通过有效的计划、组织、领导控制等管理活动使效益最大化;二是在既定目标下,尽可能少的占用有限资源,即成本最小化。虽然两种方式的描述不同,但实质是一样的,都是要求管理者在管理活动中高效率利用有限资源,实现组织目标。因此,管理活动的安排必须比较各个方案的成本和收益,选择更合适的方案。管理作为对组织内有限资源有效整合的活动,贯穿于组织资源配置的全过程。

在组织资源配置过程中,资源配置主要依赖组织中的行政机制,利用组织不同层级,通过命令、执行、检查监督等手段保证资源配置的有效性。这种行政机制对资源配置而言其优点为:一是组织的权威保证了政令通畅;二是组织层级结构保证分工协作有效；三是上下信息沟通方便，便于监督，使资源配置更有效。

二、管理环境的不确定性

组织中的管理环境分为外部环境和内部环境。任何一个组织都是在一定的环境中生存和发展，组织中的管理活动离不开管理环境，管理方式的选择、管理效能的高低与管理环境有着密切的联系。组织的外部环境包括国际因素、科技环境、社会文化环境、经济环境、法律政治环境和自然地理环境等。作为服务性的组织，还要考虑组织的任务环境，如服务的客户群、竞争者、供应商及服务等外部环境。内部环境是由组织文化、组织结构、技术和相应的硬件设施组成，组织文化逐渐成为组织内部管理环境最重要的要素之一。

组织面临的环境不是一成不变的，环境的变化是不确定和复杂的，各种变量相互交织，组织的管理不再受到国界的制约，各种规模和类型的组织的管理者正面临国际全球环境的机遇和挑战，如全球自由贸易盛行时，促进了经济的增长和生产率的提高。因此管理者的管理活动必须要随着环境的变化而不断变化，既要着眼内环境，也要放眼外环境。

三、管理中的人性假设

在组织中，人力资源是所有资源中最重要的资源，人具有管理的发出者和管理的接受者双重身份，管理与人有着极为密切的关系。在管理中对人性的不同认识，形成了不同的管理出发点、管理方式和手段。所有的管理理论也都是基于人性假设的理论。

（一）受雇人

在资本主义社会，资本主义赋予每个人人身自由。对工人来说，这种自由便是出卖自己劳动力。资本家花钱在劳动力市场上雇用劳动者（购买劳动力），是看中劳动者在与生产资料结合的劳动中创造出了大于其本身价值的价值，以供资本家享用。因此，在资本主义初期的组织里，工人不过是一个受雇用的人，是一个会说话的工具。为了尽可能多地榨取剩余价值，资本家们采用残酷的手段来管束工人，如增加劳动强度、延长劳动时间、尽量少给工资、实施严厉的惩罚等手段。

在当时的管理者眼里，这些受雇工人全是些好吃懒做、游手好闲、好逸恶劳，且没有一点责任心的恶习人，如果这些人受雇后不加以严格管理，就会不听使唤，就会偷懒，就会破坏，甚至还会闹事。因此，当时的组织制定的许多管理条文和管理措施，在今天看来都是十分不可思议和不人道的。这样一种对受雇人的看法和对其管理的方式,被后来的管理学家总结为"X理论"人性假设。在这种看法(忽视了工人的一切需要和对利益的追求)下,工人工作的一切积极性和创造性都被抹杀,管理者与被管理者的人际关系十分紧张,工人把其工作仅视为谋生的手段,不满与反抗时常在组织中爆发。

(二)经济人

随着现代化大生产的发展,科学管理学说在19世纪末和20世纪初风行管理界。组织界开始接受科学管理学说关于工人是"经济人"的假设,也开始意识到工人生产的积极性对生产效率的重要影响。经济人假设理论的提出是对被管理者人性认识的深化,这一假设带动了管理方面的一场革新。

弗里德里克·温斯洛·泰勒(Frederick Winslow Taylor)认为,组织家的目的是最大限度获取利润,而工人的目的是最大限度地获取工资收入。假如在能够判定工人工作效率比往常提高多少的前提下,给予工人一定量的工资激励,会引导工人努力工作,服从指挥,接受管理。结果是工人得到实惠即工资增加,而组织家们则增加了收入,也方便了管理。显然,这一基本管理方式比传统的"受雇人"模式下将工人当作"会说话的工具"来严加管束的管理方式要先进且更符合人的特性。

事实上,在劳动仍被作为谋生的手段,在收入水平不高而且对丰富的物质产品世界充满欲望时,人的行为背后确由经济动机在支配。因此,经济人假设利用人的这一经济动机,来引导和管理人们的行为,应该是一大创新。它开创了对人的管理从其内在动机出发而不是一味压迫、强制的方式的先河。20世纪初的美国是个人主义价值观占统治地位的时代,科学管理的实质是从组织家和工人双方都有的个人主义利益出发,来寻求他们双方为提高效率和改善管理而采取的有效方法。

(三)社会人

20世纪30年代的"霍桑实验"纠正了对组织成员"不过是一个经济动物"的偏见,证实了工资、作业条件、生产效率之间没有直接的相关关系,认为组织的员工不单纯是个"经济人",而是一个社会存在,是"社会人",并由此推出了一系列针对"社会人"的管理方式方法,引发了对人管理的新革命。

按照"社会人"的假设,在社会上活动的组织成员不是各自孤立存在的,而是作为组织一员的"社会人",是社会的存在。"社会人"不仅要求在社会上寻求较高的收入以便改善经济条件、谋求较高的生活水准,而且作为人,他们还有七情六欲,还需要得到友谊、安定和归属感,还需要得到尊重。这种"社会人",是作为组织的成员而行动的,行动背后以社会需要为动机。亚伯拉罕·哈罗德·马斯洛(Abraham

Harold Maslow)的"需要层次理论"实际上就是在"社会人"的假设上发展起来的。

由于人是社会人,有社会需要,因此如果组织能够满足其成员的这种需要,使他们获得在组织工作方面的最大满足感,那么他们的情绪就会高涨,情绪越高积极性也越高,生产效率也就越高。社会人假设理论及其管理方案的提出是组织对人的价值的重新评估,从经济人到社会人,对人的看法更接近人的本来面目。与此相应的管理方法也已不再把人单纯地看作一个被动的接受管理者、一个经济动物,而是从人的各方面社会需要出发对人的行为加以引导。这种引导更多地从协作的目的出发,这比科学管理的"经济人"方案又前进了一大步。然而这种方案的功利性目标依然很强,方案的出发点依然是管理主体的组织者或管理者,换句话说方案本身只是为组织者、管理者们设计的,被管理者的角色依然是既定的。

(四)管理人

即使是组织中的一个操作工,他在管理过程中也有双重身份:一方面,他接受来自其他方的指令、监督与控制,保持其行为与其他方面的一致性,因而是一个被管理者;另一方面,他在面对自己的工作领域,在操作机器和工具进行生产或服务时是一个主动的实施者,是面临各种突发问题的果断处理者,从这个意义上看他也是一个狭义的管理者。

赫伯特·西蒙(Herbet Simon)认为,任何作业在开始之前都要先进行决策。决策合理与否在很大程度上决定作业的成果,决策绝不是组织高层管理人员的专利。事实上,不仅最高管理阶层要进行决策,组织中所有阶层包括作业人员都进行决策,它贯穿整个组织中。组织成员的阶层不同,实质上只是各自决策的领域不同而已,既然所有组织成员都在做决策,则他们都应该是管理的出发者,是"管理人"。

管理人的假设为管理思路、理论和方法打开了新的天地。当每个人都能够在自己行事的范围内自主工作,创造成就时,这本身就是一种巨大的激励,使其获得一种自己创造力得以发挥的满足。可见,传统的集权于上级领导,下级人员没有自主权,只得服从指挥的管理方式,仔细看来已经束缚了下级人员在工作中创造性的发挥,而人真正的价值恰恰在于他的创造力。基于管理人假设的管理思路和管理方式则要求恰当地分权,让每个人在他所接受的授权范围内独立自主和创造性地工作和决策,发挥每个人的最大潜能,并从中塑造人本身。

管理人假设的提出及派生的管理思路、理论和方法在管理中的运用,是对人的管理、人的价值的一种更为全面的认识。首先,它确认了组织成员都是决策者这一不同凡响的观点,认为组织的成功有赖于全体成员一致的决策和一致的努力。其次,可以通过适当分权让每个人都有自主开展工作的天地,发挥其聪明才智和创造力潜能。再次,人的成就感是人自我发展的动力,组织不应该仅仅是使用人的场所,还应该是发展、培养和造就人的学校。

(五)自我实现人

"自我实现的人"假设是对人价值的一种最新看法,与"管理人"的假设稍有差别。这一假设在很大程度上依赖于心理学家马斯洛的"需要层次理论"。自我实现的人是其他需要都基本得到满足而只追求自我实现需要的人。在当代经济条件下,在人们生活质量普遍提高的情况下,的确有一批人开始追求自我价值的实现。

既然现代组织中的成员可以被假定为追求自我实现需要的人,那么组织在对成员的管理方面就必须设计全新的组织体系,创设全新的机制,给予良好的环境,允许这些组织成员在组织中获得成就,发挥自己的潜力,实现自己的价值。有人可能要问,要实行这么大的变革,组织成本会不会很大,是不是合算?实际上,心理学、行为学早已证明,当人们在做他们自己十分感兴趣的事情时,那种投入和效率才是真正一流的。

对自我实现的人的管理如果依然采取严格的命令约束,不给他任何自由驰骋的空间,那么这种人就会心生不满、情绪低落。因此,管理者可以通过适当分权,给予这些成员一个想象的空间、一个工作的领域,而对其基本约束仅仅是要求他完成各自的目标,采用什么方式达到这个目标则由组织成员去创造、去选择。

第二节 管理与管理学

一、管理的概念与性质

(一)管理的概念

什么是管理?不同的管理学家从不同研究角度对管理做了不同的解释。

科学管理理论创始人泰勒(Frederick W. Taylor)认为"管理就是确切地知道你要别人去干什么,并使他用最好的方法去干。"

过程管理理论创始人法约尔(Henri Fayol)提出"管理就是由计划、组织、指挥、协调及控制等职能为要素构成的活动过程。"

决策理论学派代表人物西蒙(Herbert A. Simon)提出"管理就是决策,决策贯穿于整个管理过程。"认为决策不是一瞬间的行动,而是一个漫长而复杂的过程,需要经过搜索分析情报、拟定备选方案、筛选方案等过程。

美国管理学家哈罗德·孔茨（Harold Koonts）和海因茨·韦里克（Heinz Weihrich）在《管理学》（第十版）中对管理的定义就是"设计和保持一种良好环境，使人在群体里高效率地完成既定目标。"其强调的是管理的目的和内容。

综合各具特色的定义和观点，本教材将管理定义为：管理就是管理者在一定的环境中对组织所拥有的各种资源进行计划、组织、领导和控制，用最有效的方法高效率地实现组织目标的过程。

（二）管理的性质

管理活动就是组织、指挥和监督劳动的过程。具有同生产力社会化生产相联系的自然属性和同生产关系、社会制度相联系的社会属性，就是管理的二重性。马克思首先提出了管理二重性原理，管理的二重性由劳动二重性决定，即指管理的自然属性和社会属性，这是管理的根本属性。

管理的自然属性是反映生产力属性的管理，是共同劳动、分工协作需要的管理，是由生产力的发展引起和决定的，体现了不同社会制度下管理的共同属性，是一种客观存在，不以人的意志为转移，不以社会制度和意识形态的不同而改变。所以称之为自然属性。

管理的社会属性是受一定生产关系影响和制约，反映生产关系的管理，是维护和调整生产资料占有阶级的经济利益需要的管理，换句话说就是"为谁管理"的问题，列宁曾指出："资本家所关心的是怎样为掠夺而管理，怎样借管理来掠夺。"可见管理的社会属性规定着管理的阶级实质和目的，具有阶级社会各自特殊共同属性。因此，管理既要适应生产力运动的规律，也要适应生产关系运动的规律。

认识管理的二重性，有助于我们正确总结我国的管理经验和正确对待国外管理理论和方法。就其自然属性而言，各种不同形态的管理具有继承性和连续性，有其共同的规律，对一些国外先进的管理技术和方法，要大胆学习、吸收；明确管理的社会属性，就是要防止照搬照抄国外的理论方法，注意从中国国情出发，结合国内的管理实践，加以借鉴和创新。

二、管理学的概念及性质

（一）管理学的概念

管理学作为一门独立的学科，最早产生于西方发达的资本主义国家，其形成的标志是19世纪末20世纪初，泰勒科学管理理论的产生。1911年，泰勒发表的《科学管理原理》，代表了管理从经验走向科学。自泰勒提出科学管理理论以来，许多的管理学家开始总结、研究管理活动的一些普遍规律，并形成了众多的管理学派。

广义上的管理学，泛指管理学科问世以来所经历的各个发展阶段和各个学派的内容总称。狭义的管理学，是一门研究管理活动中各种现象和规律的科学。任何管理活动都是在一定背景中进行的，背景环境的变化会影响管理效能和管理方式的选择，因此管理理论必然要随着环境的变化而不断发展。

将管理学的基本原理运用在不同的部门或行业便出现了各种管理门类，如国民经济管理、行政管理、组织管理、军队管理、卫生管理、教育管理和科技管理等。从这些管理门类中可以抽象出一些相通的和具有共性的管理学内容，如战略管理、人力资源管理、财务管理、物资管理、信息管理、组织管理、决策科学、领导科学、管理控制等。

（二）管理学的性质

1. 综合性

管理学不仅是一门横跨社会科学、自然科学和技术科学的交叉学科，更是在这些学科的基础上发展起来的一门独立的学科。

在社会科学方面，管理学主要涉及哲学、经济学、社会学、心理学和人类学等学科；在自然科学方面，管理学涉及统计学、运筹学、概率论、线性代数、矩阵论、随机过程理论、动态优化理论等学科；在技术科学方面，包括信息科学与信息技术（含计算机技术和网络通讯技术等）、系统科学与系统工程、控制理论与控制技术等学科。

管理学的研究内容、对象和方法体现了高度的综合性，且涉及多门学科，而管理实践的复杂性也决定了管理学必须综合利用经济学、社会学、心理学、数学等学科的研究成果，利用运筹学、系统论、信息论、计算机科学的方法和成就对管理活动进行定性和定量的研究。

2. 应用性

管理学是一门应用学科。管理学之所以能够产生、存在和发展，是因为它反映了社会的实际需要。它通过对管理活动的基本规律和一般方法的总结和概括，形成管理理论，以此指导人类的管理实践活动，并在此过程中完成对管理理论的准确性检验，是促进社会和经济发展的一门行之有效的学科。

3. 实践性

从泰勒的《科学管理原理》出版到现在的近百年发展历史可以清晰地看到，管理学始终随着时代进步在不断积累和完善，从古典管理理论的经济人假设，到行为科学管理理论的社会人假设再到现代管理理论的复杂人假设,管理从强化制度管理到注重人的管理。由于管理学具有较强的实践性,它呈现出鲜明的时代特色,始终紧跟社会发展,建起了具有鲜明时代特色的学科体系。

三、管理学研究内容

管理学虽然是一门新兴学科,但已经形成了庞大的学科体系,其研究内容的深化是管理学成长和发展的根本特性,而管理学基础是对管理活动基本规律和一般方法的研究,主要为管理实践提供一般性指导。其研究内容主要包括:

1. 研究管理的历史发展

研究管理学有关理论产生和发展的过程,分析各个时期管理理论的状况和特征,对于继承和发展管理学研究成果,丰富现代管理学的内容和提高现代管理水平是有必要的。

2. 研究管理职能

管理的职能是探讨管理者在管理活动中做什么这一问题,管理学从管理过程出发,研究管理者在管理活动中有哪些职能,执行各项职能所涉及的要素是什么,及在执行计划、组织、指挥、控制等职能活动时遇到哪些障碍及如何克服。

3. 研究管理技术与方法

任何一门学科都有它独特的技术方法,在发展过程中其不但会自我创新分析方法,还会借鉴、吸纳其他学科的方法,成为自己方法体系的一部分。管理学作为一门学科,为了实现管理的目标,除了必须研究和运用各种现代管理方法和技术,建立行之有效的管理方法体系,还应结合现代科学技术的成就,采用先进的管理技术指导实践。

四、管理学研究方法

同其他任何一门学科一样,管理学也有其自身的研究方法。从某种意义上讲,管理学领域产生的各种管理学派,实际上也可以说是因为采用了不同研究方法的结果,管理学科的发展也就是研究方法的不断发展和进步。下面介绍几种常用的研究方法。

(一)实验研究方法

在管理活动中,实验方法已成为摸索经验、形成科学理论的重要方法。需要在一定控制条件下,有目的地观察实验对象的行为特征,界定明确的概念和假设,将自变量独立开来,进行因果推论,从而揭示管理规律,著名的霍桑实验就是运用该方法进行的管理学研究的典范之一。但是,管理中的一些高层、宏观的管理问题,由于性质复杂,影响因素众多,这些问题几乎不能进行重复实验。

(二)比较研究方法

比较是科学研究中较常用的一种研究方法。它把不同或相类似的事物放在一起作比较,用以鉴别事物之间的异同,分辨出一般性和特殊性的东西,得出可为我借鉴的东西和不可为我借鉴的东西。

20世纪50年代末,随着跨国公司的发展与经济国际化趋势的日益显著,产生了一门新管理学科分支——比较管理学。该学科是建立在比较分析的基础上对管理现象进行研究,其研究范围往往是跨国度的,且主要分析不同体制、不同国家之间在政治、经济、文化上的差异对管理的影响,探索管理发展的模式和普遍适用于先进国家和发展中国家的管理规律。比较管理学作为一种研究方法已被广泛应用于管理的研究之中。从西方"古典管理理论"的形成到现在,出现了许多管理理论和流派,观点各不相同,思想学说纷纭。这就需要应用比较法对这些纷繁的理论进行分析比较,以找出各学派的特色,区别其实质,真正做到兼收并蓄,丰富管理学的内容。从管理的实践来看,各国又有不同的实际情况,国外组织是如何管理的,我国相关组织在国外开展业务应如何进行管理,目前的管理措施是否适用,管理学理论是否具有普遍性,如何建立一套适合本国实际情况的有特色的管理理论等问题,也都需要应用比较研究方法进行探讨。

(三)系统研究方法

所谓系统,是指由相互作用、相互依赖的若干组成部分结合而成的具有特定功能的有机整体。系统本身又是它所从属的一个更大系统的组成部分。管理过程是一个系统,管理的概念、理论和技术方法也是一个系统。

要进行有效的管理活动,必须对影响管理过程中的各种因素及其相互之间的关系,进行总体的、系统的分析研究,才能形成可行的管理基本理论和合理的管理活动。总体的、系统的研究和学习方法,就是用系统的观点来分析、研究和学习管理的原理和管理活动。

(四)定性、定量结合方法

管理现象不仅有质的规定性,也有量的规定性,定性分析和定量分析是相互结合、互为补充的。定性分析对明确管理理论基础等具有重要意义,定量分析对研究管理理论的运用、探索管理的发展方向等具有重要作用,两者不可偏废。

第三节　管　理　活　动

一、管理活动的要素

管理是一项有组织的社会活动,是指在一定环境或条件下,组织为了达到一定目的,运用一定的职能和手段,对管理客体进行有意识、有组织的协调活动。管理活动由5个基本要素组成。

1. 管理主体

管理主体是指从事管理活动的人员。组织中的管理主体由两类人构成:一类是根据组织既定目标将目标任务分解为各类管理活动、工作任务,并督促完成既定目标的人。另一类是从事各方面具体管理活动的人,即组织的中层和基层管理人员。他们既是管理主体,又是管理活动的作用对象,即被领导和指挥执行分解的组织目标和任务。因此,他们既是管理活动的发出者,又是管理活动的收受者;既是管理的主体,又是管理的客体。

2. 管理客体

管理客体是指管理活动所作用的对象,即管理的收受者。从这个角度来看,组织内的管理客体是一个很大的范畴,可以分成三类。

(1) 组织中的一般成员。组织中的一般成员均是管理的客体,他们执行组织分配给予的工作任务,遵守一定的运行规则进行工作,以求获得良好的工作成绩。

(2) 组织中的其他资源。组织中的其他资源包括财务资源、物质资源、信息资源、时间资源和关系资源等。这些资源均是管理的客体,都是管理的收受者,它们在管理的作用下经过特定的技术转换过程就成为组织的产出物。

(3) 与组织的扩张和发展相关的人力、财力、物力、信息和其他组织。这些也是本组织的客体,只是这类客体不一定很确定,经常会发生变动。

这三类客体中最重要的就是作为管理客体中的人,尽管他们被管理,但他们与其他管理客体结合时又有一定的空间,可能在其工作范围和工作时间中发挥他们的主观能动性。从这个角度上看,在这个特定范围中,每个人又都是他自己工作岗位和领域中的管理主体。

3. 管理目标

管理目标,即管理活动的努力方向和所要达到的目的。凡是管理活动都必然有目标,尽管各种管理活动的主体不同、客体不同、内容不同、范围不同,甚至具体的目标也有很大差别，但都不会没有目标，否则就不能形成管理活动。

管理目标具有层次性，低层的管理目标是指一项具体的管理活动或管理工作的目标。这一层次的目标对于具体的管理活动或管理工作来说是非常重要、不可缺少的。因为管理活动若没有这一具体的欲达成的目标，那么这个活动本身就没有存在的必要。另外，低层管理目标又是组织高层管理目标规定下的产物，管理的终极目标就是组织的最高层的战略目标。具体的管理活动或管理工作的目标若与组织高层目标相脱离，则管理就不可能实现组织的最终目标。

4. 管理职能和手段

管理职能和管理手段是指为了达到管理目标，管理者和管理对象之间用什么方式对管理活动进行计划、组织、领导和控制的问题，它是管理者和管理对象之间发生联系的纽带，是管理活动的主要体现。计划、组织、领导和控制都有其具体内容，使管理行为具体化。

5. 管理环境

通常把管理环境分为外部环境和内部环境。任何一个组织都是在一定的环境中生存和发展，组织中的管理活动离不开管理环境，管理方式的选择、管理效能的高低与管理环境有着密切的联系。

二、管理的职能

管理活动具有哪些基本职能？20世纪初，法国管理学家亨利·法约尔（Henri Fayol）在《一般管理和工业管理》一书中提出了五种管理职能：计划、组织、指挥、协调和控制。之后，不同时期的管理学家也都提出了不同的管理职能，但不论哪种提法，其中计划、组织和控制三项职能是大家高度认同的。随着管理理论的发展，管理的职能也有所变化，目前，被大家所认可的管理活动的基本职能包括：计划、组织、领导、控制和创新。

（一）计划

计划是管理的首要职能，是指制定组织目标，并确定为达成这些目标所采取的行动方案的过程。管理活动按逻辑顺序先从计划开始，组织、领导、控制的工作应遵循计划的安排，一般来说，计划的程序一般包括：分析环境、制定决策、编制行动方案。

（二）组织

组织是指对组织的各类活动进行分类组合、设计和建立组织结构，确定职权关系，协调各种活动的过程。计划的执行要靠其他人的合作，组织工作正是源于人类对合作的需要。在执行计划的过程中,如果能有比各合作个体总和更大的力量、更高的效率,就应根据工作的要求与人员的特点设计岗位,通过授权和分工,将适当的人员安排在合适的岗位上,用制度规定各个成员的职责和上下左右的相互关系,形成一个有机的组织结构,使整个组织协调运转。组织目标决定着组织结构的具体形式和特点。例如,政府、学校、医院、军队、教会、政党等社会组织由于各自的目标不同,其组织结构形式及各自的特点也各不相同。反过来,组织工作的状况又在很大程度上决定着这些组织各自的工作效率和活力。组织职能是管理活动的根本职能,是其他一切管理活动的条件和依托。

（三）领导

领导,是指对组织成员引导和施加影响,使组织成员积极、主动、热情地为组织目标而工作的过程。计划与组织工作做好了,也不一定能保证组织目标的实现。因为组织目标的实现要依靠组织全体成员的努力。配备在组织机构各种岗位上的人员,由于各自的个人目标、需要、偏好、性格、素质、价值观及工作职责和掌握信息量等方面存在很大差异,在相互合作中必然会产生各种矛盾和冲突。因此,就需要有权威的领导者进行领导,指导人们的行为,通过沟通增加人们之间的相互理解,统一组织成员的思想和行动,激励每个成员自觉地为实现共同目标而努力。领导职能是一门非常精微的管理艺术,它贯穿在整个领导活动中。

（四）控制

控制是指管理者根据计划的要求,检查组织活动,对组织活动及其成效进行衡量和矫正,以确保组织目标及计划得以实现的过程。人们在执行计划过程中,由于受到各种因素的干扰,常常使实践活动偏离原来的计划。为了保证目标及制订的计划得以实现,就要有控制职能,而控制的实质就是使实践活动符合于计划。计划是控制的标准,管理者必须及时取得计划执行情况的信息,并将有关信息与计划进行比较,发现实践活动中存在的问题并分析原因,及时采取有效的纠正措施。纵向看,充分重视要各个管理层次的控制职能,愈是基层的管理者,控制要求的时效性愈短,控制的定量化程度也愈高;愈是高层的管理者,控制的时效性要求愈弱,控制的综合性愈强。横向看,要对各项管理活动、各个管理对象进行控制。管理中可能有不信任的控制,但不应该存在没有控制的信任。

（五）创新

有很多研究者没有把创新列为一种管理职能。但是,由于科学技术迅猛发展,社会经济活动空前活跃,市场需要瞬息万变,社会关系也日益复杂。每位管理者每天都会遇到新情况、新问题。如果因循守旧、墨守成规,就无法应对新形势的挑战,也就无法完成肩负的任务。不创新,组织难以发展,甚至到了不创新就无法维持和生存的地步。因此,要做成、做好任何一项事业,都要敢于走新的路,开辟新的天地。

三、管理者的角色

管理主体是指从事管理活动的管理者。组织中的管理主体由两类人构成：一类是根据组织既定目标将目标任务分解为各类管理活动、工作任务,并督促完成既定目标的人。另一类人员是从事各方面具体管理活动的人,即组织的中层和基层管理人员。管理者在履行管理的职能时,为了高效地实现管理目标,提高管理的绩效,在管理活动中需要扮演一定的角色,管理者的角色（Manager Roles）是对管理者在组织体系内从事各种活动时的立场、行为表现等一种特征归纳。根据著名管理学家亨利·明茨伯格（Henry Mintzberg）在20世纪60年代末所做的研究发现,管理者扮演着10种高度相关的角色,这10种角色可归为三类：人际关系的角色、信息传递的角色和决策制定的角色。

（一）人际关系的角色

明茨伯格确定的第一类管理者角色是人际角色。管理者在处理与组织成员和其他利益相关者的关系时,他们就在扮演人际角色。

作为所在组织的高层管理者,必须行使一些具有礼仪性质的职责。例如,管理者有时必须出现在某庆祝活动或仪式上,或参加社会活动,或宴请重要客户等。这时,管理者行使着挂名首脑的角色。由于管理者对所在组织的成败负重要责任,他们必须在组织内扮演领导者角色。对这种角色而言,管理者和组织成员一起工作并通过组织成员的努力来确保组织目标的实现。最后,管理者必须扮演组织联络者的角色。管理者无论是在与组织内的个人和工作小组一起工作,还是在与外部利益相关者建立良好关系时,都起着联络者的作用。管理者必须对重要的组织问题有敏锐的洞察力,从而在组织内外建立良好的关系和网络。

（二）信息传递的角色

明茨伯格确定的第二类管理者角色是信息传递角色。在信息角色中,管理者负责确保组织成员具有足够的信息,从而能够顺利完成工作。由管理责任的性质决定,管理者既是所在组织的信息传递中心,也是组织内信息传递的渠道。

管理者必须扮演的一种信息角色是监督者角色。作为监督者,管理者要持续关注组织内外环境的变化以获取对组织有用的信息,并通过接触下属来搜集信息,并从个人关系网中获取对方主动提供的信息。根据这种信息,管理者可以识别组织潜在的机会和威胁。在作为传播者的角色中,管理者要把他们作为信息监督者所获取的大量信息分配出去,并把重要信息传递给工作小组成员。管理者有时也会向组织成员隐藏特定的信息,但重要的是管理者必须保证组织成员具有必要的信息,以便切实有效完成工作。管理者扮演的最后一种信息角色是发言人角色。管理者必须把信息传递给单位或组织以外的个人,以便外界对本组织的一些信息或情况有所了解。

(三)决策制定的角色

明茨伯格确定的第三类管理者角色是决策角色。在决策角色中,管理者处理信息并得出结论。管理者负责做出组织的决策,让组织成员按照既定的路线行事,并分配资源以保证组织计划的实施。该研究认为管理者扮演的决策角色主要有四种:第一种是组织家角色。管理者要密切关注组织内外环境变化和事态的发展,以便发现机会并利用这种机会。第二种是混乱驾驭者角色。一个组织在运行的过程中,会遇到各种冲突或问题,管理者要必须善于处理冲突或解决问题,如与不合作的供应方进行谈判,或者对组织成员之间的争端进行调解等。第三种是资源分配者角色。管理者决定如何配置组织资源。第四种是谈判者角色。管理者的谈判对象包括组织内部成员、服务对象、合作方和其他工作小组。管理者要进行必要的谈判工作,以确保组织朝着目标迈进。

四、管理者的能力

管理者工作的效能除了与其具备的知识有关,还与其运用知识的能力有关。能力是一个很宽泛的概念,包括创造能力、决策能力、分析判断能力、组织指挥能力等。管理者在管理过程中必须具备一定的能力,对组织的资源进行有效计划、组织、领导、控制等,实现既定的组织目标。管理的能力应是多功能、多层次的综合体。根据现有的研究,我们将管理者的能力归纳为:核心能力、必要能力和增效能力。

(一)管理者的核心能力

管理者的核心能力突出表现为管理者的创新能力和决策能力。

1. 创新能力

创新能力是所有优秀管理者最重要的能力。创新能力表现为管理者在从事的管理领域中善于敏锐地观察旧事物的缺陷，准确地捕捉新事物的萌芽，提出大胆新颖的推测和设想（即创意），继而进行周密的论证，拿出可行的方案付诸实施。富有创新能力的管理者，通常有广泛的兴趣和爱好，对环境有敏锐的洞察力，具有系统思维和辩证思维的特点。创新能力的中转化力也是一种创新能力，是指管理者在转化过程中善于运用综合、重组、移植等技巧将创意转化为可操作的具体工作方案的能力。

2. 决策能力

西蒙说过："组织行为是众多决策过程所构成的一个错综复杂的网络。"虽然决策分为很多类型，但对高层管理者而言，能否正确、合理地制定决策，对组织的生存和发展至关重要，尤其是战略决策。面临的问题错综复杂，要协调组织和内外部环境的关系，决策方案的制定、研究、分析与选择，都要求决策者具有高度的洞察力和决策判断能力。

（二）管理者的必要能力

管理者的必要能力指各级管理者在实践工作中完成岗位职责所需要具备的一定的能力。根据美国学者罗伯特·卡茨（Robert L. Katz）的研究，管理者应当具备三个方面的技能：技术技能、人际技能和概念技能。

1. 技术技能

技术技能是指"运用管理者所监督的专业领域中的过程、惯例、技术和工具的能力"，即管理者对某一专业领域内有关程序、技术、知识、方法和技巧等的理解程度和熟练程度，以及运用上述技能完成组织任务的能力。它包括三方面内容：一是管理者要掌握专业领域内的相关技术，能熟练应用专业技术指导下属开展各项业务工作。二是管理者要掌握本部门的工作方法和工作程序，精通业务流程。三是管理者要熟悉本部门的各项规章制度，能正确理解相关政策，能运用制度和政策指导管理活动。

技术技能对基层管理者尤为重要，虽然可以通过教育和培训获得，但更需要在工作实践中不断学习和总结中获得。

2. 人际技能

人际技能是指"成功地与别人打交道并与别人沟通的能力"，即处理人际关系的技能。它包括对下级的领导能力和处理组织内外部关系的能力。管理者作为组织的一员，其工作能力首先表现在处理人际关系上。

人际技能对所有层次管理都很重要，而随着管理职位的上升，会变得越来越重要。

3. 概念技能

概念技能是指"把观点设想出来并加以处理,以及将关系抽象化的能力"。也可以理解为管理者观察、理解和处理全局性复杂关系的抽象能力。

概念技能要求管理者以整体视角看待组织的能力,即把组织视作一个整体来把握的能力,也就是洞察组织环境的能力。概念技能对于组织的战略决策和发展具有极为重要的意义,是组织中高层管理者必须具备的一项重要技能。

不同层次的管理者对于管理技能的要求程度是不同的。一般而言,管理者所处的管理层次越低,对技术技能的要求越高;所处的管理层次越高,对技术技能的要求越低。基层管理者是直接执行具体任务的管理人员,是具体技术的应用者,没有较高的技术技能,难以有效地开展工作,基层管理者往往是某一领域的技术专家;而高层管理人员则没有必要使自己成为某一技术领域的专家,因为他们可以借助于有关专业人员来解决技术性问题。但他们需要了解或初步掌握与其专业领域相关的基本技术知识,否则他们将很难与其所主管的组织内的专业技术人员进行有效沟通和交流,从而无法对其管辖业务范围内的各项工作进行指导。管理最主要的任务是管理人,这就要求管理人员必须具有识别人、任用人、团结人、组织人和激励人以实现组织目标的能力。因此,对于各个层次的管理人员来说,人际技能都很重要。概念技能对于高层管理者来讲非常重要,因为高层管理者需要考虑组织和外部环境的互动、考虑组织的整体战略和目标、考虑组织各个部分的相互关系等关键问题。而基层管理者主要是执行和完成上级管理者制定的目标,故而对概念技能的要求较低,基层管理者要不断提高自身的概念技能,为自身发展打好坚实的基础。

(三)管理者的增效能力

有管理学者认为增效能力体现在控制协调加快进展的工作能力上,我们将其分为应变能力和组织协调能力。

1. 应变能力

应变能力是管理者能力结构中非常重要的一部分。任何一个组织都是在一定的环境中生存和发展的,组织中的管理活动离不开管理环境,环境的变化导致管理过程是一个动态过程,要求管理者能在变化中判断形势,随机应变,以产生应对的创意和策略。

2. 组织协调能力

首先,组织协调能力表现在管理者能否在管理实施的成员中培养出一种团队精神,即齐心协力、不计名利报酬、积极主动争取成功的精神。管理不是一个人的事,成功需要一群人的配合与投入,因而没有团队精神不行。

其次,组织协调能力表现为能否有效地根据管理过程中各阶段不同资源配置的要求,组织不同资源并让其在各自的位置上正常地运作。这是管理者应有的能力,因为管理者如果不了解各阶段的资源配置要求,就无法组织合适的资源投入创新过程,因而创新的成功也就非常渺茫。

最后,组织协调能力还表现在能否强化个体与整体的协调与反馈。因为具有分散性的个体必须与整体协调一致,才能形成整体的能力,从而保证管理目标的达成。管理过程通常是群体运行的过程,因此将组织成员的个人目标与组织目标协调起来,就显得非常重要。

讨 论

1. 成为一个优秀的管理者是否只要强化管理实践就好,不必对管理学很熟知?
2. 管理学未来的发展方向是什么?
3. 对于国外的管理理论,我们应该抱以什么样的学习态度?

第二章 管理理论的形成与发展

管理理论的发展是人类社会中管理主体和管理研究者在实践中不断对管理特性的认识和把握的过程,是对管理规律认识和驾驭的过程,是客观存在的。本章详细阐述了管理理论的发展,介绍了科学管理理论、行为科学理论及现代管理理论的形成,并探讨了现代管理理论的新发展。

第一节 古典管理理论

古典管理理论是以"经济人"假设为基础的管理理论,其出发点是经济利益,是驱动组织成员提高劳动效率的主要动力。在研究方法上侧重于从静态的观点分析管理过程的一般规律。其代表性的理论有泰勒的科学管理理论、法约尔的管理过程理论以及韦伯的行政组织体系理论等。

一、科学管理理论

科学管理理论创始人是美国的弗雷德里克·温斯洛·泰勒(Frederick Winslow Taylor),该理论着重研究如何提高单个人的劳动生产率。泰勒42岁进入伯利恒钢铁公司从事管理研究,在工作期间,感到工人劳动效率不高,普遍存在"磨洋工"和偷懒现象;此外,工人因缺少培训,没有正确的操作方法和合适的工具进行工作,影响了生产率的提高。基于上述观点,泰勒从1898年起,着手进行了一系列著名的科学实验,从实验中形成了科学管理理论(The Theory of Scientific Management),并提出科学管理制度。1911年,泰勒出版了著名的《科学管理原理》,该书的出版标志着工厂的管理从经验走向科学。

(一)科学管理的理论核心

科学管理的根本目的是谋求最高工作效率。泰勒在《科学管理原理》一书中指出:"管理的主要目的应该是使雇主实现最大的富裕,也联系着使每个雇员实现最大限度的富裕。"他还进一步说:"最高的工作效率是雇主和雇员达到共同富裕的基础,它能使较高的工资与较低的劳动成本统一起来,从而使雇主得到较多的利润,使雇员得到较高的工资。这样,就能提高他们扩大再生产的兴趣,促进生产的发展。"所以,提高劳动生产率是泰勒创立科学管理理论的出发点和基础。

泰勒明确定义了改进生产效率的指导原则,他强调四条管理原则不仅给管理当局还能给个人带来财富。这四条原则是:

(1) 对工人工作的各个组成部分进行科学分析,以科学的操作方法代替旧的操作方法。

(2) 科学地挑选工人,对工人进行培训、教育、提高个人的技能。

(3) 促进与工人之间的相互协作,保证一切工作都按照已经形成的科学方法和原则去办。

(4) 管理者要把自己能胜任的工作承担下来,与工人一样对各自的工作负责,而不仅仅是扮演监工的角色。

根据上述四条原则,泰勒提出以下管理制度:

(1) 为工人提供科学的操作方法,以便工人合理利用工时,提高工作效率。一方面是操作方法标准化,即动作研究。另一方面是劳动工时的合理运用,即时间研究。通过分析研究工人的操作,选用最合适的劳动工具,集中先进合理操作动作,省去多余的不合理的操作动作,最终制定出各种工作的标准操作方法。通过对工人工时消耗的研究,规定完成合理操作的标准时间,制定出劳动的时间定额。

(2) 在工资制度上实行差别计件制。按照作业标准和时间定额,规定不同的工资率;按照工人在工作中的实际表现,而不是根据工作类别来支付工资。对于按照标准做法在规定时间内完成工作任务的工人,以较高的工资率计发工资,而未完成者,则以较低的工资率(正常工资的80%)计发。

(3) 对工人进行科学的选择和培训。泰勒主张运用科学的手段挑选工人,并按标准操作方法对工人进行培训,以改变过去凭个人经验及靠师傅带徒弟的办法培养工人的落后做法,使他们掌握并合理运用操作方法和工具,效率得到增强,工作能力有所提高,成为"第一流的工人"。

(4) 制定科学的工艺规范和流程,并用文件形式固定下来以利于推广。泰勒用了十多年的时间进行金属切削实验,制定出了切削用量规范,使工人选用机床的转数和走刀量都有了科学标准。

(5) 管理工作和劳动工作分离。把管理工作称为计划职能,工人的劳动称为执行职能,计划职能和执行职能要明确分工。泰勒认为计划职能人员负责研究计划、调查、控制以及指导,逐步形成管理人员专业化,即实行"职能工长制"。将管理工作进一步细化,所有的管理者只承担一种职能,而作为执行职能的工人只负责具体作业,管理者和劳动者分工合作,各负其责。

泰勒管理理论的形成,虽然对当时美国社会经济的发展,以及组织管理水平的提高都产生了极大的影响,但科学管理重视局部的生产效益,忽视整体的经营管理,把管理职能独立于生产第一线,把管理者的管理工作称为计划职能是对管理较为浅薄和狭窄的认识。

(二)科学管理理论对管理发展的贡献

1. 时间动作研究

要制定出合理的工作量,就要进行时间动作研究。首先把工人操作分解成基本动作,然后再通过测量动作所需要的时间,消除错误及不必要的动作,最后将有效的操作方法作为标准。在此标准基础上制定工作定额,对于按照标准做法在规定时间内完成工作任务的工人,以较高的工资率计发工资,而对未完成者,则以较低的工资率(正常工资的80%)计发。

2. 标准化

使工人掌握标准化的操作方法,使用标准化的工具和材料,并使作业环境标准化,这就是科学管理中的标准化原理。

3. 能力和工作相适应

为了提高劳动生产率,必须挑选第一流的工人。第一流的工人,是指能力最适合做这种工作,也愿意做这种工作的人。根据能力分配岗位,教会他们掌握并合理运用操作方法和工具,使工作能力有所提高,成为"第一流的工人"。

4. 差别计件工资制

泰勒认为,工人不积极劳动,是报酬制度不合理。计时工资制不能体现劳动数量,计件工资制虽能体现劳动数量,但工人担心劳动效率提高后雇主会减低工资率。针对这种情况,泰勒提出了新的报酬制度:差别计件工资制,指计件工资率随着完成定额的程度而上下浮动,如果工人超额完成定额,将按照比正常单价高25%计酬;如果不能完成定额,则按照比正常单价低20%计酬。

5. 计划职能和执行职能分离

泰勒主张管理层承担计划职能,所有工人和部分工长承担执行职能,计划部门主要做时间和动作研究,制定科学的操作方法,制定计划并发布指示和命令等。

(三)同时期其他学者的研究

美国管理学者吉尔布雷斯夫妇、甘特等人也在管理理论和实践方面做出了许多贡献,形成对科学管理的进一步补充、发展和完善,使科学管理理论更具有推广和应用价值。

1. 吉尔布雷斯夫妇

弗兰克·吉尔布雷斯(Frank. B. Gilbreth)和同为心理学家的妻子莉莲·吉尔布雷斯(Lillian Moller Gilbreth)一起,研究了工作安排和消除手和身体上无效动作所浪费的时间问题。吉尔布雷斯夫妇还在设计和采用适当的工具和设备使工作绩效最优化方面进行了大量实验。弗兰克·吉尔布雷斯最著名的实验,要数关于省略砌砖动作的研究。通过仔细地分析砌砖的工作过程,吉尔布雷斯将砌外墙砖的动作从 18 个减少到一半甚至 4 个,将砌内墙砖的动作从 18 个减少到 2 个。同时,他开发出了一种新的堆放砖的方法,利用专门设计的脚手架减少弯腰动作,甚至重新调配了灰浆的浓度,从而减少了砌砖工为使砖放平每次都要用泥刀敲击砖的动作。

吉尔布雷斯夫妇对管理思想的贡献主要是五个方面,即:动作研究、疲劳研究、建立制度管理、分析了工人自身素质对工作成绩产生的影响、研究管理人员的培训和提升问题。

2. 甘特

甘特(Henry L. Gantt)曾是泰勒的亲密合作者,科学管理运动的先驱之一。甘特的贡献主要有以下几个方面:

(1) 发明了"甘特图"。1903 年,甘特设计了一种"日平衡图"(也被称为生产计划进度图)。该图在对某项具体工作进行任务分解的基础上,用线条表示计划图表,能简单、明了地反映出各项任务的计划、进展以及完成情况。通过这些信息,项目的管理者就可以采取纠正行动,保证工作按照计划完成。

(2) 提出了计件奖励工资制。在工资制度上,泰勒是把工人工资直接与完成定额的情况结合起来,尤其是当没有完成工作定额时,工人的工资就会下降。甘特的工资制度没有那么"残酷",他首先规定一个基本的日工资,即使工人由于技术的原因没有完成工作任务,也能得到基本工资。此外,对工人超过任务部分则以奖金的形式发放。

(3) 强调管理民主和重视人的领导方式。在工厂管理中,甘特提出了工厂管理中的机会均等的建议,强调在科学管理的基础上雇主与雇员利益的一致性,号召人们重视管理中人的因素。在他看来,金钱刺激只能影响到人们许多动机中的一个动机,而在人们的行为中,能够激发行为动机的因素很多,其中的许多动机是金钱刺激解决不了的。

二、过程管理理论

泰勒在科学管理理论中的局限性主要由法国的亨利·法约尔(Henri Fayol)

加以补充和完善的。法约尔所研究的中心问题是管理的组织结构和管理人员的职责分工。1925年,法约尔出版的代表著作《一般管理与工业管理》,是他一生管理经验和管理思想的总结。法约尔过程管理理论也被人称为一般管理理论,其本人更是被公认为是第一位概括和阐述了一般管理理论的管理学家。他的主要理论贡献体现在对管理职能的划分和管理原则的归纳。

（一）过程管理理论的观点

1. 组织的基本活动

法约尔对经营和管理进行了区分。他指出,任何组织都存在六种基本活动,管理是其中一种,要经营好一个组织,应当注意改善有关组织经营的六个方面的活动。

（1）技术活动,即设计制造。

（2）经营活动,即进行采购、销售和交换。

（3）财务活动,即确定资金来源和使用计划。

（4）安全活动,即保证组织成员劳动安全及设备使用安全。

（5）会计活动,即编制财产目录,进行成本统计。

（6）管理活动,包括计划、组织、指挥、协调、控制。

法约尔对管理职能的提炼,明确了管理和经营的关系。他认为：经营就是确保六种基本活动顺利运转,把组织的资源充分利用,获得最大效益。管理是一种普遍的单独活动,有自己的一套知识体系,由计划、组织、指挥、协调和控制五项职能组成,管理者通过完成五项职能来实现目标。

2. 管理职能

法约尔把管理活动划分为计划、组织、指挥、协调与控制五大职能,并对这五大管理职能进行了详细地分析和研究。

（1）计划。计划是管理的首要职能,可以简述为是对目标和经营规划的制定。

（2）组织。组织就是建立组织的物质和社会的双重结构。组织可看成是物力和人力的组织问题,可简述成为完成已确定的目标对各种资源进行的有效配置和组合。

（3）指挥。指挥就是使其人员发挥作用。指挥是为了使组织行动起来,可简述成为使组织能充分发挥作用的有效的领导艺术。

（4）协调。协调就是连接、联合、调和所有的活动和力量,使各项工作和谐配合、顺利进行。

（5）控制。控制就是根据实际中的执行情况对相关计划和指示进行核定,如是否按已制定的规章和下达的命令进行，是否与既定的计划指示以及确定的原则相符合，以便加以纠正和避免重犯。

法约尔认为，管理的这五大职能并不是组织经理或领导者个人的责任，而是一种分配于领导人与整个组织成员的职能。根据这种观点，法约尔给管理作出了这样的定义："所谓管理，就是计划、组织、指挥、协调和控制。"法约尔对管理职能的研究不仅为日后管理过程学派的形成起到了一定的促进作用，同时也为管理学体系的形成打下了重要的基础。

3. 管理中的原则

法约尔根据自己长期的经验提出了管理人员解决问题时应遵循的十四条原则。

（1）劳动分工。分工的结果是职能的专业化和技术的分散化。专业化分工要适度，但并非愈细愈好。

（2）权力与责任。权力与责任始终是相互联系的概念。作为一个管理者，他既要有履行职责所应该具有的权力，同时又要对其管理的事情负管理上的责任。只有权力与责任相互统一，才能使管理工作得到正常的运转。法约尔认为权力就是"下达命令的权力和强迫别人服从的力量"。权力可分为管理人员的职务权力和个人权力。职务权力是由职位产生的，个人权力是由担任职务者的个性、经验、道德品质以及使下属努力工作的其他个人特性而产生的权力或威望。

（3）纪律。法约尔认为纪律的实质是遵守公司各方达成的协议，组织内所有成员都应该根据协议对各自的行为进行控制。

（4）统一指挥。在组织管理中，一个下属人员只应接受来自一个上级的命令。法约尔认为，统一指挥是组织管理中一条普遍的、永久的、而且也是必要的原则。如果违背这个原则，权力就会受到损害，纪律就会遭到破坏，组织工作秩序的稳定就将受到威胁。

（5）统一领导。统一领导主要是指领导者和计划的问题。法约尔指出，为达到同一目的而进行的各种活动，应由一位领导根据一项计划开展，这是统一行动、协调配合、集中力量的重要条件。因为只有这样才能做到责任与计划的明确，从而保证组织目标的顺利实现。

（6）个人利益服从整体利益。利益原则是人类社会的基本原则。法约尔认为整体利益大于个人利益，一个组织谋求实现总目标比实现个人目标更为重要，协调这两方面利益的关键是领导阶层要有坚定性，并做出良好的榜样，协调要有公正性，并进行经常检查。

（7）公平合理的报酬制度。根据法约尔的报酬原则，报酬应从"经济人"的角度出发,充分体现合理的精神,尽量使雇主和雇员都能够接受,都能够满意。

（8）集权与分权。集权就是降低下级的作用,分权就是提高下级的作用。集权的程度应视管理人员的个性、道德品质、下级人员的可靠性以及组织的规模、条件等情况而定。

（9）等级链与跳板。即从最上级到最下级各层权力连成的"等级链"结构。它是一条保证组织的命令统一,指令逐级下达的权力线,其弊端在于可能会延误信息。为此,法约尔提出了跳板原则(又称法约尔桥),即允许部门之间进行横向信息交流和沟通,但在横向沟通前要征求各自上级的意见,事后要立刻向自己上级汇报。这种横向沟通的形式,不仅维护了统一组织的原则,而且大大地提高了组织的工作效率。

（10）秩序。管理人员要了解每个工作岗位的性质和内容,使每个工作岗位都有称职的组织成员,每个组织成员都有适合的岗位。同时,还要有条不紊地安排物资、设备的合适位置。

（11）公平。管理者要做到"善意和公道结合"。如果组织成员受到平等的对待,会以忠诚和献身的精神去完成他们的任务。

（12）人员稳定。人员的稳定既是组织稳定的基础,也是组织正常运转的基本条件。高层管理人员应当提供有规划的人事计划,并采取措施,鼓励组织成员特别是管理人员长期为组织服务。

（13）主动性。在管理过程中,充分发挥组织成员的主动性,有利于组织目标的实现。法约尔说:"想出一个计划并能够保证它的实现,是一个聪明人最快乐的事,也是人类活动最有力的刺激物之一。"因此在等级链和纪律的限制下,必须大力鼓励组织成员积极思考和创新。

（14）集体精神。团结对于任何一种组织的正常运转都是十分必要的。组织成员的融洽、团结可以产生巨大的力量。

法约尔强调的这些原则只是他所提出的管理理论的一些"灯塔",其并不是固定不变的,在管理实践中管理者应当注意各种可变因素的影响,加以灵活运用。

法约尔认为管理能力可以通过教育来获得。他强调管理教育的必要性和可能性,并认为当时法国缺少管理教育是因为没有管理理论,他之所以要创立一套管理理论,是因为他认为管理是可以应用于一切事业的独立活动,管理知识是可以传授的。

（二）过程管理理论对管理发展的贡献

过程管理理论对现代经营管理影响深远,其和泰勒的科学管理理论并不矛盾,其从两个方面分析和总结了管理实践。过程管理理论指出,管理是任何有组织社会的一个独特因素,是协调组织、努力达到组织目标的过程。法约尔把管理划分为计划、组织、指挥、协调和控制五项职能,认为要实现各项职能决不能随意进行,而应该按照科学的原则和指导路线进行,并提出了实现管理职能必须遵循的十四条原则,为后来管理理论的研究和提高打下了基础。过程管理理论也有其自身的局限性,仅把组织看成是一个封闭系统,只考虑了组织的内在因素,没有考虑组织和外在环境之间的关系。

三、行政组织理论

马克斯·韦伯(Max Weber)提出的行政组织体系理论认为,等级、权威和行政制度是一切社会组织的基础。他认为权威包括三种类型:一是个人崇拜式权威,其基础是个人英雄主义或个人崇拜;二是传统式权威,其基础是先例和惯例;三是合法权威,其基础是法律或职位。韦伯认为只有合法权威才是理想组织形式的基础。

(一)行政组织理论的特征

韦伯所提出的行政组织理论具有以下特征:

(1)明确分工。把组织内工作进行分解,规定每个岗位的权力和责任。

(2)权威等级。按照不同职位权力的大小,确定组织成员在组织中的地位,从而形成有序的等级系统,并以制度形式巩固下来。

(3)正式的甄选。以文字形式规定职位特性以及该职位对承担责任的个人应具有的素质和能力等要求。组织中所有人员的选拔和提升都要依据技术能力,而组织成员的技术能力通过考试或者根据培训和经验来评估。

(4)正式的规则和法规。管理人员在实施管理时,要受制于规则和程序,以保证组织成员产生可靠的和可以预见的行为。

(5)服从制度规定。一是每个管理人员只负责特定的工作;二是拥有执行职能所必要的权力;三是权力要受到严格的限制,要服从有关章程和制度的规定。组织的所有成员原则上都要服从制度规定,而不是服从于某个人。

(6)管理者与所有者分离。管理者是职业化的专家,管理人员只是根据管理制度赋予的权力暂时处于拥有权力的地位,而不是所有者。管理者的职务就是其职业,其有固定的报酬及按才晋升的机会,其要忠于职守而不是忠于某个人。

(二)行政组织理论对管理的贡献

韦伯提出的这种高度集中的、正式的、非人格化理想的行政组织体系是达成组织目标、提高组织绩效的有效形式,在精确性、稳定性、纪律性和可靠性方面都优于其他形式,适用于当时的各种大型组织。韦伯的这一理论也是对泰勒、法约尔理论的一种重要补充,是古典管理理论的重要组成部分。

第二节　行为科学理论

一、行为科学理论的产生

(一)人际关系学说

行为科学的发展是从人际关系理论开始的。人际关系理论的代表人物是梅奥。在20世纪初,尽管泰勒的科学管理运动对提高劳动生产率起了很大的作用,但由于忽视了人的因素,使工人的劳动变得紧张而又单调,引起了工人的罢工和怠工。为了探求其原因,由美国国家研究委员会赞助并组织的一个包括多方面专家的研究小组进驻霍桑工厂,由此开启了让心理学界和管理界所重视的为期8年的"霍桑实验"(The Hawthorne Studies)。

1. 霍桑实验过程

霍桑实验最初的研究目的是找出工作条件对生产效率的影响,寻找提高劳动生产率的途径。为了检查不同的照明水平对工人生产率的影响,在第一阶段的工厂照明实验(1924~1927),研究人员将工人分为两组:一组为"实验组",先后改变工厂照明度,让工人在不同的照明强度下工作;另一组为"控制组",工人在照明度不变的条件下工作。最后研究人员得出结论:照明强度与生产率没有直接关系。1927年,西方电气公司的工程师们邀请哈佛大学乔治·埃尔顿·梅奥(George Elton Mayo)教授作为顾问加入研究,于是实验又重新开始,一直持续到1932年。新的实验包含大量的实验方案,如:工作的重新设计,改变工作周和工作日的长度,在工作中间引入休息时间,以及个人工资计划和群体工资计划的比较等,并在上述实验的基础上,进一步开展了全公司范围的普查与访问。在实验的最后一个阶段进行了接线板接线工作室实验(1931~1932),以集体计件工资制加以刺激,企图形成"快手"对"慢手"的压力来提高效率。

2. 霍桑实验的结论

梅奥等人就实验及访问交谈结果进行分析,得出了与科学管理截然不同的结论:生产率不仅受到物质刺激的影响,更受到环境、人际关系的影响,霍桑实验的观点主要有:

(1) 生产效率的决定因素不是生产条件,而是工人的情绪,情绪是由工厂的环境即人群关系决定的。人是"社会人",是复杂的社会关系的成员,是属于某一集体并受到集体的影响。要提高劳动生产率,物质条件的改变不是主要原因,而是要调动人的积极性,要充分考虑环境、人际关系、群体标准、群体情绪和安全感的影响。

(2) 在工厂里除了按照编制建立的正式组织外,还存在着某种原因形成的非正式组织。非正式组织对个人的行为有巨大影响,非正式组织工作标准影响了单个工人的产量。

(3) 解决工人不满的问题将有助于效率的提高。人的行为和情绪是密切相关的,良好的情绪能显著提高劳动生产率,因此新型的管理者要在提高组织成员的满足度的基础上激发工人的劳动积极性。

3. 霍桑实验的意义

霍桑实验是管理史上具有划时代意义的事件,它推翻了从泰勒以来人们把组织成员看成"经济人"的假设,提出了"社会人"的假设,为管理学开辟了一个新领域,即开始重视人、研究人的行为。霍桑实验使人际关系的研究逐步闻名于世,使其成为行为科学的先驱,使管理学从此进入了行为科学的新时代。

学者们公认霍桑研究对管理思想的演变方向有显著的影响,对改变当时人与机器没有差别的观点起了很大作用。

(二) 人际关系学说主要观点

人际关系学说(The Human Relations Theory)是由美国哈佛大学心理教授梅奥在总结霍桑实验成果的基础上提出的。该实验仔细地分析了社会与心理因素对职工行为和生产效率的影响,第一次把工业生产中的人际关系问题提到了首要地位。1933 年,梅奥在《工业文明中的人性问题》一书中,发表了著名的"人际关系学说",其基本观点如下:

1. 工人是"社会人"而非"经济人"

所谓"社会人"是指作为集体中的一员而行动,以这种人类的社会需要为动机的有关人性的假设。梅奥认为工厂的工人不单纯追求金钱收入,还有社会、心理方面的需要,人不是孤立存在的,而是属于某一工作集体并受这一集体的影响。"社会人"不是单纯地追求物质报酬,还追求人与人之间的友情、归属感和安全感等社会和心理欲望的满足。梅奥等人曾经用这样的话来描绘人:"人是独特的社会动物,只有把自己完全投入到集体之中,才能实现彻底的'自由'。"

2. 工人的士气或情绪是决定生产效率的一个重要因素

科学管理理论认为,生产效率决定于作业方法和作业条件。但是,霍桑实验结果表明作业方法和作业条件并不是决定生产效率的唯一因素,还有一个重要的因素是工人的工作士气或情绪。所谓"士气"是指工人的工作积极性、主动性、协作精神等结合成一体的精神状态,而影响工人士气或情绪的是他们的需要是否得到了满足。这个需要不是指物质方面的需要,而是指人际关系方面的需要,即满足工人在安全方面、归属感、友谊方面的需要。梅奥认为这种需要的满足度越高,工人的士气就越高,从而生产效率也就越高,作为一个管理人员应该深刻认识到这一点,不但要考虑组织成员的物质需要,还应该考虑成员的精神需要。

3. 组织中存在着非正式组织

由人组成的组织可分为"正式组织"(Formal organization)和"非正式组织"(Informal organization),"正式组织"是指为了实现组织目标而担当着明确职能的机构,这种组织对于个人有强制性。人际关系论者认为:人是社会动物,在组织的共同工作当中,人们必然相互发生关系,产生共同的感情,自然形成一种行为准则或惯例,要求个人服从,这就形成了一种"非正式组织"。非正式组织形成的原因很多,有地理位置关系、兴趣爱好关系、亲戚朋友关系、工作关系等等。这种非正式组织对于工人的行为影响很大,它是影响生产效率的重要因素。

正式组织与非正式组织具有本质上的不同。正式组织以效率和成本为主要标准,要求组织成员为了提高效率,降低成本而确保形式上的协作。非正式组织则以感情为主要标准,要求其成员遵守人群关系中形成的非正式组织内部不成文的行为准则。

4. 应采用新型的领导方法

新型的领导方法主要是指要组织好集体工作,采取措施提高士气,促进协作,使组织的每个成员能真诚与领导合作。例如,建立邀请组织成员参加组织各种决策的制度,以改善人与人之间的关系,提高职工士气;建立面谈制度,给成员以表达感情、不满和争论的机会,以消除不良的人际关系;实行上下意见交流,上级交代任务必须详加说明,并允许下级向上级提意见,上级要尊重下级的意见和建议;美化工作环境,建设宿舍等福利设施,组织娱乐、体育活动等。

(三) 人际关系学说的评价

人际关系论是第一次以长期的科学实验取得的成果为基础形成的科学理论,为管理理论的研究打开了一个新的局面,它把心理学、社会学的理论应用于管理,为开创新的管理理论奠定了基础,为行为科学的发展奠定了基础。人际关系学说是行为科学管理理论最重要的奠基理论之一,对人性作出了不同的假设,提出人是"社会人"的观点,首次提出了非正式组织的概念,甚至强调群体,尤其是非正式群体对职工的影响,这一理论对管理思想和组织工作有重大指导意义。人际关系思想在经历了20世纪30~40年代的迅速发展后,已经形成了一个庞大而复杂的学科群。

二、行为科学理论的内容

1949年在美国芝加哥召开的一次学术会议上,来自各个不同领域的与会者一致认为,围绕行为研究所取得的现有成果已足以证明该研究具有了独立学科的地位,于是正式将之定名为"行为科学"。20世纪60年代后,有些专门研究行为科学在组织中应用的学者提出了"组织行为学"这一名称,其研究包括组织成员个体行为、群体行为及组织行为,行为科学成为新的管理理论的研究方向。

（一）组织成员个体行为的研究

1. 需要层次理论

这是最微观层面的研究,涉及的内容主要包括人的需要、动机和激励。行为科学认为,人的各种行为都是由一定的动机引起,而人的动机又产生于人的各种需要,当人的需要没有满足的时候,内在紧张感会对人的行为产生激励的作用,为满足需要而采取行动,进而实现目标。人的需要包括哪些内容呢,很多研究者都提出过自己的见解,比较著名的是以美国心理学家马斯洛(Maslow)的"需要层次理论"、弗雷德里克·赫茨伯格(Frederick Herzberg)的"双因素理论"、斯金纳(Skinner)的"强化理论"和弗鲁姆(Vroom)的"期望理论"为代表的人的需要、动机理论。这在本书的第十一章会详细介绍。

2. X理论与Y理论

美国教授道格拉斯·麦格雷戈(Douglas McGegor)于1957年首次提出了"X理论"与"Y理论",并在1960年发表的《组织中人的方面》一文中,对两种理论进行了比较。

X理论的主要观点:人的本性是坏的,他们会逃避工作。大多数员工没有雄心,安于现状,喜欢安逸,尽量回避责任,不喜欢创造性的困难工作。对大多数人来说,仅用奖赏的方法不足以让他们努力工作,因此必须采取强制措施或惩罚方法,迫使他们实现组织目标。

Y理论与X理论正好相反,主要观点是:人并不懒惰,视工作如同休息、娱乐一般,是一种自然,是天职。如果对某项工作做出承诺,他们会进行自我指导和自我控制,以努力完成任务。一般而言,每个人不仅能承担责任,而且在一定条件下会主动寻求承担责任,具备做出正确决策的能力。

该理论的差别在于对工人的需要看法不同,采用的管理方式也不相同。按照X理论,对工人的管理要采用严格的控制和强制手段;按照Y理论,对工人采用的管理方式就是创造一个满足工人需要的环境,使得工人的智慧和能力能够充分发挥,以更好地实现组织目标和个人目标。

(二) 组织成员群体行为的研究

这一层面的研究突出地强调了组织成员不是相互孤立的个人,而是各式各样正式和非正式组织的成员,彼此之间存在着一定程度的相互接触,相互影响和相互作用。将组织成员置于群体的背景中进行研究,结果发现:人在群体中的行为,与其作为独立的个人时的行为相比,会表现出许多独特或差异之处。关于群体压力、群体中成员互动过程的动力的研究,以及群体中沟通问题、竞争和冲突问题的研究,构成了群体行为研究的主要内容。这方面主要有以美籍德国人卢因(Lewin)所提出的"团体动力学"理论和美国的布雷德福(Bradford)提出的"敏感性训练"及莫雷诺的"社会关系计量学"为代表的小团体内聚力,心理测试等理论。

(三) 组织行为的研究

这是针对组织整体最高层次展开的行为方面的研究,主要包括领导理论。领导理论是行为科学理论的重要组成部分,包括以美国学者罗伯特·坦南鲍姆(R. Tannenbaum)和沃伦·施密特(W. H. Schemidt)的"领导方式连续统一体理论",以及罗伯特·布莱克(Robert Blake)和简·穆顿(Jane S. Mouton)的"管理方格理论"为代表的领导方式及行为理论。详细内容将在本书的第八章做详细介绍。

(四) 行为科学理论的贡献

行为科学是管理学中的一个重要分支,它通过对人心理及行为活动的研究,掌握人们行为的规律,从中寻找管理的新方法和提高劳动效率的途径。行为科学理论突出了人的因素和对人的行为的研究,其贯彻了以人为本的思想,提倡以人道主义的态度对待工人,通过改善劳动条件,提高劳动者工作生活的质量,培训劳动者的生产技能,调动人的积极性,进而提高劳动效率。行为科学积极吸收了心理学、社会学、人类学等学科知识,应用观察测验、典型实验、案例研究等科学方法对人的行为,特别是在生产中的行为进行研究,提出了一些调动人的积极性的学说和方法,并在组织中实际应用,取得了相当好的效果。行为科学现已成为现代西方管理理论的一个重要流派。

第三节　现代管理理论及发展

现代管理理论是继科学管理理论、行为科学理论之后，西方管理理论和思想发展的第三阶段，特指第二次世界大战以后出现的一系列学派。与前阶段相比，这一阶段最大的特点就是学派林立，新的管理理论、思想、方法不断涌现。

一、现代管理理论的特点

现代管理理论是近代所有管理理论的综合，既是一个知识体系，又是一个学科群，基本目标就是要在不断急剧变化的现代社会面前，建立起一个充满创造活力的自适应系统。要使这一系统能够得到持续高效率地输出，不仅要求要有现代化的管理思想和管理组织，而且还要求有现代化的管理方法和手段来构成现代管理科学。

（1）广泛地运用了现代自然科学和技术的最新成果发展现代管理理论、管理方法和管理手段。现代系统论、控制论、信息论的理论和观点已被作为重要的指导思想运用于管理理论与方法的研究。在数学领域内，由于概率论、运筹学以及模糊数学的发展，大大促进了现代管理学管理模型和定量分析方法的研究和运用，特别是计算机科学的发展，对现代管理方法和手段的改进，起到了巨大的推动作用，加速了信息的采集、加工和运用。许多组织已经开始从建立数据处理系统（EDP）向管理信息系统（MIS）以及决策支持系统（DSS）发展。现代科学技术在管理学科的普遍运用，其实质是"泰勒制"提出的科学管理的进一步发展和延伸。

（2）更加重视人的因素。由于行为科学的产生和发展，使管理者更加重视对组织中人的行为的分析和研究。这种分析和研究已从研究个体行为发展到研究群体行为乃至整个组织文化。同时，管理者也开始重视社会文化对人的心理与行为的影响，以人为本的现代管理思想已经成为管理者的共识。

（3）加强信息工作。在现代化管理中，由于普遍强调通信设备和控制系统在管理中的作用，所以对信息的采集、分析、反馈等的要求越来越高，即强调及时和准确。主管人员必须利用现代技术，建立信息系统，以便有效、及时、准确地传递信息和使用信息，促进管理的现代化。

（4）把"效率"和"效果"结合起来。作为一个组织，管理工作不仅仅是追求效率，更重要的是要从整个组织的角度来考虑组织的整体效果以及对社会的贡献。因此，要把效率和效果有机地结合起来，从而使管理的目的体现在效率和效果之中,即通常所说的绩效。

(5)系统理论和权变理论的发展与运用。现代管理注意运用系统的、动态的、开放的观点去研究组织与管理,即把组织看成是一个开放的社会技术系统,组织是以管理为核心的若干子系统的组合,它们相互影响,相互制约,推动组织的发展和改革。组织处在特定的环境之中,并且不断地与外界进行物质、能源和信息的交换,组织的发展必须与外部环境的发展与变化相互协调一致,才会有巨大的生命力。

二、现代管理理论流派

1980年美国管理学家哈罗德·孔茨(Harold Koontz)在他的《再论管理理论的丛林》一书中,把现代管理的各种学派形象地描述为像"丛林"一样,相互依存,枝叶繁茂。到目前为止,该理论至少已发展为十几种学派,包括孔茨没有列入"丛林"的一些新的理论及学说。为了有重点地加以学习,仅就几个有代表性的学派加以介绍。

1. 管理过程学派

管理过程学派的创始人是法约尔,其代表人物有美国的哈罗德·孔茨等。

(1)管理过程学派的内容。管理过程学派是将管理理论同管理人员所执行的管理职能,也就是管理人员所从事的工作联系起来。他们认为,无论组织的性质多么不同(如经济组织、政府组织、宗教组织和军事组织等),组织所处的环境有多么不同,管理人员所从事的管理职能却是相同的,管理活动的过程就是管理的职能逐步展开和实现的过程。因此,管理过程学派把管理的职能作为研究的对象,他们先把管理的工作划分为若干职能,然后对这些职能进行研究,阐明每项职能的性质、特点和重要性,论述实现这些职能的原则和方法。管理过程学派认为,应用这种方法可以把管理工作的主要方面加以理论概括,有助于建立起系统的管理理论,并用以指导管理的实践。

(2)管理过程学派的贡献。相对于其他学派而言,管理过程学派是最为系统的学派。他们首先从确定管理人员的管理职能入手,并将此作为理论的核心结构。该学派对后世影响很大,管理过程学派确定的管理职能和管理原则,为训练管理人员提供了基础。管理过程学派认为,管理存在着一些普通运用的原则,这些原则是可以运用科学方法来发现。管理的原则如同"灯塔"一样,使人们在管理活动中辨明方向。

(3)管理过程学派的缺陷。管理过程学派所归纳的管理职能并不能适用所有的组织,也并不包括所有的管理行为,其通用性有限,对静态的、稳定的组织环境较为合适。管理者在日常管理中,一定要先有了目标和组织,然后再进行管理,而不是将一套典型的职能直接运用到不同的组织中去。

2. 系统管理学派

西方的系统管理学派盛行于 20 世纪 60 年代。一般系统理论认为,系统是由相互联系、相互作用的若干要素结合而成的,具有特定功能的有机整体。它不断地同外界进行物质和能量的交换,而维持一种稳定的状态。一般系统理论建立以后,西方有些学者把它应用于工商组织的管理,形成系统管理学派。这一学派的主要代表人物是理查德·约翰逊(Richard A. Johnson)、弗雷蒙特·卡斯特(Fremont E. Kast)和詹姆斯·罗森茨韦格(James E. Rosenzweig)。1963 年,他们三人共同出版了《系统理论和管理》,该书从系统概念出发,建立了组织管理新模式,成为系统管理的代表作。

(1) 系统管理学派的内容。系统观点认为整体是主要的,而其各个部分是次要的;系统中许多部分的结合是它们相互联系的条件;系统中的各个部分组成一个不可分割的整体;各个部分围绕着实现整个系统的目标而发挥作用;系统中各个部分的性质和职能由它们在整体中的地位所决定,其行为受到整体的制约;一切都应以整体作为前提条件,然后演变出各个部分之间的相互关系;整体通过新陈代谢而使自己不断地更新,整体保持不变和统一,而其组成部分则不断地改变。

(2) 系统管理学派的贡献。该理论特别强调开放性、整体性和层次性观念。其创始人卡斯特认为,组织是相对开放的系统,边界是可渗透的,可以有选择地输入和吸收,不仅要适应环境,还要影响环境。更重要的是,组织应有意识地去改造环境。

(3) 系统管理学派的不足。西方学者认为,系统管理学派难以满足各方面对它的期望。对那些希望获得具体行动指南的组织管理者来说,它太抽象,不够成熟,难以付诸实施;对那些希望从事分析和研究的学者而言,它又太复杂,可变因素太多,不便进行研究。

3. 决策理论学派

决策理论学派是在第二次世界大战之后发展起来的一门新兴的管理学派。决策理论学派的主要代表人物是曾获 1978 年度诺贝尔经济学奖金的赫伯特·西蒙(Herbet Simon),主要著作有《管理行为》《组织》和《管理决策的新科学》等。

(1) 决策理论学派的内容。① 决策贯穿管理的全过程,决策是管理的核心。西蒙指出组织中管理人员的重要职能就是做决策。他认为,任何作业开始之前都要先做决策,制订计划就是决策,组织、领导和控制也都离不开决策。② 系统阐述了决策原理。西蒙对决策的程序、准则、程序化决策和非程序化决策的异同及其决策技术等作了分析。西蒙提出决策过程包括搜集情况、拟定计划、选定计划和评价计划 4 个阶段。这 4 个阶段中的每一个阶段本身就是一个复杂的决策过程。

③ 在决策标准上,用"令人满意"的准则代替"最优化"准则。以往的管理学家往往把人看成是以"绝对的理性"为指导,按最优化准则行动的理性人。西蒙认为事实上这是做不到的,应该用"管理人"假设代替"理性人"假设,"管理人"不考虑一切可能的复杂情况,只考虑与问题有关的情况,采用"令人满意"的决策准则,从而可以做出令人满意的决策。④ 一个组织的决策根据其活动是否反复出现可分为程序化决策和非程序决策。经常性活动的决策应程序化以降低决策过程的成本,只有非经常性的活动,才需要进行非程序化的决策。

(2) 决策理论学派的贡献。首先,从管理职能的角度来说,决策理论提出了一条新的管理职能。针对管理过程理论提出的管理职能,西蒙认为决策也是管理的职能,决策贯穿于组织活动全部过程,进而提出了"管理的核心是决策"的命题,而传统的管理学派是把决策职能纳入计划职能当中的。其次,他是首次强调了管理行为执行前分析的必要性和重要性。在决策理论之前的管理理论,管理学家的研究重点集中在管理行为本身的研究上,而忽略管理行为的分析,西蒙把管理行为分为"决策制定过程"和"决策执行过程",并把对管理的研究的重点集中在"决策制定过程"的分析上。

(3) 决策理论学派的缺陷。① 管理是一种复杂的社会现象,仅靠决策无法给管理者有效的指导,实用性不大。② 决策学派没有把管理决策和人们的其他决策行为区别开来,其根本原因是没有认识到管理的本质。决策并非只存在于管理行为中,人们在日常活动中也普遍存在决策,如人们日常生活做事都需要决策,组织中非管理人员的活动也需要决策,但这些决策行为都不是管理行为。

4. 管理科学学派

管理科学学派,也称计量管理学派、数量学派,它是泰勒的科学管理的继续与发展。埃尔伍德·斯潘赛·伯法(Elwood Spencer Buffa)是西方管理科学学派的代表人物之一,曾任教于美国加利福尼亚大学管理研究院、哈佛大学工商管理学院,代表作是1975年出版的《现代生产管理》。

(1) 管理科学学派的内容。① 关于组织的基本看法。他们认为组织是由"经济人"组成的一个追求经济利益的系统,同时又是由物质技术和决策网络组成的系统。② 关于科学管理的目的、应用范围、解决问题的步骤。它们的目的就是将科学原理、方法和工具应用于管理的各种活动之中。应用范围着重在管理的计划和控制这两项职能。解决问题的步骤是:提出问题→建立数学模型→得出解决方案→对方案进行验证→建立对解决方案的控制→把解决的方案付诸实施。③ 关于管理科学应用的科学方法。主要有线性规划、决策树、计划评审法和关键线路法、模拟、对策论、概念论、排队论等各类数学模型。目前在管理中应用比较广泛有效的数学模型有决策理论模型、盈亏平衡模型、库存模型、资源配置模型(线性规划)、网络模型、排队论、投入产出模型等。④ 管理科学应用的先进工具,主要是指计算机。管理科学学派借助于数学模型和计算机技术研究管理问题,重点研究的是操作方法和作业方面的管理问题。

(2)管理科学学派的优点。第一,使复杂的、大型的问题有可能分解为较小的部分,更便于诊断、处理。第二,制作与分析模式必须重视细节并遵循逻辑程序,这样就把决策置于系统研究的基础上,增进决策的科学性。第三,有助于管理人员评估不同的可能选择,以明确各种方案包含的风险与机会,做出正确的选择。

(3)管理科学学派的局限性。首先,管理科学学派的适用范围有限,并不是所有管理问题都能够进行定量分析。其次,在实际解决问题过程中存在许多困难。管理人员与管理科学专家之间容易产生隔阂,管理人员可能对复杂、精密的数学方法缺乏理解,无法做出正确评价,而管理科学专家一般又不了解组织经营的实际工作情况,因而提供的方案不能切中要害。这样,双方就难以有效进行合作。

5. 权变理论学派

进入20世纪70年代以来,组织所处的环境很不确定,而经典的管理理论在解决组织面临瞬息万变的外部环境时又显得无能为力,于是形成一种管理取决于所处环境状况的理论,即权变理论(Contingency Theory),其代表人物是美国学者弗雷德·卢桑斯(F. Luthans)。他在1976年出版的《管理导论:一种权变学》一书中系统地概括了权变管理理论。

(1)权变理论的内容。① 权变理论就是要把环境对管理的作用具体化,并使管理理论与管理实践紧密地联系起来。② 环境是自变量,而管理的观念和技术是因变量。这就是说,如果存在某种环境条件,为了更快达到目标,就要采用与这种环境相适应的管理原理、方法和技术。③ 权变管理理论的核心内容是环境变量与管理变量之间的函数关系,也就是权变关系。环境可分为外部环境和内部环境。外部环境又可以分为两种:一种是由社会、技术、经济和政治、法律等组成;另一种是由供应者、顾客、竞争者、雇员、股东等组成。内部环境基本上是正式组织系统,它的各个变量与外部环境各变量之间是相互关联的。

(2)权变理论学派的贡献。权变理论为人们分析和处理各种管理问题提供了一种十分有用的方法,管理理论中权变或随机制宜的观点无疑是应当肯定的。同时,权变学派首先提出管理的动态性,使人们开始意识到管理的职能并不是一成不变的。以往人们对管理行为的认识大多基于静态的角度来认识,权变学派使人们对管理的动态性有了新的认识。

(3)权变理论学派的缺陷。既否定管理的一般原理、原则对管理实践的指导作用，又无法提出统一的概念和标准，每个管理学者都根据自己的标准来确定自己的理想模式，未能形成普遍的管理职能。权变理论使实际从事管理的人员感到缺乏解决管理问题的能力，使初学者也无法适从。

三、现代管理理论的新发展

随着现代管理理论的继续发展，一些新的管理理论开始出现，其与知识经济的发展趋势相适应。新的管理理论不仅是各管理学派理论观点的综合，还包括中外管理方式、方法的综合，也有人把20世纪90年代后产生的新的管理理论称为第五代管理理论，最有代表性的就是学习型组织和流程再造。

（一）组织文化的研究

20世纪70年代末、80年代初，由于经营风险增大，竞争激烈，管理日趋复杂，在西方管理理论界出现了一种非理性主义倾向和重视组织文化的思潮。20世纪90年代以来，随着知识经济的到来，信息与知识成为重要的战略资源，在组织文化思潮的影戏下，诞生了学习型组织理论。1990年，美国麻省理工学院斯隆管理学院的彼得·圣吉（Peter M. Senge）教授出版了《第五项修炼——学习型组织的艺术与实务》，引起世界管理理论界的轰动。

"学习型组织"的基本思想，认为"未来真正出色的组织，将是能够设法使各阶层人员全心投入，并有能力不断学习的组织。"组织成员的五项修炼是：系统思考、自我超越、改善心智模式、建立共同愿景和团队学习。从此，建立学习型组织，进行五项修炼成为管理理论和实践的热点。

（二）战略管理理论

20世纪70年代前后，世界进入到科技、信息、经济全面飞速发展时期，同时竞争加剧，风险日增。为了谋求组织的长期生存发展，管理者开始注重构建竞争优势。这样，在经历了长期规划、战略规划等阶段之后，管理理论界形成了较为系统的战略管理理论。

1965年，安索夫（Ansoff）的《公司战略》一书的问世，开创了战略规划的先河，到1976年，《从战略规则到战略管理》一书的出版，标志着现代战略管理理论体系的形成。

（三）组织再造理论

进入20世纪70~80年代，市场竞争日趋激烈。美国组织为挑战来自日本、欧洲的威胁而展开探索。1993年,麻省理工学院教授迈克尔·哈默(M. Hammer)博士与詹姆斯·钱皮(J. Champy)在其著作《再造企业：经营革命宣言》一书中,首次提出了业务流程再造的思想,强调对组织业务流程进行根本性的再思考和彻底性的再设计,以取得组织在成本、质量、服务和速度等衡量组织绩效的关键指标上取得显著性的进展,为组织的创新工作提供了全新的思路,引起了管理学界和组织界的高度重视。

讨　论

1. 一百多年前创建的科学管理理论在今天是否已经过时了？
2. 亚当·斯密提出的劳动分工理论为什么能极大地提高生产效率？
3. 法约尔的管理十四条原则对我们今天的管理有何指导意义？

第三章　组织变革与文化

一个组织的运行与组织所建立的文化和组织所处的环境有关。一个组织要想适应外部环境的变化,就要建立起能够对外部环境变化做出灵活反应的管理机构和组织文化。本章介绍了组织变革的类型及内外部原因,以及应对组织结构的变化进行组织文化调整的文化测量模型。

第一节　组织变革概述

一、组织变革的概念和原因

（一）组织变革的概念

一般而言,组织变革是为了适应组织发展的要求,根据内外环境的变化,对组织战略、组织结构及人员进行调整。

管理学者迈克尔·哈默（Michael Hammer）在研究组织变革时认为,顾客、竞争和变革是影响市场竞争最重要的三种力量,在这三种力量中变革又是最重要的。变革已成为市场和行业常态,变革的目的是为了让组织提高效能,更好地生存和发展。在不断变化的环境中,要想使组织顺利成长,就要研究变革的内容,引导组织变革。

（二）组织变革的原因

1. 全球化

当前,最引人注目的能影响组织和管理变革的就是全球化。今天,每个人都与信息、资本、产品或服务的流动交织在一起,彼此之间的相互依赖性不断提高。从全球化的角度分析问题已经成为每个组织和管理者的必然选择。全球化推动了创新化发展,提高了人们对质量的关心程度,要求组织做出快速反应以提高生产效率,为顾客提供高水平的服务。

全球竞争也触发了对新管理方法的需要,促使人们更加强调组织成员授权和全员参与。20世纪80年代,在日本管理界,一种被称作Z理论的管理观念应运而生。实际上,Z理论是日本与北美管理实践相互融合之后的产物。日本传统的管理实践强调集体责任感、非正式控制、一致性决策,而北美传统的管理实践则鼓励个人责任、个人决策及正式的控制机制。Z理论则把上述两种模式组合起来,既强调个人责任,同时也鼓励一致性决策和非正式控制方法。

目前,管理者不得不面对跨文化模式,并与来自许多不同国家的团队成员一起工作,组织成员的多样性逐渐成为所有组织必须面对的一种实际情况,即使是那些尚未从事全球活动的组织也不例外。

2. 环境变化

当今环境变化越来越迅速,组织能不能随着环境变化及时调整自己,是生死存亡的关键。推动组织变革的因素既有外部环境又有内部环境,外部环境因素如宏观社会经济环境的变化,这些变化会引起组织内部深层次的变化和变革。科技进步的影响,如新产品、新技术、新工艺等对组织固有运行机制构成了挑战,一些僵化的组织因为不能敏捷感知环境变化而导致衰落。总之,快速变化的新时代给管理带来了很多挑战。

3. 信息技术

目前,电子技术已逐渐取代了机械技术,主要原因是组织成员由生产物质产品逐渐向管理信息转化。在这种环境下,成功要靠所有组织成员的智力与能力。同时,信息技术也为新的工作方法提供了便利,如虚拟团队和远程办公等等,这对传统的监督与控制方法构成了新的挑战。

二、组织变革的类型

1. 战略性变革

当组织面临的外部环境发生巨大变动,就需要对组织长期发展战略进行变革,如技术的变革或新产品的变革是要采取扩张战略还是收缩战略,是本土战略还是全球化战略等。

2. 结构性变革

结构的设计要随着环境的变化而变化,固化的组织结构会降低组织对环境的适应性。结构性变革是对组织结构的调整,重新在组织中进行职位、权力和责任的分配,包括权力关系、协调机制、集权程度、职务关系等。管理者要对选择何种组织模式、如何制订工作计划、如何授予权力等做出决策。

3. 人员变革

人是组织中最宝贵的资源和财富,因此要确立起以人为本的组织文化,通过对员工教育、培训和引导,使他们在价值观、态度和行为上与组织保持一致。同时,提供有利于他们实现自我价值的工作平台和发展空间,不断强化组织成员之间的合作、信任和团结,使之产生亲近感、信任感和归属感,实现对组织的认同和融合,在达成共识的基础上,使组织具有一种巨大的向心力和凝聚力。

三、组织变革的阻力

1. 文化的阻力

组织长期建立起来的组织文化,表现在组织成员的共同价值观念上,如果组织的共同价值观与进一步提高组织效率的要求不相符合时,就成了组织的束缚,这是在组织环境处于动态变化的情况下,最有可能出现的情况。当组织面对稳定的环境时,行为的一致性对组织而言很有价值;当组织环境正在经历迅速的变革时,根深蒂固的组织文化可能就不合时宜了,会成为组织变革的阻力。

2. 个人的阻力

组织是由个体组成,由于种族、性别、道德观等差异的存在,个人需要和利益也会不同,当组织面临变革时,如组织的撤并、层级的取消等会威胁到个人的利益,给组织成员带来压力和紧张感,成为组织变革的阻力。此外,当成员习惯了一种工作方式,变革意味着要承担一定的风险,对未来不确定性的担忧,会让成员产生心理上的变革阻力。

3. 团体阻力

组织结构的变革会打破过去固有的管理层级和职能机构,对责、权、利重新做出调整,很显然会触动一些团体的利益,如果变革的目标和团体的目标不一致,团体则会采取阻挠的态度来维持原状。同时,组织变革会打破固有的关系结构,组织成员之间的关系也要做出调整,会影响到当前的人际关系。

第二节　组织文化的内容

一、组织文化的概念和特征

(一)组织文化的概念

组织文化概念的提出和研究源自 20 世纪七八十年代日本经济的崛起。当时,人们注意到日本和美国企业管理模式以及文化的不同对组织管理和经营业绩的影响,进而发现了社会文化与企业管理融合的产物——组织文化。组织文化是西方管理理论在经历了"经济人""社会人""自我实现人"与"复杂人"假设之后,对组织的管理理念、管理过程与组织长期业绩的关系的又一次重新审视。

组织文化是什么？国内外学者都有不同的解释,国外学者提出的观点如下：

(1) 威廉·奥奇(William Ouchi)等人指出公司文化由公司的传统风气所构成,它意味着一个公司的价值观,如进取、保守或灵活,这些价值观构成了公司员工的活动、意见和行为的规范,同时也是指导组织制订员工和(或)顾客相关政策的宗旨。

(2) 特雷斯·迪尔(Terrence E. Deal)和阿伦·肯尼迪(Allan Kennedy)在《组织文化》一书中将组织文化描述成一种集意义、信仰、价值观和核心价值观在内的存在,是一个组织所信奉的价值观。

(3) 丹尼尔·丹尼森(Daniel Denison)认为,组织文化是指为组织成员所持有的基本信念、价值观、假设以及表现出来的实践和行为。组织文化的一些方面,诸如个体行为和群体标准,是显而易见的,而文化的有些方面却难以观察,因为它们表示了不可见的假设、价值观和核心的信念。

(4) 吉尔特·霍夫斯塔德(Geert Hofsted)对组织文化的定义是："组织文化是指组织成员所共有的并以此与其他组织相区别的心理程序,也就是说,组织文化是组织共有的价值观体系。"

(5) 斯蒂芬·罗宾斯(Stephen P. Robbins)认为,组织文化是组织成员共赏的一套能将本组织与其他组织区分开来的意义体系,组织文化的本质特征有：创新与冒险、关注细节、结果导向、员工导向、团队导向、进取性与稳定性。

(6) 艾德佳·沙因(Edgar H. Schein)提出的定义：组织文化是一套基本的假设,由一个特定的组织在处理对外部环境的适应和内部整合问题时所创造、发现或发展起来的一种运行得很好且被证明是行之有效的,并被用来教育新成员正确感知、思考和感觉上述这些问题的基本假设。

国内对组织文化的概念有两种：

组织文化的概念：广义上指组织在长期的实践过程中由组织成员共同创造的物质财富和精神财富的总和。狭义上指组织在长期的实践过程中形成的,为组织成员所遵守的价值观、职业道德、行为规范的总和。

尽管学者们对组织文化内涵的界定不尽相同,但基本都认为组织文化是组织的价值观和基本信念,组织正是依赖这些文化来协调和凝聚内部的各种力量,将其统一于共同指导思想和经营哲学之下。对于任何一种组织来说都有自己特殊的环境条件和历史传统,从而也就形成自己独特的哲学信仰、意识形态、价值取向和行为方式,于是每种组织也都具有自己特定的组织文化。

（二）组织文化的主要特征

组织文化具有以下几个主要特征：

1. 独特性

任何一个组织总是要把自己认为最有价值的对象作为组织追求的最高目标或最高宗旨，一旦这种最高目标和基本信念成为统一组织成员行为的共同价值观，就会构成组织内部的凝聚力和整合力，就会形成特有的组织文化，成为组织成员共同遵守的行动指南。组织文化通过培育组织成员的认同感和归属感，建立起成员与组织之间的相互依存关系。

2. 稳定性

组织文化的建设不是一朝一夕，组织文化的形成是一个复杂的过程，受到社会、人文和自然环境等多因素的影响。因此，它的形成和塑造必须经过长期的耐心倡导和精心培育，以及不断地实践、总结、提炼、修改、充实、提高和升华，但组织特有的文化一旦形成，就具有了较强的稳定性，会自动调节组织成员的心态和行动，并通过对这种文化氛围的心理认同，逐渐内化为组织成员的主体文化，使组织的共同目标转化为成员的自觉行动，使群体产生最大的协同合力。

3. 继承性

组织文化作为团体共同价值观，不断地向个人价值观渗透和内化，使组织自动地生成一套自我调控机制，以"看不见的手"操纵着组织的管理行为和实务活动。这种以尊重个人思想、感情为基础的无形的非正式控制，会使组织目标自动地转化为个体成员的自觉行动，达到个人目标与组织目标在较高层次上的统一。组织文化的这种软性约束和自我协调的控制机制，往往比硬性的规定具有更强的控制力和持久力。

4. 发展性

组织文化虽然具有相对的稳定性，但并不是一成不变的，组织在不断的发展过程中所形成的文化积淀，通过无数次的辐射、反馈和强化，会随着实践的发展而不断更新和优化，推动组织文化从一个高度向另一个高度迈进。也就是说，随着组织文化的不断深化和完善，一旦形成良性循环，就会持续地推动组织本身的发展。

二、组织文化的结构和内容

（一）组织文化的结构

关于组织文化的结构，国内外学者都有自己的观点，国外具有代表性的有：文化二层论的冰山模型和文化三层论的睡莲模型。国内学者对文化结构的观点倾向于物质层、制度层、精神层的三层结构。

1. 冰山模型

研究者将组织文化比喻为大海中的冰山,这就是组织文化的"冰山模型"。冰山模型将文化的层次区分为显现的、可观察到的层次和隐藏的、无法观察到的层次,这两个层次各自的内涵如下:

(1) 隐藏的、无法观察到的文化层次,指那些位于底层的基本假设,是组织文化的本质,如信仰、认知、情感和群体规范等。这些基本假设虽然是文化的真正内容,但却是无法被直接观察到的部分。

(2) 显现的、可以观察到的文化层次,被喻为凸显出来的冰山一角,位于总体文化的表层,主要包括组织的人工制品,例如:建筑物、装饰品、物质性产品;用语言表达的行为,例如:故事、演讲及笑话;非语言的表达行为,例如:互动、仪式及典礼。这些可观察到的文化符号都是文化基本假设的展现或表达工具,而非文化实体本身的构造要素。

2. 睡莲模型

睡莲模型将组织文化分为三个层次:

第一个层次如同睡莲浮在水面上的花朵和叶。这是组织文化的外在表露形式,是人们所能接触到和感知到的组织文化,包括组织的结构和各种制度、程序等。它通过组织成员的书面或口头表达的语言、公开的行为、物品摆放等直观的信息形式表现出来,人们可以通过它们形成对组织最直接的认识。

第二个层次如同睡莲垂直生长在水中的枝和梗。它是组织公开倡导的价值观,这些价值观渗透在组织的使命、愿景、行为规范里面,并把"是什么"和"应当是什么"区分开来。它是组织成员在生产经营活动、人际交往活动中产生的文化,是组织文化的中间连接层次,人们或许可以透过"水面"看见这一层次,但它始终是模糊的,也是容易被忽视的部分,其健康程度直接关系到上一层次和下一层次之间的传递。

第三个层次如同睡莲扎根在土壤中的根系。它包括各种被视为当然的、下意识的信念、观念和知觉,是对某一特定情境中适宜行为与反应的无意识的深层次基本假设。它是最深层次的,虽然不为人们所关注,但却是组织文化中最重要的基础。这种潜在的、实际上对人的行为起指导作用的假设,告诉群体成员怎样观察、思考和认识事物。作为"根系",它为组织文化提供了源源不断的营养和牢固的支持。

如同花朵、叶、枝、梗和根构成睡莲这一有机体一样,这三个层面的要素经过整合，形成了有机统一的组织文化。

3. 物质、制度、精神层结构

基于层次论，国内一般将组织文化的结构分为物质层、制度层和精神层三个层次。

（1）物质层。又称表层文化，是组织文化的表层部分，是形成制度层和精神层的条件，是指凝聚着组织文化抽象内容物质体的外在显现，它既包括了组织的整个物质和精神活动的过程、组织行为、组织体产出等外在表现，也包括了组织实体性的文化设备、设施等。显现层是组织文化最直观的部分，也是人们最易于感知的部分。它往往能折射出组织的管理思想、管理哲学、工作作风和审美意识，包括工作场所、建筑设计、生活环境等内容。

（2）制度层。又称中介文化，是组织文化的中间层次，指体现某个具体组织的文化特色的各种规章制度、道德规范和组织成员行为准则的总和，也包括组织体内的分工协作关系的组织结构。它集中体现了组织文化的物质层及精神层对组织成员和组织行为的要求，主要是指对组织成员和组织行为产生规范性、约束性影响的行动准则，包括规章制度和组织结构的制度文化，管理机制和管理水平的管理文化，教育培训和娱乐生活的生活文化。

（3）精神层。又称深层文化，主要是指组织的领导和组织成员共同信守的基本信念、价值标准、职业道德及精神风貌。它是组织文化的核心和灵魂，是形成组织文化物质层和制度层的基础与原因。它的存在是评价一个组织是否形成了自己组织文化的主要标志和标准，包括组织目标、组织宗旨、组织精神、价值标准、组织道德、团体意识等内容。

（二）组织文化的内容

1. 组织文化的显性内容

所谓显性内容，就是指那些以精神的物化产品和行为为表现形式，人通过直观的视听器官能感受到的、又符合组织文化实质的内容。

（1）组织标志。组织标志是指以标志性的外化形态，来表示本组织的组织文化特色，并且和其他组织明显地区别开来的内容，如组织的名称牌、工作服装、组织标志、徽标、网站Logo、标志性建筑等。组织标志不是可有可无的，它有助于组织其他方面文化的建设，有助于组织形象的塑造，有助于激发组织成员的自豪感和责任感，使全体成员自觉地维护本组织的形象。因此，现在许多组织都越来越重视组织标志的建设，组织标志已成为组织最表层不可缺少的重要组成部分。

（2）工作环境。工作环境，是指组织成员在组织中办公、生产、休息的场所，包括办公楼、实验室、俱乐部、图书馆等。良好的工作环境是组织领导爱护组织成员、保障成员权力的表现,能够激发组织成员热爱组织、积极工作的自觉性。因此,以改善工作环境为主要内容的环境建设是组织文化的一个组成部分。

(3) 规章制度。并非组织所有的规章制度都是组织文化的内容,只有那些可以激发职工积极性和自觉性的规章制度,才是组织文化的内容。组织文化的理论侧重于软约束的作用,它要求在组织中建立起有利于领导和成员沟通,有利于组织成员畅所欲言,鼓励成员发明创造的民主管理制度和其他有关制度。组织的这些规章制度是组织以人为本的组织哲学的直接体现,是使组织成员自觉维护组织利益的重要手段。

(4) 管理行为。组织文化所包含的一部分内容是在以人为本的管理哲学指导下的领导行为,和以全体成员共同意志为基础的各种自觉活动,这些行为都是组织哲学、价值观念、道德规范的具体实施,是它们的直接体现。再好的组织哲学或价值观念,如果不能有效地付诸实施,就无法被组织成员接受,也就无法成为组织文化。

2. 组织文化的隐性内容

组织文化的隐性内容是组织文化的根本,是最重要的部分。它虽然隐藏在显性内容的背后,但它直接表现为精神活动,直接具有文化的特质,而且其在组织文化中起着根本的决定性作用。

(1) 组织哲学。组织哲学是组织理论化和系统化的世界观和方法论,是一个组织中全体成员所共有的对世界事物的一般看法,其能指导组织的生产、经营、管理等活动以及处理人际关系等。因此,组织哲学是对贯穿于组织各种活动的统一规律的认识。从一定意义上讲,组织哲学是组织最高层次的文化。组织哲学不同,组织的建设和发展也必然不同。它是组织人格化的基础,是组织的灵魂和中枢。从根本上说,组织哲学是对组织总体设计、总体信息选择的综合方法,是组织一切行为的逻辑起点。

(2) 价值观念。价值观念是人们对客观事物的一种评价标准,是对客观事物和人是否具有价值以及价值大小的总的看法和根本观点。它包括组织存在的意义和目的,组织各项规章制度的价值和作用,组织中人的各种行为和组织利益的关系等等。价值观念是组织文化的重要组成部分,它为组织的生存和发展提供了基本的方向和行动指南,为组织成员形成共同的行为准则奠定了基础。

(3) 道德规范。组织的道德规范是组织在长期的活动中形成的,人们自觉遵守的道德风气和习俗,包括是非界限、善恶标准和荣辱观念等。道德规范是调节人们行为的一种手段,和组织的规章制度相对应。它们的区别就在于规章制度是显性的,是硬性的管理,是靠约束力来保证实施的,而道德规范是隐性的,是软性的约束,是靠人们的自觉性来保证实施。道德规范通过影响组织成员的思想观念,确立明确的是非观念,从而导致职工的自觉行为,因此组织道德规范的作用是不容忽视的。

(4) 组织精神。组织精神是指组织群体的共同心理定式和价值取向。它是组织的组织哲学、价值观念、道德规范的综合体现和高度概括,反映了全体成员的共同追求和共同认识。组织精神虽然千差万别,但其核心内容都是激发组织成员的工作热情,发挥自觉性,明确责任感,主要包括:创业精神、奉献精神、主人翁精神、集体主义精神、创新精神、竞争精神、民主精神、服务精神等。这些组织精神都是对组织哲学、价值观念、道德规范的提炼和概括。

以上就是组织文化的四个主要隐性内容。除此之外,还包括组织的美学意识、组织心理、组织的管理思维方式等内容。

三、组织文化的传承

组织文化对组织成员的潜移默化有许多种形式,可通过以下几种途径对文化进行传承。

1. 模范人物

模范人物是组织文化的人格化,使组织的价值观在具体人物身上得以体现,可以使组织成员通过模范人物的事迹和行为深刻了解和把握组织文化的抽象内容,英雄和模范人物是组织文化的要素之一,没有模范人物的文化难以传承。

2. 物质象征

物质象征就是用物质形式传达组织的文化,如以标语和内部出版物等形式来反复宣传和强化组织文化。物质象征既包括了组织产出等外在表现形式,也包括了组织实体性的文化设施,如带有本组织色彩的工作环境。

3. 故事

故事是指有关本组织创业和发展过程中出现的著名事件。它可以强化组织成员对组织价值观的认同,许多组织中都流传着关于赢家、输家、成功与失败的故事,而关于组织的创立或创办人的故事则会有更重大的影响力。这些故事不仅能够起到借古喻今的作用,还可以为目前的组织政策提供解释和支持。

4. 仪式

仪式是一系列活动的重复。组织的仪式是富有文化内涵的,它可以表达并强化组织的核心价值观。

5. 语言

语言是作为识别组织文化或亚文化的标志。许多组织以及组织内的许多单位都用组织语言来确证他们已经接受了这种文化,这样有助于组织成员坚持这种文化的价值观。随着时间的推移,组织往往会形成自己特有的语言,并用来描绘与业务有关的设备、人物、产品、服务等。

第三节 组织文化测量模型

组织文化建设虽然是动态的、渐进的、发展的,但组织文化的结构要素是不变的,这就为文化的测量提供了可能性。此外,通过建立组织文化测量模型了解组织文化建设现状以后,可以为组织文化的调整提供决策依据。下面介绍几个比较经典的文化测量模型。

一、丹尼森组织文化模型

丹尼森组织文化模型是由瑞士洛桑国际管理学院教授丹尼尔·丹尼森(Daniel Denison)创建的,其在经过对1 500多家样本公司的研究后,指出:适应性(Adaptability)、使命(Mission)、员工参与(Involvement)与一致性(Consistency),这四大文化特征对一个组织的经营发展,具有重大影响。

丹尼森将每一种文化特征细分出三个考察维度,即:参与性从授权、团队导向与能力发展三个方面进行考察。一致性从核心价值观、配合、协调与整合来考察;使命从愿景、目标、战略导向与意图来考察;适应性从组织学习、顾客至上、创造变革来考察。利用这12个考察维度,能够比较准确地确定某一组织的文化类型与明显特征。

1. 员工参与

员工参与性的考察与测量主要是涉及员工的工作能力、主人翁精神和责任感的培养。一个组织在这一文化特征上的得分高低,可以反映出对培养员工、内部沟通、组织对员工参与管理的认识及为员工参与所开辟的途径多少。主要从三个方面体现:

(1)授权:员工是否真正被授权并承担责任;员工是否具有主人翁意识和工作积极性。

(2)团队导向:组织是否重视并鼓励员工相互合作以实现共同目标,员工在工作中是否依靠团队力量。

(3)能力发展:组织对员工学习和成长愿望的满足程度,是否不断投入资源培训员工,使他们不断提升个人能力、增强认同感以及责任感。

2. 一致性

一致性主要是衡量组织内部的凝聚力和向心力。主要从三个方面考察：

（1）核心价值观：组织是否存在大家共同信奉的价值观，从而使员工产生强烈的认同感并对未来抱有明确期望。

（2）配合：领导者是否具备足够的能力让大家达成高度的一致，并在关键的问题上有达成一致的能力。

（3）协调与整合：职能部门和业务单位是否密切合作，部门之间是否存在合作障碍。

3. 使命

使命这一文化特征是帮助测量诊断组织是否具备远大而明确的目标和志向。主要从三个方面考量：

（1）愿景：员工对组织未来的远景是否理解和认同并形成共识。

（2）战略导向和意图：组织是否希望在本行业中脱颖而出。明确的战略意图展示了组织的决心，并使所有人都知道如何为组织战略做出自己的贡献。

（3）目标：组织是否详细制定一系列与使命、愿景和战略密切相关的目标，可以让每个员工在工作时做参考。

4. 适应性

该文化特征主要反应组织对外部环境适应能力，包括对市场和服务对象的各种直接、间接信号的捕捉能力和反应速度。从三个方面体现：

（1）创造变革：组织是否惧怕变革带来的风险，是否学会仔细观察外部环境，预计相关流程及变化步骤并及时实施变革。

（2）客户至上：组织对客户是否了解并使他们感到满意，能预计客户未来的需要。

（3）组织学习：组织能否将外界信号视为鼓励创新和吸收新知识的良机。

该文化模型特点：在丹尼森的组织文化诊断模型中，适应性与参与性强调组织的灵活性和变革欲望与能力，而使命和一致性则强调组织保持可预测性与稳定性的能力，两者构成了一对矛盾主体。适应性与使命强调的是一个组织对于外部环境的适应能力，反映了组织是否顺应外部经济、政治、社会环境的变化适时做出相应的改变和调整；参与性与一致性强调的是一个组织在内部和谐能力，它要求组织具备对内部系统、结构和流程进行动态的整合，以满足组织目标的实现，这又构成了组织文化建设中的一对矛盾主体。这两对矛盾主体，也是一个组织在文化建设中所要平衡和解决的主要冲突，对这两对矛盾的解决，也决定了一个组织文化建设的成败。

二、库克模型

库克（Kuck）等相关研究者通过测量与组织成员共有的信念和价值观相关的行为规范和预期来探讨和评估组织文化，并以"规范性信念"及"共享的行为预期"为核心概念，发展出了完整的组织文化量表（Organizational Culture Inventory, OCI）。OCI 测量了 12 项可能会影响组织成员的思想、行为、动机、绩效、满意度以及压力感的"规范性信念"和"共享的行为预期"，库克等人认为它们代表 12 种文化形式，并对其作了如下描述：

（1）人性化：该文化特征是组织以人为中心，鼓励员工参与，希望成员之间能够进行开放的、支持的、建设性的互动。

（2）友好：这种文化特征说明组织高度重视成员之间建设性的人际关系，希望成员对其所属的工作团体能有相当的认同、友善的态度、开放的心胸与强烈的满足感。例如，成员之间友好相处，能分享彼此的想法和感受。

（3）赞同：具有这种文化特点的组织强调避免冲突，保持令人愉快的人际关系，组织成员认为自己应该支持他人的意见，这样也可换取他人对自己的支持。

（4）常规：具有这种文化特点的组织较为保守，尊重传统，层级节制，严密控制，组织希望成员顺从决策，以便给他人留下好印象。例如，按照惯例和既有的规则行事，循规蹈矩。

（5）依赖：处于这种文化中的组织决策集权，层级节制，成员缺乏参与，组织要求成员只需清楚上级的指示，并按照指示去做。例如，尊重权威，并努力达到他们的期望。

（6）回避：具有这种文化特点的组织不会对成功进行奖励，但会对错误做出惩罚，这种负面的奖惩体系使组织成员总是设法将责任转移给他人，不愿意承担任何责任，尽量避免自己受到责备。例如，宁愿失去机会也要等待他人行动后再去尝试。

（7）反对：在这种组织中，持反对意见的成员往往会受到组织的奖励，并获得地位与影响力，组织成员习惯为了反对而反对他人的意见，这样做出的决定比较保险可靠（但有时却是不切实际的）。

（8）权力：这类组织往往重视职位所赋予的权威而不注重成员的参与，组织成员相信只要履行好职责，管理好下属，并对上级的期望积极响应，就能得到奖励。例如，建立个人的权威基础，通过各种形式激励下属。

（9）竞争：具有这种文化特点的组织认为成员只有赢得胜利、表现突出才能获得奖励和重视。在这种"非赢即输"的环境里，组织成员彼此之间相互竞争，不愿合作。例如,将工作视为一种竞赛,决不轻易放弃。

（10）完美主义：在这种文化中,那些追求完美、坚强而固执并努力工作的成员会受到组织的奖励和重视。组织成员认为他们要避免犯任何错误,对一切事物要保持高度敏感。例如,把事情做得至善至美。

（11）成就：具有这种特点的组织,要求把事情做到最好,那些设定并完成目标的组织成员会受到组织的奖励和重视。成员设定现实的、具有挑战性的目标,为完成目标而制订计划,并积极采取行动。例如,组织成员追求卓越的标准,公开地表露自己的热情。

（12）自我实现：具有这种文化特点的组织重视创造性,强调质量重于数量,兼顾工作的完成与个人的成长。组织鼓励成员享受工作带来的乐趣,发展自我,以新颖有趣的方式进行工作。例如,强调以独特的方式独立思考,即使是简单的工作也要做好。

此外,库克和拉夫瑞在进一步研究的基础上将组织文化划分为建设性文化、进攻性文化和防御性文化。

（1）建设性文化,即组织成员乐于与人互动,增进满足度的文化。

（2）进攻性文化,即组织成员以强有力的方式处理工作,以保护自身的地位和职务的文化。

（3）防御性文化,即组织成员以不威胁自己安全的防御方式与他人互动的文化。

三、奎因和卡梅隆文化模型

美国组织行为专家罗伯特·E·奎因（Robert E. Quinn）和金·S·卡梅隆（Kim S. Cameron）开发的竞争性文化价值模型（Organizational Culture Assessment Instrument，OCAI）是在竞争价值观框架（Competing Values Framework，CVF）基础上构建的。两位教授认为组织必须解决内部整合和外部适应、稳定控制和灵活自主两对主要矛盾,因此把组织文化按照内部—外部导向和控制—授权两个维度进行分类,最后形成四个象限的文化类型：层级型、人本型、市场型、创新式。在该文化模型中,不同的类型对应不同的领导者种类、效率条件,形成不同的领导风格和行为风格。

（1）层级型文化：强调规则至上,凡事皆有规章可循,组织重视结构化与正规化,稳定与恒久是重要的观念,领导者以组织有良好的协调和高效率为荣。

（2）人本型文化：强调人际关系,组织就像一个大家庭,彼此帮忙,忠诚和传统是重要的价值观,重视人力资源开发所带来的长期利益、士气和凝聚力。

（3）市场型文化：强调工作导向及目标完成，重视市场及产品，对市场有敏锐的洞察力。

（4）创新型文化：强调创新与创业，组织比较松弛、非规范化，强调不断的成长和创新，鼓励个人主动创新并自由发挥。

奎因和卡梅隆等人通过大量的文献回顾和实证研究发现，组织中的主导文化、领导风格、管理角色、人力资源管理、质量管理以及对成功的判断准则都对组织的绩效表现显著影响。

四个基本的价值模式，将组织文化分为目标、规则、支持和创新四种导向，并以此用来分析各种导向的文化类型对组织竞争力的影响。该模式20世纪90年代开始在世界范围内应用，目前是比较权威的组织文化分析工具。

讨 论

1. 组织文化的强弱对管理成本有何影响？
2. 组织文化能否被测量？
3. 为什么说组织价值观是组织文化的核心？

第四章　管理原理与方法

管理人员在管理工作中掌握和正确运用一些管理原理和方法,可以提高管理工作效率和效果。管理原理是管理实践经验的升华,指导一切管理行为;管理方法有各自的原则和适应性。本章将介绍系统原理、人本原理和责任原理及管理的基本方法:法律方法、行政方法、教育方法及技术方法等;使大家了解管理常用的原理和方法,对做好管理工作具有普遍的指导意义。

第一节　管 理 原 理

一、管理原理的特征

管理原理是对管理工作的实质内容进行科学分析和总结而形成的基本真理,是现实管理现象的抽象,是对各项管理制度和管理方法的高度综合与概括,因而对一切管理活动具有普遍的指导意义。管理原理的一般特征主要有以下几点:

(一)客观性

管理原理是对管理的实质及其客观规律的表述。原理是具有普遍意义的道理。"原理"和"原则"的含义是不同的,原则的确定以客观真理为依据,是根据原理的认识引申而来的。为了加强其约束作用,管理原则中增加了一定的人为因素,一般带有指令性和法定性,形成要求人们共同遵循的行为规范,但原则不是普遍存在的规律,而是在某些特定条件下处理问题的准则。原则会受到地域和文化的影响,而原理则不会。违背了原理必然会遭到客观规律的惩罚,承受严重的后果,虽然在群体组织上不一定有某种强制反应。而违背了原则,则要受到组织的惩处,组织或组织中的成员的感受往往是直接而明显的。

(二)普遍性

管理原理所反映的事物很广泛,涉及自然界与社会的许多领域,包括人与物的关系,物与物的关系以及人与人的关系,但它不是现象的罗列,不反映管理的多样性,其对不同的组织都具有普遍的指导意义。管理原理是对包含了各种复杂因素和复杂关系的管理活动客观规律的描绘,或者说,是在总结大量管理活动经验的基础上,舍弃了各组织之间的差别,经过高度综合和概括得出的具有普遍性、规律性的结论。所以,管理原理不是一时一地的局部经验,而是被大量的管理实践证明了的是行之有效的普遍真理。

（三）稳定性

管理原理不是一成不变僵死的教条,会随着社会经济和科学技术的发展不断发展。但是,它也不是变化多端和摇摆不定。管理原理和一切科学原理一样,都是确定的、稳定的,具有"公理的性质",不管事物的运动、变化和发展的速度多么快,这个确定性是相对稳定的。正因为管理原理的相对稳定性,管理原理才能够被人们认识、学习和利用,从而指导管理实践活动。

（四）系统性

管理原理不是几个原理,而是一个有机体系。它不是各种烦琐的概念和原则的简单堆砌,也不是各种互不相关的论据和论点的机械组合,而是根据管理现象本身的有机联系,形成的一个相互联系、相互转化的完整统一体。管理的实质,简言之,就是在系统内部,以人为本,通过确定责任,以达到一定的效益。显然,管理原理这一有机体系正是对管理工作实质内容及其基本规律完整的科学分析和系统概括。

二、系统原理

（一）系统原理的概念

系统是指由若干相互联系、相互作用的部分(要素)组成,在一定环境中完成特定功能的有机整体。

系统管理原理指任何管理对象或管理领域,都是由相关要素(人、财、物、时间、空间等)按照一定关系和方式组成,与外界环境有信息、能量、物质交换的同一整体,在进行管理的实践时,要遵循系统的性质和变化规律,运用系统的观点和方法分析管理问题。

（二）系统原理的特征

1. 整体性

整体性是系统最基本的特征。一个系统至少由两个及两个以上的要素构成,系统内各要素之间相互依存,相互制约,通过各种要素之间的有机结合,可以产生更高的价值和功能。管理必须有全局观念,统筹考虑,多方协调,当局部和整体发生矛盾的时候,局部要服从整体。从系统的整体性来说,只有充分考虑尽可能多的要素及其相互关系,才能出现最佳模式,获得最佳功能。

2. 层次性

层次性是系统的本质属性,是指系统内各组成要素构成多层次阶梯结构。任何复杂系统都有一定的层次结构,系统间的运动能否有效、高速,很大程度决定于能否分清层次。管理中的多层次阶梯结构通常呈金字塔形,各层次不允许发生越位现象,上一层次不能随便干预下一层次的工作,下一层次也不能随便把矛盾上交。层次是客观存在的,但系统与子系统是相对而言的,有效的管理是各层次要做好各层次的事,各负其责。

3. 相关性

相关性是指系统内的各个要素相互依存、相互制约,一个要素的变化会影响到系统内其他要素的变化。

(三)系统管理原理的运用

在现实管理活动中,系统管理原理可以具体化、规范化为若干相应的管理原则,其中主要有管理的整分合原则、相对封闭原则、反馈原则等。整分合原则,是指为了实现高效率管理,必须在整体规划下明确分工,在分工基础上进行有效的综合。在这个原则中,整体是前提,分工是关键,综合是保证。因为没有整体目标的指导,分工就会盲目而混乱;离开分工,整体目标就难以高效实现。如果只有分工而无综合或协作,也就无法避免和解决分工带来的各环节的脱节及横向协作的困难,不能形成"凝聚力"等众多问题。管理必须有分有合,先分后合,这是整分合原则的基本要求。

三、人本原理

人是组织资源中最重要的资源,是管理活动中最活跃的因素,是创造价值的主体,管理理论中基于对人性的不同认识,形成了不同的管理方式。人本原理是以人为主体的管理思想,是管理现代化的一个重要内容,就是如何科学地管理人、激励人、激发人的内在潜力,充分调动人的积极性、主动性和创造性,做到人尽其才,它体现了现代社会对人的深刻理解,是 20 世纪末管理理论发展的主要特征。

（一）人本原理的概念

人本管理原理是一系列以人为中心的管理理论与管理实践活动的总称，是一个不断发展的概念。现代管理学的人本管理原理，是指管理者要达到组织目标，则一切管理活动都必须以人为中心，以人的积极性、主动性、创造性的发挥为核心和动力来实现组织目标。人本管理原理体现了以人为中心、以人为目的的管理理念。

以人为本的管理有各种各样的模式，其共同特点是重视人的价值实现。人的价值包括社会价值和自我价值。人的社会价值就是个人对社会的贡献。个人价值就是社会给予个人的关注、尊重和对其正当利益的满足程度，也可以简称为人权。人本管理原理的实质就是围绕帮助人们实现其价值进行管理，其体现了人的社会价值和个人价值的统一。它既反对片面强调社会贡献而漠视个人利益，把人当作实现某种目标的工具、不关心人的疾苦的禁欲主义，又反对只讲个人利益不讲社会贡献的极端个人主义和单纯福利主义。因为只有将社会贡献和个人利益有机统一起来，才能形成高绩效和高满意度的互动，实现社会发展和个人发展的良性循环。

（二）人本原理的观点

人本原理主要包括以下几个观点：组织成员是组织的主体；成员参与是有效管理的关键；人性得到完美发展是现代管理的核心；服务人是管理的根本目的。

1. 组织成员是组织的主体

人本原理的实质就在于充分肯定人在管理中的主体作用，通过研究人的需要、动机和行为，并因此激发人的积极性、主动性和创造性，实现管理的高效益。按照人本原理，人是做好整个管理工作的根本因素，一切管理制度和方法都是由人建立的，一切管理活动都是由人来进行的，最大限度地发掘和调动人的潜力是提高管理效益的关键。

2. 组织成员有效参与管理

管理的人本原理要求组织中的成员积极参与到组织管理中，组织成员参与管理，能全面发挥成员的才智，激发了组织成员的创造力，能使成员的个人目标和组织目标协调一致，组织成员在参与管理中对组织目标获得更多的了解和认识，由此来增强参与管理各方的内在动力。当然，参与管理要给予成员适当授权，这样才能充分发挥组织成员的主观能动性。

3. 人性完美发展是现代管理的核心

任何管理者在管理过程中，都会影响组织成员的人性发展。当然，管理者行为本身是管理者人性的反映,只有管理者本身的人性达到比较完美的境界,才能使组织成员的人性得到完美的发展。人本原理要求对人的管理必须遵循人性化思路。认识人性是人力资源开发与管理的前提和基础;尊重人性是人力资源开发和管理制度实施的核心内容和具体体现;以人为本是人力资源开发与管理的目的和追求。只有认识到人性才谈得上尊重人性,根据人性特点制定、实施各种管理方式,才能达到以人为本。

4. 管理是为人服务的

人本原理强调管理以人为中心。管理是为人服务的,这个"人"不仅包括组织内部的成员,也包括组织所服务的用户。人是管理主体,只有尊重人的权益,理解人的价值,关心人的生活,并且为其提供可靠的途径,创造优厚条件,才能使人在组织中得到发展,实现自身的目标。培养满意的组织成员,能保证组织活动得以正常进行,组织的效益能获得最大的回报。组织为人服务,人为组织奉献。只有将人作为服务的主体,组织才会有生机和活力。组织发展进步需要不断完善自我,组织成员个人的发展也要在组织的发展中不断加以完善,因此良好的管理不仅能确保组织健康发展,也为组织成员实现自身价值创造条件。

(三)人本管理原理的运用

在现实管理活动中,人本管理原理可以具体化为若干相应的管理原则,主要有个性化发展与成长原则、引导性管理原则、环境创设原则、共同成长原则。

个性化发展原则,是以组织成员的全面发展为出发点,不仅仅要培养岗位要求的技能,更要在发展组织要求的技能时,选择他愿意发展的方面进行发展。因此,组织在成员的岗位安排、教育培训、人力资源配置过程等方面应以是否有利于个体按他特性潜质发挥、按他长远发展等方面考虑。

引导性管理原则,是强调组织成员的自我管理,但自我管理并不是放任,是从过去监督协调式管理方式改变为引导性管理,以引导代替过去的权威、命令,由引导来协调组织成员的行为,是个性化发展的条件,也是人本管理的结果。

环境创设原则,以人为本的管理就是要创设一个能让人全面发展的场所,引导成员自由发展潜能,这种环境对组织而言一般包括物质环境和文化环境,良好的物质和文化环境,有利于成员的个性化发展和管理。

共同成长原则,是指个人和组织的共同成长。组织本身的发展应与以人为本个性化发展相适应,组织体系和结构要体现人本理念,要建立学习机制,改变金字塔式组织结构。组织与个体共同成长的最终目标就是建立一个真正以人为本的管理组织,实现个人的个性化全面发展。

四、责任原理

在管理过程中,要发挥组织成员的潜能,就必须在合理分工的基础上明确规定组织中各部门和组织成员的工作任务以及相应的责任。

(一)责任原理的概念

责任有两种基本含义:一是应尽的义务,指分内应做的事,如职责、尽责任、岗位责任等。二是指没有做好分内的事,而应承担的不利后果或强制性义务。责任管理原理就是要在管理过程中,对组织中的各个部门和成员进行合理分工,明确组织成员的职责,进行合理授权,明确承担的责任,来激发组织成员的积极性和创造性,提高工作效率。

(二)责任原理的观点

分工是生产力发展的必然要求,在合理分工的基础上确定每个人的职位,明确规定各职位应该做的和必须做的事,这就是职责。职责是组织赋予组织成员的任务,是以行政性规定来体现的客观规律的要求,是维护整体正常秩序的一种约束力。一般说来,分工越明确,职责也会越明确;职责越明确,责任就越明确。明确职责要注意以下几点:

1. 明确职责

要明确组织成员的职责,就要使组织成员的职责界限清楚。首先要明确各管理层次的职责,其次要明确组织成员间的职责界限。职责内容要具体,并要作出明文规定,只有这样才便于执行、检查与考核。在规定某个岗位工作职责的同时,必须明确同其他部门、职位协同配合的要求,提高组织整体的功效。

2. 合理授权

明确职责后,就要授予相应的权力。实行任何管理都要借助于一定的权力,如果没有一定的人权、物权、财权,任何人都不可能对工作实行真正的管理。职责和权限虽然很难从数量上画等号,但有责无权、责大权小、事事请示上级由上级决策、批准,当上级对下级分内的工作过多地发指示、作批示的时候,实际上等于宣告此事下级不必完全负责。因此,只有合理授权,才能发挥组织成员的能动性,提高其工作积极性。

3. 及时奖惩

对每个成员的工作表现及绩效给予公正而及时的奖惩,有助于提高人的积极性,挖掘每个人的潜力,从而不断提高管理成效,及时引导每个人的行为朝向符合组织需要的方向前进。

对每个人进行公正的奖惩,要以准确的考核为前提,建立健全的组织奖惩制度,使奖惩工作尽可能规范化、制度化,从而实现奖惩公正与及时。

(三)责任原理的运用

责任原理的运用,就是要在管理过程中,遵守责任原理的观点:合理分工,对不同层次的管理者明确分工,明确每个人的职责,并协调组织中每个成员职责间的关系。

合理授权时,要处理好责、权、利三者的关系。职责和权限、利益、能力之间的关系应该遵守等边三角形定理。职责、权限、利益是等边三角形的三个边,能力是等边三角形的高,根据具体情况,它可以略小于职责。这样,就使得工作富有挑战性,从而促使管理者自觉学习新知识,注意发挥智囊的作用,也会使其慎重使用权限,从而在获得利益时还会产生更大动力,努力把自己的工作做得更好。但是,能力也不可过小,以免形成"挑不起"职责的后果。

第二节　管理的行政方法

一、行政方法的含义

行政方法是行政机构通过运用行政命令、指标、规定、条例等手段,按照行政系统和层次,以权威和服从为前提,直接指挥下属行动的管理方法。

行政方法的实质是通过组织管理层级中的职位和职务进行管理。它强调的是职位所授予的职责和权力,并非个人的能力和特权。任何部门、单位都要建立起若干行政机构来进行管理,各行政机构都要有严格的职责和权限范围。由于在任何行政管理系统中,各个层次所掌握的信息绝对是也应当是不对称的,所以才有了行政的权威。

行政方法是管理活动中最传统的也是最基本的方法。行政方法根据不同的目的、不同的对象和不同的条件,具有多种形式,诸如命令、指令、通令、指示、规定、决议、决定、通知等,这就构成了行政方法所包含的内容。

(1) 命令。命令是行政首脑或权力机关,根据法定职务所赋予的权力,任免工作人员、规定行政措施、下达任务或宣布决定的一种形式。命令是不可违抗的,必须坚决执行,否则就要受到纪律处分甚至法律制裁。

（2）指令。指令是上级机关对下级单位的工作和应完成的任务，发布指示性和规定性相结合的要求和措施。指令是命令的一种特殊形式，比命令详细具体，但严肃性上却比命令差些。根据不同要求，指令一般包括做什么、怎样做、什么时间完成等内容。

（3）通令。通令是国家机关向所属各有关单位或群众团体、公民个人发布的须共同遵守的命令。它通常也是非常严肃的，人人都要执行，具有很大的强制性及规范性。

（4）指示。指示就是指导的意思，是上级对下级工作进行指挥的一种形式。它比指令更直接具体，但严肃性和规范性要差。

（5）规定。规定是国家机关、社会团体、企事业单位为处理某种具体事项所制定的具体办法。一般说，规定是正式公布的文件，是责成下属单位及人员必须一律遵从，有较大严肃性并起较强规范作用的文件。

（6）决议。决议是国家机关、党政、社会团体等对某些重大问题或重大事件，经过一定会议讨论、研究，形成共识，要求下级必须执行的意见。它以正式书面材料记载并公布下达，严肃性强。

（7）决定。决定是各级党政机关或各种团体、单位对某些问题或者重大行动作出安排，要求有关下级或人员必须付诸实施的意见，其严肃性比决议稍差，但也必须落实。

（8）通知。通知是党政机关、群众团体、企事业单位，用以传达上级指示，布置工作，要求下级办理某种事项，或者批转下级机关或其他机关某种公文的一种文书形式。它要求受文单位贯彻落实，是行政方法中经常使用的一种文书形式。

二、行政管理方法的特点

行政管理方法的特点主要有：

1. 权威性

行政方法的权威性离不开行政指令，而行政指令则需依靠强制性权威，行政职务越高，权威越强，带来的服从广度也越大；任何单位，都要建立起若干行政机构进行管理，上级指挥下级，下级服从上级的指挥都是由管理的权限决定。

2. 强制性

行政的方法一般用命令、指示、规定等对管理对象进行不同程度的强制性要求来达到指挥与看管目的。行政性的强制不同于法律强制，法律强制要求人们在行动目标上服从统一意志，在原则上要一致，但在执行方法上可以灵活多变，而行政的强制性则有一系列的行政措施来保障执行。

3. 垂直性

行政的方法表现为命令统一、纵向指挥、直线传达,指令自上而下,上下级之间是直线垂直关系,上级不能越级领导和指挥,下级也不能越级请示。

4. 具体性

行政命令或指令是在某特定时间对管理对象的指挥和要求,不论内容还是在实施过程中的方法都相对具体。

三、行政方法的运用

1. 行政方法的本质是服务

为组织和全体成员服务是行政方法的根本目的。同时,行政方法还可以强化管理的作用,便于发挥管理的职能,使整个组织中的各个部门密切配合,如行动和目标不一致时,可及时调整行动方案,纠正偏差。

2. 行政方法与其他方法有机结合

行政方法因其具有强制性而对成员的行为具有一定的约束性,其要求组织成员必须贯彻执行组织的政策要求,具有统一意志、统一行动的作用,但并不考虑个体需要,因此并不利于调动个体成员的积极性,所以在管理活动中,不可单纯依靠行政方法,应和经济方法、教育方法、技术方法有机结合,对组织行为进行有效管理,高效率的提升组织绩效,实现组织目标。

3. 行政方法受领导水平制约

行政方法中的一些指示和规定取决于领导者的领导艺术和领导能力,一般情况下,行政方法中的命令和指示是正确的,是符合主客观的情势,这体现了领导者的能力和水平,管理效果也受到领导者的知识、技能及心理素质的综合影响。

第三节 管理的法律方法

一、法律方法的含义

法律方法是指运用法律这种由国家制定或认可并以国家强制力保证实施的行为规范以及相应的社会规范来进行管理的方法。法律方法中既包括国家正式颁布的法,也包括政府和管理系统制定的具有法律效力的法规和规章制度,如合同法、专利法、版权法等。法律方法不仅调整社会经济的总体活动,也调整组织在微观活动中所发生的各种关系,保证和促进有效经营的管理方法。

法律方法的实质是实现全体人员的意志,维护他们的根本利益,代表他们对社会经济、政治、文化活动实行强制性的统一管理。

二、法律方法的特点

法律方法有如下特点:

1. 权威性

权威性是法律内在本质属性的客观要求,是任何一种法律规范所共同具有的特点,法律法规一旦颁布,就要严格执行,不能受到其他因素的影响,不能因人而异,任何组织和个人都要受到法律方法的约束,必须严明、严格、严肃,切实依照律规定的内容、精神和程序办事,只有这样才能维护法律的尊严和权威性。

2. 规范性

法律方法作为组织和个人行为的统一准则,规定了人的一般行为模式和法律后果从而为人的交互行为提供了一个模型、标准和方向。它指出了人在管理活动中可以或必须应当以某种行为、不应当以某种行为的界限,法规所规定的行为模式有三种:应为模式、勿为模式、可为模式。通过具体细致的规定,法律方法能对组织成员的行为加以规范,把管理活动纳入法律所要求的轨道,从而提高管理效率。

3. 强制性

强制性是法律发挥作用的主要方式,也是法律权威性的基本保证。国家颁布的法律、法规要求组织和个人必须严格地、无条件地执行,如果违反相关规定,就要受到法律机关的惩处。法律手段以它的强制性,规定了国家控制和干预的限度和原则,使管理者自觉地将自己的行为保持在法律允许的范围之内。

4. 稳定性

规定和规范一旦被制定出来,那么在一定时期内必然要保证其稳定性,这样才能使管理工作有章可循、有法可依。朝令夕改的制度不利于管理工作的连续性开展,制度的严肃性也会受到影响,难以产生好的管理效果;而行之有效的管理制度和方法用法律的形式规范下来,并保证其稳定性,既能保证管理系统自动有效运转,又可以节约管理者的精力,有利于发挥主动性和创造性。

三、法律方法的运用

在经济方法、行政方法和法律方法中,法律方法的作用一般是经济和行政手段的载体,一些经济和行政方法也是通过法律或法规的形式付诸实施的,通过法律的形式,可以限定和规范各方的权益和责任,规定个人和集体在管理活动中共同的行为准则。

法律方法从本质上讲是通过上层建筑的力量来影响和改变社会活动的方法，其有双重作用，既可以起到促进作用，也可以起到阻碍作用。要正确运用法律方法就是要按照管理发展的规律和特点来进行管理工作，将管理工作纳入规范化、制度化的轨道。因此，管理者要通过各种方法宣传和普及法律法规方面的知识，使组织成员正确认识、适应、熟悉和学习有关法律知识，熟悉国家的法律和法规，增强用法律规范自己行为和保护自身利益的自觉性。同时，还要做好监督、检查和指导工作。

第四节　管理的教育方法

一、管理教育方法的含义

管理教育方法是通过各种方式使员工具备完成现在或将来工作所需要的知识、技能并改变工作态度，最终实现整体绩效提升的一种计划性和连续性活动的方法。教育是改变人的心智模式的重要手段，当组织中的成员并非都有具有良好的技能和素质时，及时的教育训练就显得非常必要。

二、管理教育方法的特点

对管理对象进行教育，是实现其增值的一条重要途径，而教育方法有如下特点：

1. 强制性

对于管理对象的一些教育内容在组织的规章制度中有详细的规定，如岗前的教育培训，就具有强制性的特点。新成员在上岗前必须接受培训和教育，如安全教育、保密教育、职责条例教育等，以此保证管理对象能满足岗位的要求。

2. 示范性

教育的方式有很多，如领导者自身的以身作则，工作中的模范、榜样都是这种教育的方式，其共同点就是示范性。示范性强调了组织的核心价值观，告诉成员应该怎么做，是一种预先管理。

3. 灵活性

人既有社会属性，也有自然属性。社会属性体现了人的群体性，体现了个体对归属感的需要及受组织文化的影响。在管理中实施教育时，要注意对群体性的教育，加强团队的凝聚力和荣誉感，但同时人又是独立的个体，有个人的爱好和需要，教育方法不能简单粗暴，还要考虑个人的需要。教育要找准压力点，是个人层面的问题,还是组织层面的共性问题,压力点不同,教育方法不同,要充分体现教育的灵活性。

三、管理教育方法的运用

教育方法是管理中最好的方法,能使人的思维方式、知识水平、工作结构、劳动态度发生根本的变化。教育对建立良好的组织协助关系有着巨大的推动作用,通过教育有助于员工认同组织文化,培养团队意识,增强成员对组织的归属感,加强组织凝聚力和向心力。在采用教育方式时可灵活多样,既可以外包给专业机构,请有资格的权威人士来进行,也可以进行模拟现场情境的教育,还可以通过互动交流等方式鼓励成员的自主参与。每种方法都有自己的特点和功能,都能从不同角度发挥作用,都有优势和局限性,在实际运用中我们要取长补短,相互配合。

第五节 管理的技术方法

一、技术的方法含义

技术方法是指组织中各个层次的管理者根据管理活动的需要,自觉运用自己或他人所掌握的各类技术,以提高管理效率和效果的管理方法。这里所说的各类技术,主要包括信息技术、决策技术、计划技术、组织技术和控制技术等。

二、技术的方法特点

技术方法具有以下特点:

1. 客观性

技术方法的客观性体现在两个方面:第一,技术是客观存在的,它不依赖人的意识并不以人的意识为转移;第二,技术方法产生的结果是客观一致的,具有可重复性。

2. 规律性

技术方法的规律性源自客观性。规律性也体现在两个方面:第一,技术脱胎于现实世界中普遍存在的客观规律;第二,技术方法是有规律的,对每种技术方法,其步骤都是特定的。

3. 精确性

技术方法的精确性是指只要基础数据是正确无误的,由技术方法产生的结果就是精确的。正是因为其精确性,技术方法才日益受到人们的青睐。

4. 动态性

技术是不断发展的,这就要求管理者必须紧密追踪技术的发展,不断更新自己手中掌握的技术武器,防止用过时、落后的技术方法来解决新问题。因而技术方法呈现出动态性的特征。

三、技术方法的运用

一是要有专门的技术机构。计算机技术和网络技术的专业性较强,对其分析、设计、建设和维护需要专业人员来完成,因此要有专门的技术机构,加强对管理应用的指导和建议。在应用现代技术方法进行管理的基础上,要根据自身需要和实际条件,有计划、有目的配备管理硬件和软件。

二是建立相关管理制度。应用现代技术方法进行管理,既要管好硬件和软件,又要培训好使用人员,为了保证管理效果,应建立相关管理制度。

每种管理方法都有其特点,法律方法是管理的基本方法,行政管理方法是运用最为普遍的方法,但没有哪种方法是万能的,各种管理方法需要相互结合,灵活运用。

讨　　论

行政方法权威性和时效性强,能提高工作效率,在面对特殊问题时,是否可以优先使用行政方法?

第五章 质量管理常用方法

在整个管理工作中,管理人员掌握和正确运用一些管理常用的技术方法,可以提高管理工作效率和效果。在管理实践和研究不断发展的过程中,逐渐形成了一些比较实用的质量管理的方法。本章将简要介绍质量管理的方法及常用的质量管理工具。

第一节 质量管理概述

一、质量管理相关概念

1. 质量管理概念

质量管理,是指依照质量形成的规律,运用计划、组织、领导、控制等科学管理职能,以达到预定质量目标的活动过程。质量管理和其他管理一样,也有自己的管理内容。从卫生系统工作的性质来理解,质量管理内容主要有制订防病治病计划过程的质量管理,防治疾病实施过程的质量管理,后勤供应与服务过程的质量管理。但在实际工作中,一般都是按卫生系统业务分工,对卫生防疫质量、医疗质量、妇幼保健质量、计划生育技术质量、药品检验质量、科学研究质量、医学教育质量以及财务、物资、设备质量等,分别加以管理。

2. 全面质量管理概念

全面质量管理(Total Quality Control,TQC),是由美国管理学家费根堡姆(A. V. Feignbaum)在1961年首先提出来的,20世纪60年代以后在美国等许多发达国家得到广泛应用。目前,在我国工业、建筑业、商业、交通运输业以及医疗卫生行业中全面质量管理也得到推广。

全面质量管理是指一个组织以质量为中心,以全员参与为基础,以产品或服务为核心,建立起的一套科学严密高效的质量管理体系。具体地说,就是组织全体员工和各部门参加,综合运用现代科学和管理技术成果,对影响产品质量的全过程和各因素进行控制和改进,以最少的消耗,研制、生产用户满意的产品的系统管理活动。在全面质量管理中,质量这个概念和全部目标的实现紧密相关。

全面质量管理的最大特点是从过去的事后以检验和把关为主,转变为以预防和改进为主的管理,从管结果转变为管因素,把影响质量的诸因素查出来,发动全员和各部门参加,依靠科学管理的理论和方法,使整个过程都处于受控状态,从而保证提供优质的产品或服务。

二、质量管理的特点

质量管理通过质量策划、质量控制和质量改进等措施,使组织提供的产品或服务质量达到规范要求,涉及管理的所有职能活动,并在实践中表现出了一些基本特点:

1. 全面性

全面性是指质量管理的对象是生产和经营的全过程,要求对构成质量系统的诸要素实行全面管理,不仅指终末质量,而且包括全部工作质量的系统质量。

2. 预防性

预防为主的观点,要求把质量由事后检验转变到事先预防上来,做好预防是保证质量的前提。以预防为主,从预防做起,事先采取对策,把可能造成质量低劣的各种因素控制起来,以达到预控质量的效果。

3. 科学性

质量管理必须科学化,必须自觉利用现代科学技术和先进的科学管理方法,尊重客观实际,坚持实事求是、科学分析,用事实和数据说话,用事实和数据反映质量状态。

三、质量管理的应用

1. 加强质量管理教育

推行质量管理,一定要把质量管理教育放在首位,并贯彻于管理的始终。质量管理教育的内容有两个方面:一是进行全面质量管理的思想教育。通过教育使全体人员都懂质量管理的重要意义,使质量管理的思想深入人心,成为人人的自觉行动。二是进行质量管理的技术培训。使人人懂得质量管理的基本思想、操作方法及实施步骤。

2. 推行标准化管理

标准化的作用有二:一是衡量质量的标准、尺度;二是进行生产、技术管理的依据。标准一般有定性标准和定量标准,定性标准最好也能数量化。为实现质量管理标准化,应该把一切与质量有关的技术操作、人员岗位责任、物资设备的管理等都制定出质量标准,并把标准化作为法规,实现各项工作的标准化,同时做好推行标准化的组织、宣传、监督、检查工作。标准化管理,既是质量管理的基础工作,也是重要的技术保证。任何质量管理,都是以一系列质量标准为依据,从质量管理目标的确定,到各个生产或工作环节直至最终的质量管理成果评定,都离不开相应的标准。各种技术标准,既是衡量产品质量和工作质量的尺度,又是组织进行技术活动和管理工作的依据。因此,质量管理必须以标准化管理为基础。

3. 开展质量管理小组活动

质量管理小组是由组织成员自觉地组织起来,运用科学和质量管理方法进行质量管理的一种群众性质量管理组织。其组织形式根据不同情况确定,一般以长期固定、自愿结合为主,以解决某种疑难问题而临时组织为辅;人员数量也应根据管理对象不同而有多有少,一般可以由三五人或十余人组成。各级领导要重视对质量管理小组的领导,并对其工作经常检查指导,为质量管理小组活动创造良好的条件。

4. 加强质量管理信息工作

质量管理信息,是指反映产品质量和产、供、销各个环节工作质量的基本数据、原始记录以及产品使用过程中的各种反馈信息。质量管理信息是组织进行产品质量调查研究所获得的第一手材料,是质量管理的耳目,这些信息是进行全面质量管理的依据。因此,必须加强质量管理信息工作,要管理好各种定额及执行原始记录,做好各种质量状况的统计,收集和积累国内外同类产品的质量数据、成本数据和质量动态资料,建立质量管理档案。

5. 建立质量管理责任制

质量管理责任制,就是使单位的各级组织和每个成员,都明确自己在全面质量管理中的地位和作用,所担负的具体任务,自身的责任和所拥有的权力,从而把质量管理的任务落到实处,在质量管理工作中做到:质量有人管,人人有责任,办事有标准,工作有检查,出了质量问题能及时发现和纠正。通过全面质量管理责任制,把全体员工动员起来,积极参与质量管理,形成全员性的质量管理体系。

第二节 质量管理基本方法

一、管理循环

(一)概念介绍

管理循环(Management Cycle),是由美国著名的质量管理专家戴明(W. E.

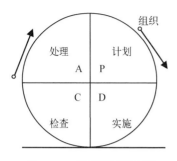

图 5-1 管理循环示意图

Deming)于 20 世纪 50 年代初提出来的,故又称"戴明环"。它建立在全面质量管理的思想之上,是提高管理质量和效益而进行计划、实施、检查和处理等工作的过程,反映了质量管理活动的规律,是在管理活动中,提高产品质量、改善组织经营管理的重要方法。这一循环包括四个阶段:P(Plan)是计划,D(Do)是实施,C(Check)是检查,A(Action)是总结,故又称为 PDCA 循环,如图 5-1 所示。

(二)管理循环的实施步骤

管理循环分为四个阶段,八个步骤,如表 5-1 和图 5-2 所示。

表 5-1 PDCA 循环的过程

阶 段	阶段内容	步 骤	步骤内容	顺 序
Plan(4)	计划:根据顾客的要求和组织的方针,为提供结果建立的目标和过程。	现状调查 原因分析 要因确认 制定对策	确定存在的问题 针对问题找出全部原因 从全部中确定主要原因 针对要因制订措施计划	1 2 3 4
Do(1)	实施:实施过程。	实施对策	实施计划	5
Check(1)	检查:根据方针、目标和产品要求,对过程和产品进行监视和测量,并报告结果。	效果检查	检查实施的效果	6
Action(2)	处置:采取措施,以持续改进业绩。	巩固措施 遗留问题	对有效的效果标准化 找出还存在的问题	7 8

1. 计划阶段(P)

包括四个步骤:

(1)提出问题,收集资料。为此,要进行调查和预测。

(2)分析问题产生的原因,并找出主要原因。

(3)根据收集的资料和分析问题的结果,确定管理目标。

(4)根据管理目标提出计划对策和实施方案。

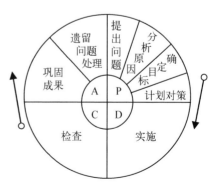

图 5-2 管理循环的八个步骤

2. 实施阶段(D)

按计划对策和实施方案组织实施,并提出时间、数量、质量等要求,落实到各个部门和人。

3. 检查阶段(C)

检查计划实施情况,根据原始记录和统计资料,分析进展情况,纠正出现的偏差。

4. 处理阶段(A)

包括两个步骤:

(1) 巩固已取得的成果,制定有关制度,采取相应措施,防止类似问题的发生。

(2) 对于这一循环尚未解决的遗留问题,移给下一个循环去解决。

以上四个阶段必须环环紧扣,不得中断,而且每个循环也紧密衔接,周而复始。

(三) 管理循环的特点

1. 大循环套小循环,互相促进

作为一种科学的管理方法,PDCA 循环适用于各种管理工作和管理的各个环节。整个组织中有一个大的 PDCA 循环,各个环节、各个层次都有小的和更小的循环,直至个人。下级层次的 PDCA 循环是上级层次 PDCA 循环的组成和实现保证。通过这样的循环,把部门的各项工作有机地联系起来,彼此协同,互相促进,如图 5-3 所示。

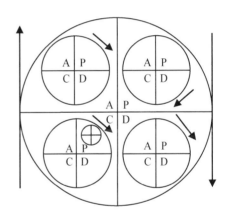

图 5-3 大循环套小循环

2. PDCA 循环必须按程序办事

PDCA 循环必须按程序办事,且一定要按顺序进行,其分成四个阶段八个步骤,先后顺序不允许颠倒。它要靠组织的力量来推动,像车轮一样向前进,周而复始,不断循环。

3. 螺旋上升的循环

PDCA 循环不是一种简单的周而复始,不是同一个水平上的循环,而是螺旋式上升的循环。每循环一次,都要进行总结,提出新目标,再进行第二次循环,使质量管理不断向前。这种螺旋式的逐步提高,使管理工作的质量水平和管理水平均提高一步,如图 5-4 所示。

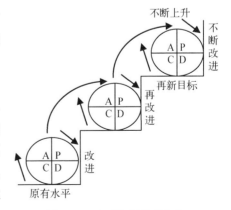

图 5-4 PDCA 螺旋式上升

二、头脑风暴法

头脑风暴法是质量改进常用的方法,不仅可以用来识别质量问题并寻求解决方法,还可以识别潜在的质量改进的机会,其在质量改进活动中用途很广。

1. 基本概念

头脑风暴法又称畅谈会议法,由美国学者阿历克斯·奥斯本(Alex Faickney Osborn)于1938年首次提出。这种方法通过召开小型的专家会议,创造一个轻松、融洽的会议气氛,利用集体的思考,引导每个参加会议的人围绕中心议题激发灵感,广开言路,在自己的头脑中掀起风暴,可以毫无顾忌、畅所欲言地发表独立见解,从而获得创造性的意见和方案。头脑风暴法既可以用来识别管理中存在的问题并寻求解决的办法,还可用来识别潜在质量改进的机会,为决策提供方向和备选方案。

2. 实施步骤

(1) 准备阶段。① 准备会场,安排时间。会议时间以1小时为宜,不要超过2小时。时间过长,与会人员会疲倦,失去兴趣,创新性降低。② 确定会议主持者和参与者。会议的主持者最好由对问题背景比较了解并熟悉头脑风暴法的处理程序和处理方法的人担任。主持人的发言应能激起参加者的思维灵感,促使参加者感到急需回答会议提出的问题。经验证明,参与者规模以10~15人为宜,且所有参加者都应具备较高的联想思维能力,应包括本领域的专家,也应包括一些学识渊博,对所涉及问题有较深理解的其他领域专家。③ 明确会议议题和目的。头脑风暴目的在于为与会者创造一个激发思想火花的氛围,让与会者都能积极发表自己的看法和意见,做到"知无不言,言无不尽"。活动前应事先由会议组织者对议题进行调查,将内容做成说明资料,将限定范围、问题细则等在会议的前一天交给参加者,让大家有充裕的时间来思考。④ 准备必要的用具,如白纸、笔,并选定记录人,在开会时将大家的创意要点迅速记录下来。

(2) 引发和产生创造思维阶段。在这个阶段,主持人组织与会者讨论,产生创新思维。在这个阶段要注意以下几点:① 与会者都是平等的,无领导和被领导之分,与会的成员依次发表意见。② 不要批评发言者的发言内容或创意的正误及好坏,如果创意或意见被批评,与会者就不会提意见了。开会时,如有批评者,会议主持者要暗示制止。③ 欢迎提出不同的想法,甚至是奔放不羁的创意,因为能够脱离习惯上的想法,才能产生突出的创意。④ 要当场把每个人的观点毫无遗漏地记下来,持续到无人发表意见为止,最后将每个人的意见重复一遍。

(3) 整理阶段。将每个人的观点重述一遍,使每个成员都知道全部观点的内容，去掉重复的和无关紧要的内容，对各种见解进行评价和论证，最后集思广益，按问题进行归纳、评论。归纳时要注意以下几点：① 是否还有其他更好的方法。想出新的工作方法或新的改进手段固然有益，但要考虑是否还有更为有效的方法，头脑风暴法的目的是考虑现有的手段或方法，来发现新的手段或方法。因此，虽然已有改进了的创意，但再想想有无更完善的创意。② 是否可借用过去相似的创意。会议产生了新的创意，可能少不了与过去的某些创意有相似之处，完全独创者不多。所以，创意经常会有相类似的地方，过去的创意要多借、多用。③ 是否可以变更。新的创意提出来后，考虑其中某一部分可否用其他创意的一部分来代替。

3. 注意事项

（1）自由畅谈。参加者不应该受任何条条框框限制，要放松思想，让思维自由驰骋。从不同角度、不同层次、不同方位，大胆地展开想象，尽可能地标新立异，与众不同地提出独创性的想法。

（2）延迟评判。必须坚持当场不对任何设想做出评价的原则，既不能肯定某个设想，又不能否定某个设想，也不能对某个设想发表评论性的意见，一切评价和判断都要延迟到会议结束以后才能进行。这样做一方面是为了防止评判约束与会者的积极思维，破坏自由畅谈的有利气氛；另一方面是为了集中精力先开发设想，避免把应该在后阶段做的工作提前进行，影响创造性设想的产生。

（3）禁止批评。绝对禁止批评是头脑风暴法应该遵循的一个重要原则。因为批评对创造性思维无疑会产生抑制作用。当然，发言人的自我批评也在禁止之列。有些人习惯用一些自谦之词，这些带有自我批评性质的说法同样会破坏会场气氛，影响自由畅想。

（4）追求数量。头脑风暴会议的目标是获得尽可能多的设想，追求数量是它的重要任务。参加会议的每个人都要抓紧时间多思考，多提设想。设想的质量问题留到会后的设想处理阶段去解决。在某种意义上，设想的质量和数量密切相关，设想越多，其中的创造性设想就可能越多。

头脑风暴法在管理决策中得出了较广泛的应用。但是，该方法也存在一些缺点。首先，由于与会者人数有限，专家的代表面不可能很广，使问题的讨论受到一定的限制；其次，少数权威人士的意见可能会左右其他人的意见和看法，达不到相互启发、畅所欲言的效果；再次，由于自尊心等原因，有些与会者在发表个人意见后，往往顾及面子，不能冷静地考虑其他人的意见，即使明知自己的观点有不妥之处，也不愿修正，对结果产生不利的影响。

三、六西格玛管理

（一）概念介绍

六西格玛最早作为一种突破性的质量管理战略，于 20 世纪 80 年代末在摩托罗拉公司发展成熟并付诸应用，它是对全面质量管理的进一步完善和改进，目的是为了维护全面质量管理取得的成果，通过减少被动、不断创新，使质量缺陷不断达到和逼近百万分之三点四的质量水平，即一百万次出差错的机会中只有三点四次发生的可能性，以实现顾客满意或最大受益的科学系统。六西格玛的六个主题为：真正关注服务对象、由数据和事实驱动的管理、针对流程采取行动、事前管理、无边界的合作和力求完美但容忍失败，其实质就是不要出错，建立做任何事一开始就要成功的理念。

但目前我们所讲的六西格玛管理已从一种基于统计技术的过程和产品质量改进方法，进化为组织追求精细管理的理念。六西格玛管理的基本内涵是提高顾客满意度和降低组织的资源成本，强调从组织整个经营的角度出发，而不只是强调单一产品、服务或过程的质量；强调组织要站在顾客的立场上考虑质量问题，采用科学的方法在经营的所有领域追求"零缺陷"的质量，以大大减少组织的经营成本，提高组织的竞争力。组织实施它的目的是消除无附加值活动，缩短生产周期，增强顾客满意，从而增加利润。

（二）六西格玛管理的特点

1. 以服务对象为中心

六西格玛管理所进行的质量改进都是从顾客需要出发，强调顾客满意度，而顾客满意度不是静态的，而是动态的。因此在通过了解顾客需要来设定目标，衡量绩效，对需要改进的产品或服务质量所进行测量和分析时，也要站在顾客的角度。

2. 以数据为基础

六西格玛管理是一种高度重视数据，强调"用数据说话"的管理方法。因此，从项目的第一个阶段开始就要求收集数据，分析现状，确定合理的改善幅度，从而准确定义目标。

3. 以流程为核心

六西格玛管理不论是产品设计还是提供服务、评估绩效、提高顾客满意度，都是把业务流程作为关注的对象，用统计工具分析每个流程中的影响因素，采用量化的方法找到最关键因素，加以改进，通过改进流程或流程再造提高质量。

（三）六西格玛管理的科学程序

六西格码管理是一种自上而下的革新方法，它由组织最高管理者领导并驱动，根据组织发展战略和愿景提出改进或革新目标、资源和时间框架。推行六西格玛管理可以采用由界定、测量、分析、改进、控制构成的改进流程。

1. 界定

确定顾客的关键需要，并识别需要改进的产品、过程，将改进项目奠定在合理的基础上。这是六西格玛管理项目成功与否最为关键的阶段。

2. 测量

项目团队通过测量业绩（或问题）基数线以及将过程文件化来描述过程，其目的是识别并记录关键的过程业绩和产品特性（即输出变量）中有影响的过程参数（即输入变量）。但随着项目的进行，过程文件也会不断更新。在此阶段，团队还要为测量阶段后面的活动和下一阶段——分析阶段策划数据的收集做准备。

3. 分析

此阶段的目的是找出影响业绩指标的关键的、潜在的原因。由于六西格玛管理项目的复杂性，如果没有科学的数据分析，就难以保证能够找到真正的、根本的原因。因此，分析阶段要综合采用各种统计方法和管理技术，进行数据的统计分析、比较实验、缺陷分析、变异来源分析、关键因素分析、多变异分析、相关分析和回归分析、失效模式和效应分析等。

4. 改进

改进阶段主要是基于分析阶段所找到的根本原因，提出问题解决方案。对改进方案要进行评价和筛选，可以采用一些综合评价技术进行方案的选择。为了保证方案实施的成功，有必要进行一些局部试运行实验，对改进的方案进行验证。

5. 控制

此阶段是要将改进后的过程标准化，并加以监控，以保持改进的成果。在该阶段要制定监视过程，明确他们已经做出的改变，制订可能出现问题的应变计划，帮助经营者聚集关注点，集中少数重要的测量，告知最新的项目结果以及关键过程测量值。

（四）六西格玛管理的注意事项

虽然六西格玛管理在许多组织中应用，并取得了很大的成功，但我们在引入六西格玛时仍然需要诸多要素的配合，主要包括以下几个方面：

1. 高层思想的转变

组织实施六西格玛管理，不仅涉及对产品质量的改进，还涉及对组织流程的改进，甚至组织架构、文化的变革，必须要有一个中心化的管理机构来全面推进，高层管理者应该在这个推进机构中扮演重要角色。首先，组织要有一个由高层管理者组成的六西格玛管理实施的领导团队，他们的主要职责是，明确组织战略以及战略分解，建立六西格玛管理组织保障，参与六西格玛管理项目选择、评审，倡导组织文化。其次，要有专门的高层管理者作为六西格玛管理推进的倡导人，负责具体工作的实施。

2. 组织文化的选择

组织文化通俗地说是组织中独特的做事方式和方法，六西格玛卓越的管理哲学可以强化组织好的文化，变革不利于组织的风气。实行六西格玛可能要对原有的组织文化进行冲击，领导者要充分考虑是保留现有文化稳定发展还是进行改变。要实施六西格玛管理，组织就要花大力气改造与六西格玛不相适应的组织文化，以使全体员工的信念、态度、价值观和期望与六西格玛质量保持同步。

3. 合适项目的选择

一个项目是否适合利用六西格玛管理至少必须具备 4 个条件：① 问题直接影响到组织一个重要的关键业绩指标；② 问题形成的原因和解决措施不明；③ 问题的解决多牵涉到流程的改善，而不一定需要大量的投资；④ 预计问题可以在 4~6 个月内完成。具体实施时可运用六西格玛实验一个项目，看能否给组织带来收益和效果。

4. 多种方法的综合

六西格玛管理需要把数理统计技术与其他现代管理技术或理念相结合，通过系统应用统计学、现代管理学、工业工程技术、计算机技术等帮助组织解决实际问题。它必须与 TQM、ISO9000 族标准的贯彻，追求卓越绩效和发扬团队精神等技术或理念相结合才能更加有效。

第三节　质量管理常用工具

质量管理的方法可以分为两大类：一是建立在全面质量管理思想之上的组织性的质量管理，如前一节的六西格玛和 PDCA 循环；二是以数理统计方法为基础的质量管理，主要包括直方图、排列图、因果图、散布图、分层法、调查表法及统计分析表法等。本节主要介绍排列图、因果图。

一、排列图

(一) 概念介绍

排列图是一种查清影响产品或工作质量关键因素的一种统计图形,又称主次因素分析图。它由一个横坐标、两个纵坐标、几个按照高低顺序排列的矩形和一条累计百分比折线组成。排列图原理来自意大利经济学家维尔弗雷多·帕雷托(Vilfredo Pareto)关于社会财富状况中"关键的少数和微不足道的多数"现象,故又称帕雷托图(Pareto Chart)。1951年,美国学者朱兰在质量管理中把影响质量的因素区分为重要的少数与次要的多数,并认为这是普遍现象。同年,美国通用公司的狄凯将帕雷托分析理论引进库存管理,命名为 ABC 分析。

(二) 排列图的作图步骤

我们用下面案例详细讲述绘制排列图的方法与步骤。

排列图是将分析和寻找到的影响质量的各项因素,按照影响程度大小,从左向右排列,通过对排列图的观察分析抓住影响质量的主要因素。其使用要以项目别(现象别)为前提,依照经顺位调整过后的统计表绘制排列图。

步骤如下:

(1) 收集数据,将要分析的项目以现象或原因分层。
(2) 确定搜集资料的时间,期限尽可能确定。
(3) 把调查统计数据列成调查表,并按照频数由大到小排列。
(4) 左纵轴表示问题发生的次数(频次或金额),右纵轴表示问题积累的百分比。
(5) 各因素按照大小从左至右排列在横轴上。
(6) 绘柱状图、连接积累曲线。

例:某医院某年对护理差错的原因进行了调查和统计(表5-2),据此资料绘制排列图,并分析护理差错的主次因素。

表5-2 某医院某年护理差错原因

原因(1)	发生次数(2)	百分比(%)(3)	累计百分比(%)(4)
发错药	66	45.52	45.52
打错针	48	33.10	78.62

续 表

原因(1)	发生次数(2)	百分比(%)(3)	累计百分比(%)(4)
烫　伤	10	6.90	85.52
断　针	8	5.52	91.03
注射化脓	6	4.14	95.17
压　疮	3	2.07	97.24
其　他	4	2.76	100.00
合　计	145	100.00	

其方法步骤如下：

第一步，对表格和数据进行整理。收集一定时期的资料，对分类项目按频数由大到小的顺序，依次填入表中，见表5-2的第(1)、(2)栏。求出各种原因频数占总频数的百分比，见表5-2的第(3)栏。依原因项目百分比数据进行累计相加，求出累计百分比，见表5-2第(4)栏，完成了数据整理和表格准备。

第二步，绘图。在坐标纸上绘制两个纵轴，一个横轴，左边纵轴表示差错原因发生的频数(次数或件数)，标明数值的标度；右边纵轴表示累计百分比，标度取0～100，左边纵轴频数总数对应右边纵轴累计百分比的100%。横轴表示各种差错原因，按频数大小从左至右依次绘出直方图，直方图下面是原因名称，直方图的高低表示某个原因影响的大小。在每个直方图横线中点的上方标出累计值的点，连接各点即成由左向右上升的曲线。这根曲线起点与第一个项目发生频数重叠，最后止点与总频数重叠，并且累计百分比为100%。这条表示各影响因素大小的累计百分数的曲线，称为帕雷托曲线，如图5-5所示。

第三步，分析并得出结论。根据判定标准，发错药和打错针为发生护理差错关键因素，烫伤为发生护理差错重要因素，断针、注射化脓、压疮及其他原因为发生护理差错次要因素。所以，预防护理差错的重点是防止发错药和打错针。

(三) 应用排列图的注意事项

1. 区分因素类别

排列图是将影响质量的因素按其频数大小顺序排列，有利于寻找关键因素。按习惯用法，通常把累计百分比分为三类。在80%、90%处绘两条横线，把图分成三个区域：累计百分比在80%以内是关键因素(主要因素)；80%～90%范围内的

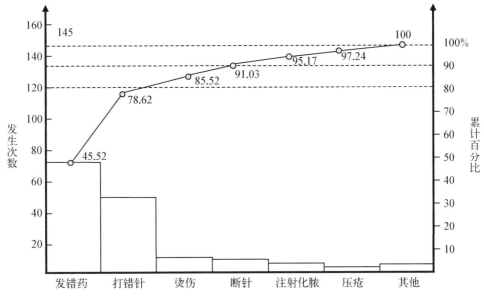

图 5-5　某医院护理差错因素排列图

是重要(次主要因素);90%以上的是次要因素。例如本例资料,发错药、打错针显然是影响护理质量的关键因素,如果有效地解决这两个关键问题,护理质量将会提高一大步。

2. 控制关键因素的数量

一般来说,关键(主要)因素最好是1~2个,如果多于3个就失去了找重要少数的意义,这就要求在对事件项目分类时,要考虑上述问题。

3. 纵坐标的标度

排列图左边的纵坐标的标度,是用来表示频数的尺度,标度的单位必须与分析的问题相对应。右边纵轴累计百分比的100%的位置是由左边纵轴事件总频数来确定的,左边纵轴总频数与右边纵轴累计百分比的100%的位置要严格对应。

4. 因素的预处理

不太重要的项目很多时,会使横轴变得过长,这时可把一些不太重要的项目并入其他项目内,放在横轴最末端,并允许最后的综合项的事件数据大于前一项事件的数量。

5. 结果评估

确定关键(主要)因素并采取相应措施后,为检查措施的效果,则可重新绘制主次因素排列图,进行验证比较,对措施效果作出评估。

二、因果分析图

（一）概念介绍

因果分析图又叫鱼骨刺图、树枝图、特性因素图、石川图，是一种用来寻找影响产品或工作质量特性因素产生的根源，表示质量结果和形成原因之间关系的图解。因果分析图是1953年由日本东京大学石川馨教授提出的一种简单而有效的质量管理控制技术。

在工作中，产品或质量发生问题的原因有很多，每个原因又由多个更小的原因所形成。如果把这些问题的有关联的原因找出来，分门别类加以归纳，绘制成一张鱼骨刺图，就可以清晰了解各种因果之间的关系，以利于针对性采取有效的措施。一张因果分析图，就是对某一质量问题全面的技术分析，技术水平越高，因果分析图就越切合实际。从这个意义上说，因果分析图也是质控技术水平的体现。

（二）因果分析图作图方法

绘制因果分析图有两种方法，即原因追查法和原因罗列法。原因追查法用于发生质量问题之后，采取纠正措施之前；原因罗列法用于预防发生质量问题，尽可能详尽地把认为将影响质量的因素罗列出来，并将防止这些因素的保障措施找出来，绘制成图进行预防性控制。无论采用何种方式，在绘图之前，都要召集有关人员集思广益，从各种不同角度来分析影响质量的原因，找出可能的影响因素并加以条理化，从而准确地确定什么是关键原因。

（三）应用因果分析图的注意事项

1. 充分查找原因

绘制因果分析图前，要召集有关人员参加会议，充分发扬民主，使参会人员各抒己见，进行反复讨论和修改，把可能的原因都找出来，并将找出来的这些原因按照因果关系联系起来，使之系列化，使因果关系连锁化，以明确问题的本质。

2. 区分主次原因

大原因不一定是主要原因，问题多的原因也不一定是关键原因。通过讨论确定主要原因或关键原因。对有些问题也可先做主次因素排列图，对影响全局较大的重要少数项目，找出主要原因后，再对这些原因层层分析下去，绘出因果分析图。

3. 追查原因要具体

为了解决问题，分析原因时要追问到能采取具体措施为止。

4. 确认原因

画出因果分析图,找出原因后,还应组织人员到工作现场进行调查研究和落实措施。

5. 检查评估

采取措施以后,间隔一定时间后,应再做调查,以考核其效果。

---------------------------------- 讨　　论 ----------------------------------

在管理实践中,如何做好质量责任制工作?

第六章 计划与目标

计划是管理的首要职能,也是其他职能的基础,在整个管理活动中,有着保证各项任务顺利完成的重要作用。本章着重介绍计划的概念、性质、作用、计划的类型及表现形式,阐述了计划的流程与方法及计划编制原则。目标作为计划工作的基础,目标管理是实施计划工作的有效方法,因此本章还介绍了目标管理的理论基础,探讨了目标管理的本质,阐述了目标管理的过程及其优缺点。

第一节 计划概述

一、计划的概念

计划工作是确定组织目标及实现这些目标的途径,是全部管理职能中最基本的职能。主管人员要围绕着计划规定的目标,去从事组织工作、领导工作和控制工作,以达到预定的目标。

在汉语中,计划既是名词又是动词。从名词意义上来说,计划是指用文字和指标等形式表述,组织以及组织内不同部门和不同成员,在未来一定时期内关于行动方向、内容和方式安排的管理文件。计划包括确定组织未来发展目标以及实现目标的方式,是一切管理活动的基础。从动词意义来说,计划是指为了实现组织确定的目标,预先进行的行动安排,主要包括:在时间和空间这两个维度上进一步分解任务和目标,选择任务和目标的实现方式、进度安排,行动结果的检查与控制等。

实际上,一个完整的计划还应包括控制标准和考核标准的制订,使组织中所有部门与成员不但知道组织的使命、宗旨、战略、目标和行动计划,而且还要明确本职工作的内容,如何去做,以及要达到什么标准。

二、计划的性质与作用

(一)计划的性质

1. 计划工作是管理活动的基础

计划是各项管理的首要职能,是进行其他管理职能的基础或前提条件,当组织确定了发展目标,计划工作就提供了通向未来目标的明确道路,给组织、领导和控制等一系列管理工作提供基础和方向。

2. 计划工作为实现组织目标服务

计划职能就是为实现组织目标制订行动方案。任何组织或个人制订的各种计划都是为了促进组织的总目标和一定时期目标的实现。

3. 计划工作的普遍性和秩序性

计划工作不是哪个部门或哪个层级管理者的事情,是组织中全体人员的一项职能,每个人、每项工作都要有计划,体现了计划的普遍性。计划工作的普遍性蕴含着一定的秩序,秩序随着组织的性质的不同有所不同,最主要的秩序表现为计划工作的纵向层次性和横向协作性。故而高层管理人员在明确组织总的计划方向后,各级管理人员必须随后据此拟定他们各自的计划,从而保证实现组织的总目标。

4. 计划工作的效率性和创造性

计划通过对各种方案的技术分析,选择最有效的方案用于实施,使有限资源得到合理的配置。有了计划,组织中各成员的努力将合成一种组织效应,使工作效率得到提高,从而带来经济效益。

计划的效率性主要是指时间性和经济性两个方面。任何计划都有计划期的限制,也有实施计划时机的选择。计划的时效性表现在两个方面,一是计划工作必须在计划期开始之前完成计划的制定工作。二是任何计划必须慎重选择计划期的开始时间和截止时间。经济性是指组织计划应该以最小的资源投入获得尽可能多的产出。

计划工作总是针对需要解决的新问题和可能发生的新变化、新机会而做出的决定,因而它是一个创造过程。计划工作是对管理活动的设计,正如一种新产品的成功在于创新一样,成功的计划也依赖于创新。

(二) 计划的作用

组织目标是计划的重要内容,是制定控制标准的主要依据。正是在计划工作中设立了目标和标准,管理者才能在管理工作中将实际的绩效与目标进行比较,对已经发现和可能发生的偏差,采取必要的纠偏行动。

在实践中,我们对计划工作的作用应有正确的认识。第一,计划工作不是策划未来。实际上,人们无法完全准确地预言未来和控制未来,仅能决定为了实现将来的目标应当采取什么样的行动。第二,计划工作不是做未来的决策。其所涉及的是当前决策对将来事件的影响。所以,计划工作涉及未来,但是计划工作的决策是现在作出的。第三,计划工作并不能消除变化。管理者不管做些什么,变化是客观存在的。管理部门之所以要从事计划工作是为了评估各种变化和风险,并对它们作出最为有效的反应。第四,计划工作并不减少灵活性。组织的正式计划比存在于一些高层管理者头脑中模糊的假设要容易修改,因为它推理明确,构想清晰,而且有些计划可以人为增加其灵活性。因此,预先进行认真的计划能够消除活动所带来的不必要的浪费,能够避免在今后的活动中由于缺乏依据而进行轻率判断所带来的损失。

三、计划的类型和形式

(一) 计划的类型

计划工作是组织中各个部门、各个管理层次都存在的活动,其普遍性决定了计划的多样性。按照不同的标准,可将计划划分为不同的类型。认识计划的不同类型,有利于充分发挥计划的职能,制订有效的计划。

1. 战略计划、战术计划和作业计划

按照计划的层次分为战略计划、战术计划和作业计划。

战略计划是为了实现战略目标由组织高层管理部门制订的,为整个组织提出的指导性的目标,体现了组织在未来较长时期(一般5年以上)总体发展目标和寻求组织在环境中的地位,以及实施的策略。战略计划具有长远性、全局性和指导性,它决定了在相当长时间内组织资源的运动方向,并在较长时间内发挥指导作用。战略性计划具有两个显著特点:长期性和整体性,从作用上看,战略计划的实施是组织活动能力的形成与创造过程。

战术性计划是具体规定如何实现在战略计划指导下制订的战略目标,是确保战略目标的落实和实现,确保资源的取得与有效运用的具体计划,是战略计划的具体化或是战略实施计划,其作用是对组织所形成的能力的应用。战术计划由组织的中层管理人员做出。

作业计划是对战术计划的实施,是由基层管理人员制订的以完成作业目标为主的计划,时间跨度短,范围较集中。

2. 长期计划、短期计划和中期计划

按计划期的时间长短可分为长期计划、中期计划和短期计划。长期计划是指5年以上的计划;短期计划一般是指一年或一年以下的计划;中期计划介于两者之间。长期计划描述组织较长时期的发展方向,规定了各个部门在较长时期应该达到的目标;短期计划具体规定了各个部门在目前应从事何种活动,以及应达到的要求,为组织成员在近期的行动提供依据。但是,这种划分并不是绝对的,有的发展项目的实施计划可能需要 20 年,有的短期计划则仅能适用几个月。所以,尽管按上述时间界限划分出长期、中期和短期计划,但在实际工作中,还是应根据它们本身的性质来确定。

3. 方向性计划和具体计划

方向性计划对于计划目标并不规定具体的行动步骤和进展速度,只提供方向性的指导,使得整个计划有更大的灵活性来应对不可预见的环境变化。

具体性计划给出了计划目标的具体步骤和程序及具体的进度计划,以清晰性为特征,不存在模糊性。

(二) 计划的形式

面向未来和面向行动是计划的两大显著特征,因此计划的表现形式是多种多样的。哈罗德·孔茨和海因·韦里克从抽象到具体把计划分为一个层次体系:使命、目标、战略、政策、程序、规章、规划、预算,如图 6-1 所示。

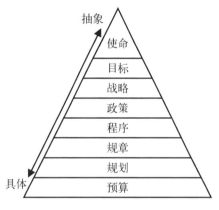

图 6-1 计划的层次体系

1. 使命

组织的使命或宗旨,可以看作是一个组织最基本的目标,也是一个组织存在的意义。使命就是着重表明社会对该组织的基本要求、组织的基本作用和根本任务的计划。每个组织既有社会赋予的基本职能,即社会使命,也有使其成员生存、发展的使命。能取得成功的组织首先在于有明确的宗旨,因为宗旨常常揭示了组织的文化和目标。

2. 目标

宗旨是一个组织最基本的目的,它需要通过目标的具体化才能成为行动的指南。通常人们可以把组织的目标细化,从而得出多方面的目标,形成一个互相联系,并且有等级层次之分的目标体系。组织的总目标可以层层分解为更具体的阶段目标、部门目标及个人目标。组织目标除了具有层次性外,还具有多重性。现代组织是一个复杂的社会机构,它需要在多重的目标和需要之间求得平衡。如果过分强调某一个目标,就会忽视其他目标。因此,实际中要综合考虑各个目标。

3. 战略

战略是组织为了达到总目标而采取行动和利用资源的总计划。战略和策略并不确切地描述组织怎样完成目标,而是为组织提供指导思想和行动框架,它不是具体的行动方案。组织在制定战略时,要认真分析内外部环境。对于经营性组织,要仔细研究其他的相关组织,特别是主要竞争对手的情况,为取得竞争中的优势地位而制定组织自身的战略。

4. 政策

政策的作用是为组织建立活动的一般指南。政策是指明组织的活动范围和方针、表明组织鼓励什么和限制什么,以保证行动同目标一致的导向性规定。政策是指导决策的,所以允许管理者对某些事情有酌情处理的自由。政策应有统一性、持久性、连续性,但是政策的表述往往不容易做到十分规范和精确,容易使人产生曲解,并且情况在不断变化,这些都导致政策有时难以连贯和稳定。为了保持政策的一致性和整体性,应将组织的政策以书面形式写下来。

5. 程序

程序是按时间顺序对必要的活动进行排列,是一种经过优化的计划,是通过大量的实践经验总结而形成规范化的日常工作过程和方法,程序可以提高工作的效率。而组织程序是制定和处理未来活动的一种必需方法的计划,它规定了某些经常发生的问题的解决方法和步骤,而不是指导如何思考问题。

6. 规章

组织的规章是一种最简单的计划,它为组织的具体工作做出一系列限制和规定,详细阐明了哪些是必需的行动,哪些是非必需的行动。规章通过建立行动指导准则以达到简化管理人员工作的目的。

人们经常把规章、政策和程序混淆。规章不是程序,规章虽然指导行动但却不标明时间顺序,其虽然也起指导的作用,却没有自行处理的权力。政策的目的是指导决策,并给管理人员留有酌情处理的余地,而程序对时间和空间的顺序有要求。

7. 规划

规划是综合性计划,包括目标、政策、程序、规则、任务分配、要采取的步骤、要使用的资源以及为完成既定行动方针所需要的其他要素。组织规划是为组织总体在目标内对特定的重点工程或任务制订的一套专用计划。规划可大可小,一个主要的规划可能需要很多的计划支持。

8. 预算

预算是一系列用货币量表示预期结果的报表,可以称为"数字化"的计划。预算描述了组织在未来一段时期的现金流量、收支等的具体安排,是基本的计划工作手段。由于预算是采用数字的形式,编制预算可以迫使管理者精确制订组织计划,所以预算也是一种控制手段。

第二节 计划的流程与方法

一、计划编制过程

计划编制本身也是一个过程。为了保证编制的计划的合理,确保组织目标的实现,计划编制过程中必须采用科学的方法。虽然可以用不同标准把计划分成不同类型,且计划的形式也多种多样,但管理者在编制任何完整的计划时,实质上都遵循着相同的逻辑和步骤。计划编制过程包括 8 个步骤的工作:

1. 估量机会

估量机会就是管理者根据环境和组织的现实情况对可能存在的机会做出判断。严格地说,估量机会不属于编制计划过程的一个组成部分,它要在编制计划之前进行,但是寻找组织外部环境中的机会和组织内部的优势是编制计划的真正起点。因为只有这样,管理人员才能了解将来可能出现的机会,并能清楚而全面地了解这些机会对组织的利与弊、怎样解决将要出现的问题、为什么要解决这些问题以及能得到什么期望的结果。

2. 确定目标

计划应有明确的目标,因为目标能规定预期的结果,并说明组织要做哪些工作。首先,在目标的制定上要注意目标的价值,各类计划设立的目标应与组织的使命和总目标有价值上的一致性,这是对计划目标的基本要求。其次,要注意目标的内容及其优先顺序,不同的目标顺序将导致不同的行动内容和资源分配的先后顺序。最后,目标应有明确的衡量指标,不能含糊不清,对目标应尽可能进行量化,以便度量和控制。

3. 确定前提条件

确定前提条件是要确定整个计划活动所处的未来环境。计划是对未来条件的一种"情景模拟",确定前提条件就是要确定这种"情景"所处的状态和环境。这种"情景模拟"能否在最大程度上贴近现实,取决于对它将来所处的环境和状态预测的准确程度,也就是取决于确定前提条件这一步骤的工作质量。

4. 确定备选方案

每一项活动(或问题)一般都有几种不同的方式和方法,编制一个计划需要集思广益,开拓思路,寻求和检查多个可供选择的方案。但有时主要的问题不是寻找可供选择的方案,而是减少可供选择的方案数量,以便从中分析最有希望的方案。因此,确定备选方案时需要管理者进行初步检查,从中发现最有成功希望的方案。

5. 评价备选方案

评价备选方案就是根据计划的目标和前提条件,权衡利弊,对各种备选方案进行评价。评价备选方案的尺度有两个:一是评价的标准;二是各个标准的相对重要性,即权重。在多数情况下,往往存在很多备选方案,而且有很多有待考虑的可变因素和限制条件,这会使得评价比较困难。

6. 选择方案

选择方案是计划的关键步骤,做出正确的选择需要建立在前面几个工作步骤的基础上。为了保持计划的灵活性,选择的结果往往可能是两个或更多的方案,选择方案时,必须决定首先采取哪个方案,并将其余的方案也进行细化和完善,作为后备方案。

7. 制订派生计划

选择好方案后,计划工作并没有完成,还需要为涉及计划内容的各个部门制订支持总计划的派生计划。几乎所有的总计划都需要派生计划的支持和保证,完成派生计划是实施总计划的基础。

8. 编制预算

计划编制工作的最后一步,就是要把计划转变为预算,使计划数字化。预算是汇总组织各种计划的一种手段,因为只有将各类计划数字化后汇总,才能分配好组织的资源。同时,预算又是用数字表述计划,并把这些数字化的计划分解成与组织的职能业务相一致的各个部分。这样,预算就与计划工作相联系,将资源使用权授予组织各部门,但又对资源使用状况进行控制。管理人员只有明确了这些具体的资源使用情况,才能采取授权的方式在预算限度内去实施计划。

二、现代计划方法

现代计划制订的效率的高低和质量的好坏在很大程度上取决于采用的方法。现代计划方法为制定切实可行的计划提供了手段。在计划的质量方面,其能确定各种复杂的经济关系,提高综合平衡的准确性,能够在众多的方案中选择最优方案,能够进行因果分析,科学地进行预测。在效率方面,由于采用了现代数学工具并以计算机技术作为基础,大大加快了计划工作的速度,下面介绍其中几种常用的方法。

(一) 滚动计划法

滚动计划法是一种定期修订计划的方法。该方法适用于任何类型的计划,能使长期计划、中期计划和短期计划相互衔接,能根据计划的执行情况和环境的变化定时地进行调节,保持计划的连续性和稳定性,保证了计划与组织目标的一致性。

滚动计划法虽然加大了计划编制的工作量,但优点明显,它推迟了对远期计划的决策,增大了对未来估计的准确性,提高了计划质量。由于能使长、中、短期计划互相衔接,其保证了组织能根据环境变化及突发事件及时进行调节,使各期计划基本保持一致,增强了计划的弹性,提高了组织的应变能力。

(二)甘特图

甘特图(Gantt chart)是由亨利·甘特在20世纪初开发的,是被广泛使用的一种计划工具。它基本上是一种线状图,可以安排各项计划活动,清晰掌握计划工作的状态。同时,其又是一种控制工具,能帮助管理者发现实际进度偏离计划的情况。甘特图横轴表示时间,纵轴表示安排的活动,线条表示在整个期间内计划的和实际的活动的完成情况(详细内容见第二章)。

(三)计划评审技术

计划评审技术又称网络计划技术、计划协调技术、时间项目网络分析法、统筹法等,是运用网络图的形式统筹安排计划作业项目和协调实施计划的一种科学管理技术。

1. 计划评审技术的基本步骤

PERT的基本步骤是定目标、列清单、绘草图、加注记、算工期、总结评价,如图6-2所示。

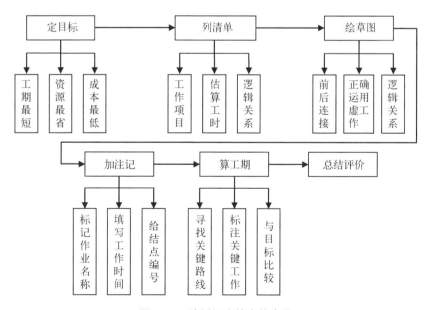

图6-2 计划评审技术的步骤

(1) 定目标。PERT 有调节工程进度、节约时间、合理分配物资设备、降低工程技术、高效使用人员等作用。因此,应用 PERT 时,主管人员应首先确定主要目标,因为这关系到建立何种数学模型及方案选择的准则。

(2) 列清单。首先,主管人员召集有关业务技术专家及负责人集思广益,将工程计划分解成一个个相对独立的工作,并确定出完成每项工作所需的时间。然后,按照各项工作的施工顺序和逻辑关系,列出清单。清单格式如表 6-1 所示。

表 6-1 计划评审技术清单格式

顺 序	工作名称	代 号	所需时间	继后工作	承办部门及负责人
1					
2					
3					
.					

工作所需时间计算公式为:

$$T(i,j) = \frac{a + 4m + b}{6}$$

式中,$T(ij)$ 为某项工作所需要的平均时间;a 为最短可能完成的时间;b 为最长可能完成的时间;m 为一般可能完成的时间;4,6 为常数。

(3) 绘草图。绘草图就是把具有逻辑关系的工作清单编排成网络图的过程。网络图就是用箭线代表工作,用结点"○"表示工作开始、结束及相互连接关系的工程施工流线图。绘制网络图,自左向右,按照清单中所列工作的先后顺序一一进行。最左端的节点(一般只有一个),表示工程的开始;最右端的节点(一般只有一个),表示全部工作的结束。前者称作网络图的最初节点,后者称为网络图的最终节点。其余节点表示前项工作和后项工作的衔接,代表前项工作的结束和后项工作的开始,箭头表明工程进行的方向,如图 6-3 所示。在绘制网络图时,网络图中不能出现循环路线,网络图中的结点按从小到大,从上到下的原则统一编号,两个相邻结点间只能有一条箭线,并且网络图中只能有一始点和一个终点。

(4) 加注记。网络图绘成以后,将每项工作的名称或代号写到它的箭线上面,所需要的时间写到箭线下面。用阿拉伯数字给节点编号,序号自左而右、自上而下排列,将编号写到节点的圆圈内。

(5) 算工期。网络图上自最始节点起到最终节点止,通常有多条路径,称为路线。由于各条路线所含工作的不同,故各条路线所需的时间也不同,其中路径最长的路线,就是网络图上的关键路线,关键路线所串联的工作,是整个计划的重点工作。因此,对关键路线应重点控制。这些工作都是没有机动时间可利用的,工程必须按期开始与结束,否则将会影响总工程的进度。非关键路线都有不同的机动时间可供调节利用,这些可被使用调节的时间,称为时差。路线的总时差越多,时间调节的余地越大。施工中可以按照各条路线的总时差大小,排列出它们的优先顺序,以便集中人员、物资、时间,保证重点工作的按期开始与结束,从而使整个计划顺利进行和按期完成。

(6) 总结评价。绘成网络图和计算工期之后,检查所得结果是否符合预先的目标要求。如图6-3的网络图显示,某医学研究开发计划,总工期约需6年时间。在计划执行中,为了确保计划顺利进行和如期完成,主管上级和有关执行部门,必须在人力、财力、设备技术方面,确保AEFGH五项工作按期开始和按期完成,如果其中任何一项误期的话,将使计划的整个周期延长。其他四条路线的余裕时间各不相同,我们应重视余裕时间少的路线。总之,这一研究开发计划的周期较长,各项工作时间比较紧迫,要想按期完成和尽快取得成果,必须严格管理和科学调节。当然,还可以对整个项目流程进行优化,调整组织资源,加强关键路线上的工作的资源保障,保证关键路线上的项目提前完成,以缩短整个项目工期。

例:某医学研究开发计划,包含12项独立进行的工作,各项工作所需的时间及其逻辑顺序和相互关系如表6-2所示。上级主管部门要求明确开发计划中的重点工作和最短期限,尽快地取得成果。

表6-2 某项医学科研开发计划单

顺序	工作代号	时间(月)	继后工作	顺序	工作代号	时间(月)	继后工作
1	A	3	B、E、K	7	J	8	L
2	B	5	C	8	I	20	G
3	E	2	I、F、J	9	G	18	H
4	K	34	L	10	D	12	
5	C	10	D	11	H	10	
6	F	40	G	12	L	34	—

按照表6-2内容绘制成网络图见图6-3所示。

图6-3上共有5条路线,见表6-3所示,其中最长的路线是①—②—④—⑦—⑨—⑩,需时为3+2+40+18+10=73个月。

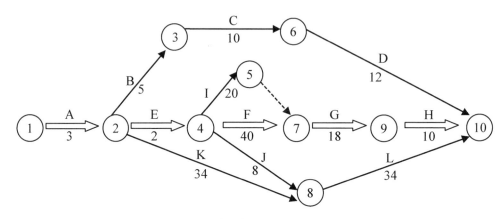

图 6-3 某医学科研工作计划网络

表 6-3 某医学研究计划的路线、周期、总时差和优先序

路　　线	周期(月)	总时差(月)	优先顺序
①—②—④—⑦—⑨—⑩	73	0	1
①—②—⑧—⑩	71	2	2
①—②—④—⑤—⑦—⑨—⑩	53	20	3
①—②—④—⑧—⑩	47	26	4
①—②—③—⑥—⑩	30	43	5

2. 计划评审技术的优点

PERT 主要用于计划运行的进度管理,对于合理调配资源、提高工作时效,保障计划完成有重要作用。它有以下优点:

(1) PERT 项目时间顺序清楚,既能全面考虑,又能不失重点的安排作业进程,促使主管人员从计划总体任务及如何按期完成计划的角度考虑,统筹安排人员、物资设备、时间等资源。

(2) 通过绘制网络图,能使主管人员把握好计划实施的全局,明确关键路线与重点,从而合理调配和利用资源与设备技术,高效低耗地完成任务,对工程时间进度和资源优化利用。

(3) 由于 PERT 能体现出系统整体性原理和定量分析计划中每项作业的进度,可预先评价达到目的的可能性,从而增强了主管人员的预见性和主动性,减少随意性和盲目性,使主管人员能更好地按事物的变化规律进行管理。

(4) 分工实施,便于组织控制,易于操作。PERT 特别适用于大型的、多项目、多部门协作的计划项目管理。卫生工作管理中,凡属多项目、多部门协作的医学研究,大范围的疾病调查与防治,人口普查,环境监测与防护,都适用 PERT 加以协调控制。应用电子计算机技术,有助于 PERT 应用范围的扩大与效果的提高。

三、计划编制的原则

1. 前瞻性原则

计划是对未来一定时期组织活动的规划,所以必须有一定的前瞻性。在制订计划时,必须充分估计环境的变化,以确定组织应对的措施;对组织自身的发展趋势也必须有预先估计,比如确定产品或服务的生命周期;在人力资源管理计划中,要充分考虑组织未来几年的规划,如组织若是扩大规模,对人才的需要是选择外部招聘还是内部培养。

2. 明确性原则

明确性是指计划的制订要具备可考核的指标。如果计划对是否达到所要求的目标说得很含糊,就不能起到计划的作用。同时,计划是控制的基础,没有明确的目标,控制就不可能实现。明确的计划目标,既方便管理者及时纠正偏差,也对事后的考核和激励起到重要作用。

3. 灵活性原则

计划的制订必须具有一定的弹性,这是因为未来环境的变化是不可控的。虽然对变化可以预测,可是由于环境的复杂性和偶然性因素的存在,以及预测技术的限制,计划不可能包括未来所有的可能性。所以,在突发状况产生时,有弹性的计划就可以避免不必要的损失。同时,过于严谨的计划容易流于形式,也可能遏制组织成员的积极性和创造性。

4. 协调性原则

协调性原则是指计划的制订要建立在各方协调的基础之上,只有这样才能保证制订的计划符合实际情况的要求。同时,这样制订出来的计划才有可能得到各方的积极支持。此外,计划中还应包括可协调的因素,因为实际情况是在发展变化的,所以计划的实施也需要各方面的充分协调。

5. 参与性原则

计划的参与性原则是指计划的制订要求全体组织成员积极参与,这种参与不仅能够保证计划内容切实可行,还能使计划得到有效的实施。因为组织成员参与计划的制订是一种很好的激励手段,能充分调动组织成员的积极性。

第三节　目标与目标管理

一、目标概述

目标是计划的一种形式,组织目标指组织想要达到的未来的一种状态,它指明了组织或个人的发展方向,并激励组织和个人采取有利于达成目的行动。目标是组织的基本特征,是计划工作和一切管理工作的基础,也是管理活动的出发点和终点。

(一)目标的作用

1. 目标的指向作用

从管理过程的角度来看,管理的实质就是组织中的管理者为实现预定的目标所进行的一系列职能活动。目标是管理活动的出发点,具有确定方向或指引方向的作用。管理实践证明,任何组织的一切管理活动,都是沿着一定的目标方向进行的,如果目标不明,或目标错误,组织的工作就会失去正确的方向。

2. 目标的推动作用

明确的目标对组织管理者来说,有达标的强大推动作用,对组织的成员来说,有推动他们为实现目标而自觉努力工作的作用。目标确定要科学,目标太高,则难以达标,让人丧失信心;目标太低,极易达标,就不能起到推动作用。

3. 目标的标准作用

目标是评价工作成效的一个尺度,可以用来衡量管理者、组织成员工作成效的大小。我们常说的是否达标,也就是评定工作成效。当然,如前所述,目标不应太高或太低。

(二)目标的特征

组织目标是一个有层次的网络,必须与组织发展所处的不同阶段相结合。因此,目标具有层次性、多样性、网络性以及时间性等特征。

1. 目标的层次性

目标的层次性与组织的层次性有关。组织一般可以划分为高层、中层、基层和工作层四个层次,这是组织纵向分工的结果,也是提高管理效率的结果。组织目标,尤其是总目标,对于具体的组织成员来说过于抽象,这就需要将组织目标逐步分解成一个与组织层次、组织分工相适应的层次体系,让组织的每一个层次、每一个部门、每一个成员都有相应的具体目标,成为他们的行动方向和激励手段,而这些目标又是组织目标具体化层次的展开。在组织目标中,最高最抽象的是组织总目标,它是组织的共同愿景、宗旨和使命的具体化。将组织总目标具体化,是高层管理者的任务,这些具体目标再分解就是分组织的目标,分组织目标继续具体化,则形成下属部门和单位的目标,最终目标被具体化为每个成员的目标。这样就形成了一个完整的目标层次体系。

2. 目标的多样性

所谓目标的多样性,是指总目标有多侧面的反映,或可以用不同指标来反映。例如,一所大学的总目标是建成国际知名的研究型大学,这个总目标的多样性,可以从招收高质量的学生、聘请国际一流的教授、出世界一流的科研成果等多个侧面目标来反映。

目标的多样性还体现在真实目标与宣称目标的差异上。宣称目标是一个组织对其目标的官方陈述,可以从组织章程、年度报告、公共关系通告或者组织管理者的公开声明中体现出来。真实目标则可以通过观察组织成员行动得出结论,因为组织成员的行动往往能表现一个组织优先考虑的事情。但两者会发生矛盾或偏差,因为宣称目标通常受社会舆论影响,并且不同的信息发布者可能表述的内容或方式也不一样,更深一层的原因可能是组织成员(包括高层管理人员)对目标的理解不深入,对其重要性了解不够。

与目标的多样性相关的另一个概念是模糊目标。一般而言,目标应越明确越好,但现实中往往难以提出明确目标,于是就可能使用模糊目标。所谓模糊目标,是对目标的一些具体内容预留一定的弹性空间。比如,在对目标实现的时间限制上,就可以留有余地,"三到五年"就是一个具有弹性的模糊目标;同样"利润率实现$8\%\sim12\%$的增长"就比"10%"的目标模糊,比它更模糊的是"实现明显增长"。

3. 目标的网络性

一个组织的目标通常是通过各种活动的相互联系、相互促进来实现的。所以目标和具体计划通常构成一个网络,而它们的关系也不是简单的线性,即目标之间左右关联、上下联通、彼此呼应,融会成一个整体。正因为如此,更要保证各个目标彼此协调、相互支援和相互连接。

4. 目标的时间性

按时间的长度可以将目标分为短期目标和长期目标,这二者的区别是相对的。一方面短期目标是长期目标的基础,因为任何长期计划的实现都是由近及远的。另一方面,短期目标必须体现长期目标,必须为实现长期目标服务。因此应该根据各个目标编制计划,并将这些计划汇集成总计划,以检查它们是否符合逻辑,是否协调一致,以及是否切实可行。

(三)制定目标的原则

要确保制定的目标对组织有效,就应该遵循一定的原则,并满足目标的基本特性。在确定组织目标时,应遵循以下五个基本原则(简称 SMART 原则)。

1. 具体(Specific)

由于组织层级及个体情况不同,因此目标要明确具体的体现组织对每一个层级及个人的具体要求。

2. 可衡量性(Measurable)

制定的目标应该是可量化的,可考核的。明确的衡量指标,是组织成员的实际表现和目标之间进行比较的前提。

3. 可实现性(Attainable)

目标的制定要能被所执行的人接受,并能够达成,不能因为目标定得太高使组织成员无法完成而产生挫败感,但并不否定所制定的目标具有挑战性。

4. 相关性(Relevant)

目标相关性是指实现此目标与组织总目标或与其他目标的关联情况。如果目标与组织的发展的方向不相关或相关性较低,目标即使达到了,意义也不大。

5. 时限性(Time-based)

目标时限性是指完成目标是有时间限制的,要有明确的时间要求。目标必须在规定的时间里完成,否则目标管理将失去意义。

二、目标管理

(一)目标管理概述

1. 目标管理的形成

1954 年,彼得·德鲁克(Peter F. Drucker)在《管理实践》中首先使用目标管理(Management by Objectives,MBO)这个概念,并在其后的论述中,提出了"目标管理与自我控制"的主张。德鲁克认为,一个组织的目的和任务,必须转化为目标。如果一个领域没有明确的目标,则这个领域必然被忽视。而目标管理最大的优点是组织成员能够控制自己的成绩,这种自我控制会激励成员尽自己的最大努力把工作做好。因此,他提出,让每个组织成员根据总目标的要求,制定个人目标,并努力达到个人目标,这样就能使总目标的实现更有把握。在目标管理的实施阶段和成果评价阶段,应做到充分信任组织成员,实行权力下放和自我管理,发挥每个组织成员的主动性和创造性。

德鲁克的分析在当时对管理领域产生了巨大影响,并为目标管理的实际应用打下了坚实基础。

2. 目标管理的概念与特点

目标管理是一种综合的以工作为中心和以人为中心的管理方法。该管理方法通过组织各级管理者同组织成员共同制定组织目标,使目标与组织内每个成员的责任和成果相互密切联系,明确规定每个人的职责范围,用目标的完成情况来进行管理、评价和决定每个成员的贡献,并给予奖励和处罚。由此可见,目标管理有以下四个特点:

(1) 组织目标是上级与下级共同商定的,而不是上级下达指标,下级仅仅是执行者。

(2) 每个部门和个人的任务、责任及应该达到的分目标是根据组织的总目标决定的。

(3) 每个部门和个人的一切活动都围绕着这些目标展开,这就使履行职责与实现目标紧密地结合起来。

(4) 个人和部门的考核均以目标的实现情况为依据。

(二) 目标管理的理论基础

1. 科学管理与目标管理

20 世纪早期,泰勒创立的科学管理学派认为要提高工作效率就必须实行工作专门化,该学派认为专门化可以增加工作熟练程度,而收到事半功倍的效果。要求专门化,就得把一系列的工作划分为不同范围,由不同的人负责,然后综合起来。所以,专门化与分工及合作成为事物的两个方面。目标管理也是把组织总目标进行层层分解,是科学管理中分工理论的深化应用。

2. 行为科学与目标管理

在 20 世纪 30 年代左右,以梅奥等人为代表的"人际关系"学派认为重视人的社会需要和非正式组织的作用,激励组织成员士气才是提高管理效率的最佳途径。目标管理很重要的一点就是让组织成员参与目标的制定,全面认识和理解组织目标,自觉为实现目标而努力奋斗。

3. 授权与目标管理

授权是上级主管把做事、用人、用钱等支配组织资源的权力分授给部属,其目的是要部属帮助他完成该职位上所应尽的责任。心理学的研究证实,一般人都愿被"重视"和"重用",合理授权会使部属感到上级主管对他的重视和重用,能调动部属的积极性。因而实行目标管理,进行合理授权是必要的,而且分配的目标就是授权的依据。那种只给部属确定目标,下达任务,而不进行相应授权的上级,是很难达到目标和完成任务的。

目标管理是把目标自始至终贯穿在管理过程中,以目标制定为管理开始,以达到目标为管理终点。各级管理者及组织成员都有相应的目标,而且将以达到目标的程度作为考核成效的依据。

(三)目标管理的过程

一般而言,目标管理可以分为以下三个步骤:

(1) 建立目标体系。实行目标管理,首先要建立一套完整的目标体系。这项工作总是从组织的最高主管部门开始的,然后由上而下逐级确定目标。上下级的目标之间通常是一种"目的—手段"的关系;某一级目标的完成,需要用一定的手段来实现,这些手段就成为下一级的次目标,按级顺推下去,直到作业层的作业目标,从而构成一种锁链式的目标体系。

目标体系建立过程中应该把握以下几个要点:一是目标管理必须被组织全体成员理解,并真正得到上级领导的全力支持。组织的高层管理者要对组织成员开展动员和宣传活动,使组织成员理解目标管理的作用和意义,这样有利于形成一个实行目标管理的良好组织氛围。二是上下级共同参与制定目标,并对如何实现目标达成一致意见。下级参与目标的制定和执行,是目标管理中一个非常重要的问题,它反映了目标管理的实质,有助于调动组织成员实现目标的主动性和积极性。三是目标的制定是一个反复的过程。由高层管理者设置总目标,然后由下级拟定出可考核的目标体系,管理人员应反复审查所有的工作目标,直到部门中的每项工作和每个成员都制定合适的目标。这样目标的制定不仅是一个连续的过程,而且也是一个反复循环、相互作用的过程。四是最终形成的目标体系应既有自上而下的目标分解体系,又有自下而上的目标保证体系,从而保证总目标的实现。

(2) 目标的实施。通过各级授权,使每个人都明确在实现总目标过程中自己应承担的责任,实行职责范围内的自主管理、自我监督、自我调整,以保证全面实现预定的组织目标。

目标实施过程中要把握以下几个要点:一是实行充分授权。根据权责一致原则,若承担某一任务,就必须拥有完成这一任务所需要的权力。二是实行自我管理。管理者授权以后,组织成员按照自己所承担的目标责任,在实施目标过程中要进行自我管理。三是要保持定期或经常性的成果反馈或检查。目标在实施过程中主要靠组织成员自我管理或自我控制。但是，上级也必须定期检查各项任务的进展情况，如下级定期向上级汇报和讨论实施目标的进展情况，上级不断将衡量的结果反馈给下级，以便他们能够调整自己的行动，与组织的整体目标保持一致。

（3）绩效评价。当目标管理一个周期结束时，领导必须与有关的下级或个人逐个地检查目标任务完成的情况，并进行比较，对完成目标的成员要充分肯定成绩，并根据个人完成任务情况给予相应的报酬或各种奖励。对未能完成任务者，要根据具体情况分析和找出原因，对非个人原因造成的问题，一般不要采用惩罚措施，重点在于共同总结经验教训，以便为下一周期的目标管理提供宝贵的经验。

此外，推行目标管理还需要许多配套工作，如提高组织成员的素质，健全各种机制，做好其他管理的基础工作，制定一系列有关的政策等，只有不断发展和完善，才能收到良好的效果。

三、目标管理的评价

1. 目标管理的优点

（1）形成激励。目标作为组织中每个层次、部门和成员在未来一定时期内要达成的结果，当其实现的可能性非常大时，就成为一种激励。特别是当这种结果实现时，组织还会给予相应的报酬，目标的激励效用就更大。从这个角度看，组织成员的目标必须经过本人认同，强加的目标非但不能成为激励，还有可能打击成员的积极性。

（2）有效管理。目标管理可以提高管理效率，在推进组织工作进展，保证组织最终目标实现方面有突出效果。因为目标管理是结果式的管理，而不仅仅是活动式的工作。组织中的每一层次、部门和成员所完成的目标是组织总目标的分解，当这些目标被很好完成时，组织的总目标也就能达成。在目标管理中，一旦分解目标确立，每一层次、部门和成员用各自的自由方式来达成目标，这就有了创新的空间，因而能有效地提高管理效率。

（3）明确任务。目标管理的另一优点就是使组织各级成员了解组织的总目标、组织的结构体系、组织的分工合作与自身任务。目标管理为授权提供了依据，使组织倾向于分权而不是倾向于集权。另外，在目标管理实施的过程中，可以发现组织体系的缺陷，并加以改造。

（4）自我管理。目标管理实际上是一种自我管理的方式，或者说是引导成员进行自我管理的方式。在实施目标管理的过程中，组织成员不仅要接受指示进行工作，还要参与目标制定，并获得组织认可；同时，成员如何完成目标也是由自己决定的，从这个意义上说，目标管理具有自我管理的某些特征。

(5) 有效控制。目标管理本身也是一种控制的方式。分解目标以保证组织总目标实现的过程就是一种结果的控制。目标管理不能仅停留在分解目标上，而应该停留在实施过程中的检查、评比和对目标进行比照、纠正上。所以说，组织中明确的可考核的目标体系就是进行监督控制的最好依据。

2. 目标管理的不足

(1) 目标难以设定。德鲁克在《管理实践》中说："真正的困难不是确定我们需要哪些目标，而是决定如何设立这些目标。"人们在设置目标时，会发现真正可考核的目标很难确定，甚至许多岗位的工作难以将目标定量化。

(2) 目标期限短。在多数实行目标管理的组织中，管理人员所确定的目标一般都是短期的，而只追求短期目标极有可能是以牺牲长期目标为代价。因此，为防止短期目标所导致的短期行为，高层管理者必须从长期目标的角度提出总目标和制定目标的指导方针。

(3) 对人性假设过于乐观。目标管理对于人类的动机作了过分乐观的假设，忽视了本位主义和员工的惰性，使目标管理的效果在实施过程中不尽人意。

(4) 缺乏组织内最高级领导人的支持。总目标、总战略虽然由最高管理层做出，但是他们常常把任务交给较低级的管理人员去负责执行，这样一些高层领导人实际上并没有为此而承担起自己真正的责任，这就必然会影响到目标管理的效果。

(5) 不灵活的危险。目标管理要取得成效，就必须保持目标的明确性和肯定性，如果目标常变，就难以说明它是经过深思熟虑和周密计划的结果，这样的目标是没有意义的。但是，计划是面向未来的，而未来存在许多不确定因素，因此必须根据已经变化了的计划工作对目标进行修正。然而，修订一个目标体系与制定一个目标体系所花费的精力相差无几，结果可能迫使高层管理者不得不在中途停止目标管理的过程。

总而言之，目标管理是管理体系中一种极为有用的方法，要使目标管理获得更佳的效果，管理者也必须注意克服自身的缺点。

讨　论

在实践中如何运用目标管理方法？

第七章 组 织

组织为了实现良好的运行,需要设计高效有序的结构,以便于进行内部资源配置、责权结构安排和人员有序分工及合作等活动。本章介绍了组织的概念、分类及功能;阐述了组织设计的目的与原则,介绍了组织设计的部门化和层级化,以及组织职务设定的原则与方法;简述了常见的组织结构类型及组织权变的含义和影响因素。

第一节 组 织 概 述

一、组织的概念

管理学中的组织职能是一个动态过程,是指根据一定的目的、按照一定的程序,对一些人和事等资源进行安排和处理的活动或行为,包括对组织各类活动进行分类组合、设计和建立组织结构,确定职权关系,协调各种活动的过程。动态过程中的组织职能,包括了静态的组织结构,即反映人、职位、任务以及它们之间特定关系的网络。这一网络可以把分工的范围、程度、相互之间的协调配合关系、各自的任务和职责等,用部门和层次的方式确定下来,使其成为组织的框架体系。组织职能动态方面,是指维持与变革组织结构,以完成组织目标的过程。组织必须根据组织的目标,建立组织结构,并不断地调整组织结构以适应环境的变化。

二、组织的分类

从不同的角度,组织可以划分为不同的类别。按组织规模划分,可分为小型组织、中型组织和大型组织;按社会职能划分,可分为文化性组织、经济性组织和政治性组织;按组织形成方式或内部是否有正式分工关系划分,可分为正式组织和非正式组织等。下面简单介绍一下正式组织和非正式组织。

1. 正式组织

正式组织是为了有效实现组织目标,按组织的章程和组织规程建立的组织结构，是明确规定组织成员之间职责范围和相关关系的一种正式结构，其组织制度对成员具有约束力和强制性。正式组织的活动以成本和效率为标准，是建立在组织效率逻辑和成本逻辑基础之上的，合理、健康的正式组织为组织活动的效率提供了保证。

2. 非正式组织

非正式组织是人们在共同的工作过程中自然形成的以感情、喜好等情绪为基础的松散的、没有正式规定的群体，是伴随着正式组织的运转而形成的。非正式组织具有自发性、内聚性、不稳定性和领袖人物作用较大等特征。非正式组织的存在，可以为组织成员提供在正式组织中难以得到的心理需要上的满足，创造一种更加和谐、融洽的人际关系，提高组织成员的相互合作精神；能帮助正式组织对组织成员进行一定的培训，并规范成员的行为，为正式组织提供一种非正式的信息沟通渠道，促进组织中信息的交流与传递，是正式组织信息通道的补充。

非正式组织也可能产生消极作用，比如非正式组织的目标如果与正式组织冲突，则可能对正式组织的工作产生极为不利的影响，并可能扩大抵触情绪；非正式组织对其成员的要求，往往也会束缚成员的个人发展；非正式组织还会影响正式组织的变革，从而形成组织发展中的障碍。

三、组织的功能

组织的基本功能就是避免个体力量的相互抵消，把个体力量进行有效放大，从而有效发挥和利用人、财、物等资源，提高管理效率并实现组织目标。

1. 组织的汇聚作用

能将不同的个体汇聚成集体，从而借助集体的力量来实现组织及成员的共同目标，这就是组织力量汇聚作用的表现，其在管理上能体现一加一等于二的相和效果。

2. 组织力量的放大作用

整体大于部分之和，组织对汇聚起来的力量有着放大或相乘的作用，比相和结果更进一步，表现为一加一大于二。只有放大作用，才能取得产出大于投入的效益，组织才能更好地发展。

3. 个人与组织的交换

个人为了满足自身需要，对组织投入时间、精力和的技术，并从组织中得到某种报酬，来满足个人所需，而组织之所以愿意对个人投入相应成本，就是希望个人能够实现组织的目标，希望个人对组织的贡献大于从组织中所取得的报酬，这就必须发挥组织活动的合成效应，使个人集合成的整体在总体力量上大于所有组成人员个体力量的相加。

第二节 组 织 设 计

管理学家强调,组织结构设计应该明确谁去做,谁对结果负责,消除由于分工不清导致的执行障碍。组织设计是组织职能的重要内容,是进行专业分工并建立使各部门相互有机地协调配合的系统的过程。具体地说,组织设计的任务是建立组织结构和明确组织内部的相互关系,提供组织结构图和职务说明书。

一、组织设计的目的

管理学家福克斯从研究组织和管理职能的相互关系出发,指出组织设计的主要目的是建立有益于管理的组织,因此在进行组织设计时必须合乎三个要求:有益于计划的组织、有益于指挥的组织、有益于控制的组织。

二、影响组织设计的因素

1. 战略因素

战略就是组织的总目标,其决定组织的活动方向。组织结构应随着新的战略进行调整、变革,因为组织战略可以从两个层次上影响组织结构。一是不同的战略要求开展不同的业务和管理活动,由此影响到管理职务和部门的设计;二是战略重点的改变会引起组织业务活动重心的转移和核心职能的改变,从而使各部门、各职务在组织中的相对位置发生变化,因此,相应地也要对各管理职务以及部门之间的关系做出调整。

2. 环境因素

环境之所以会对组织的结构产生重大影响,是因为任何组织都或多或少是个开放的系统,外部环境的发展和变化必然会对组织结构的设计产生重要影响。为适应新的环境要求,许多组织的管理者开始朝着弹性化或有机化的方向对组织进行变革,以便使组织变得更加精干、快速、灵活和富有创新性。

3. 技术因素

技术以及技术设备的水平,不仅影响组织活动的效果和效率,而且会对组织的职务设置与部门划分、部门间的关系,以及组织结构的形式和总体特征等产生一定程度的影响。

4. 组织规模

组织的规模因素在一定程度上决定着组织的结构,规模越大,工作越专业化,分权的程度就越高,组织结构更倾向于扁平化。

5. 权力控制因素

管理学家斯蒂芬·P·罗宾斯(Stephen P. Robbins)从对组织结构的研究得出:规模、战略和环境技术等因素组织起来,对组织结构会产生较大的影响,但影响的作用大约为50%,而对组织结构产生决定性影响的权力控制对组织模型的选择则有最后的决策权。

三、组织设计的原则

古典组织理论对组织设计提出了很多有启示意义的原则,如美国学者欧内斯特·戴尔(Ernest Dale)在传统组织理论中,提出了以下组织设计原则:目的、专业化、协调、权限、责任,并认为以上五项是一般组织设计最普遍的原则。除此之外,效率、授权、命令统一、管理幅度、均衡化等原则也是传统组织理论所强调的。

在此基础上,我们总结了组织设计需要共同遵守的原则。

1. 目标一致原则

该原则是指组织结构的设计和组织形式的选择必须有利于组织目标的实现。组织目标层层分解,机构层层建立下去,直到每一个人都了解自己在总目标实现中应完成的任务,这样建立起来的组织机构才是一个有机整体,才能为保证组织目标的实现奠定基础。在组织设计时,要从工作特点和需要出发,因事设置机构与职位,因职用人。

2. 分工协作原则

分工是按照提高专业化程度和工作效率的要求,把组织的目标任务进行分解,明确各层次、各部门乃至各职位的职责。协作是明确部门与部门之间以及部门内部的协调关系与配合方法。只有分工没有合作,分工就失去了意义;但如果没有分工,也就谈不上协作,两者相辅相成。高度分工是个人和部门取得良好绩效的基础,而高度整体化是整个组织达成目标、取得整体效益的基础。

3. 统一指挥原则

统一指挥原则是指组织中的每位下属都应当有一个而且只能有一个上级主管,且只能向一个上级主管直接汇报工作,从而形成一条清晰的指挥链。如果一个下属有多个上级,那么就会由于上级之间可能彼此意见或观点不同甚至命令互相冲突而导致政出多门、指挥不统一,使下属产生无所适从之感。

4. 责权利相一致原则

有了分工,就意味着明确了职务,承担了责任,就要有与职务和责任相等的权力,并享有相应的利益,这就是职、责、权、利相对应的原则,简称权责对等原则。该原则要求：职务要实在、责任要明确、权力要恰当、利益要合理。他们的关系是相互对应的。如果责任大而权力和利益小，会导致下属缺乏主动性、积极性，难以有效履行责任；如果权力和利益偏大而责任较小，下属就有可能不负责任地滥用权力，容易助长官僚主义的习气。

5. 管理幅度原则

管理幅度是指一名主管人员所能有效地指挥、监督、管理的直接下属的人数。组织管理幅度受许多因素影响，任何主管人员能够有效地指挥和监督下属的数量总是有限的，因而每个主管都要根据管理的职责和职权，考虑各种影响因素，慎重确定自己的管理幅度。

6. 集权与分权相结合原则

集权与分权是反映组织纵向职权关系的一个特征，通常用于描述组织中决策权限的集中与分散程度。集权是指组织的决策权主要集中在较高层次的管理人员手中，分权是指将组织的决策权分配给较低层次的部门或人员的一种倾向。过分集权或分权都会给组织带来问题，在实际中组织应根据自身具体条件选择合适的分权程度，从而在集权和分权的平衡中获得良好发展。

四、组织设计的部门化和层级化

（一）组织设计部门化

部门是组织中的各类主管人员按照专业化分工的要求，为完成某一类任务而管辖的一个领域，其在这个领域有一定的管辖权。部门划分是组织的横向分工，其目的在于确定组织中各项任务的分配与责任的归属，做到分工合理、职责分明，从而有效地达到组织的目标。

1. 部门划分的方法

部门化是将工作和人员组成可以管理的单位，其划分标志具有普遍性，可以按组织人数、时间、职能、产品、区域、顾客、生产和服务过程来进行。

（1）人数部门化。按组织人数的多少来划分部门，是最简单的划分方法，但随着组织专业水平的提高，很多现代组织逐渐从劳动集约转向技术集约。

（2）时间部门化。按时间划分的特点可以保证工作的连续性。这种方法通常用于处于生产经营一线的基层组织。

（3）职能部门化。部门划分以组织的管理职能为基础，符合分工和专业化原则，有利于发挥各职能领域专家的特长，提高人员的使用效率。该方法较多用于管理或服务部门的划分。但是这种方法也存在一些缺点：各部门长期从事专门管理,缺乏总体长远目标,不利于培养高级管理人才。

(4) 按区域划分部门。这种方法主要是用于空间分布很广的组织部门。因为不同区域的经济、文化、技术水平对业务的要求等都有很大差别,按照地域划分,有利于各部门因地制宜进行决策,提高管理的适应性和有效性,有利于调动各区域的积极性,有利于培养能力全面的管理者。但缺点在于由于机构重复设置而导致管理成本增加,增加了最高主管部门对区域控制的难度,要求区域部门主管人员具有全面的管理能力。

2. 部门间的横向联系

美国管理学家、组织学家汤普森认为,组织中不同部门之间存在三种相互依赖的关系:

(1) 波动型相互依赖关系。在此关系中,每个部门都对组织整体目标独立做出自己的贡献,并从组织中获得必要支持,但各个部门并非保持直接的互动关系。部门之间的相互协调可以通过标准化程序的建立来解决,各部门之间最容易建立稳定的协调机制。

(2) 连续型相互依赖关系。在此关系中,各个部门保持直接的互动关系,部门间的横向协调可以通过共同的计划、作业顺序来实现,容易建立起有秩序的协调机制。

(3) 交叉型相互依赖关系。在这种关系中,每个部门的输出成为其他部门的输入,而其他部门的输出又成为该部门的输入。部门间的横向协调要经过互动和反馈,需要通过各种协调人员、协调小组和协调部门来解决横向冲突。

这三种不同类型的相互依赖关系反映了组织的发展顺序。一般来说,在最简单的组织中,仅存在波动型相互依赖关系;在比较复杂的组织中,波动型和连续型的相互关系兼而有之;在最复杂的组织中,这三种相互依赖关系同时存在。

除了这三种类型的关系外,管理学家达福(Richard Daft)提出了组织的六种协调方式:

(1) 通过文书档案工作进行协调。如应用报告、通报、简报进行联系、沟通和协调,使有关部门之间通过交换文件就某个问题或决策达成共识。

(2) 通过直接接触进行协调。管理者就同一问题采用直接沟通、商谈的方式来取得一致性意见。

(3) 设置联络员进行协调。在部门中设置联络员,负责与其他部门进行沟通,实现协调。

(4) 设置临时委员会进行协调。当某个问题需要几个部门共同解决时,就需要设置临时委员会,由来自与本问题有关的各部门成员通过协商处理横向之间的联系问题。

（5）设置专职协调员进行协调。在组织中设置一个专门职位或部门来承担部门之间的横向协调工作,他们不是联络员,不需要向被协调部门报告工作,他们要善于寻找各部门之间的共同利益,保证协调和合作有一定的基础,且必须站在组织整体利益上考虑问题,以公平、公正又灵活的立场取得各部门之间的信任。

（6）设置常设委员会进行协调。该委员会有固定的协调人员、固定的办公场所、稳定的协调机制和比较健全的协调程序,他们被授予较大的协调权力,权威性较高。

在我国组织管理中,除了具有上述协调方式,还有一种很常见的方式,就是建立各种协调会议机制。这种协调会议机制既有定期的,也有不定期的,既有短时间的,如交班会,也有较长时间的,如季度协调会。协调会议一般由较高一级的主管领导主持,各部门派代表参加。这种协调会议有明确的主题,有规范的议事规则和机制,能共同协调确定的主题和重大横向协作问题,是一种比较有效的协调方式。

（二）组织设计层级化

部门划分是对组织活动进行横向的分工,并在此基础上进行纵向划分,即建立上下级的层次关系,构成多层次结构的组织系统。建立层次需要解决好管理跨度与管理层次的关系问题。

1. 管理跨度

管理跨度,又称"管理幅度"或"管理宽度",是指一名上级主管能有效直接指挥和领导下属的数量。任何组织在进行结构设计时,都必须考虑到管理幅度的问题。有效管理幅度的大小受到管理者本身素质及被管理者的工作内容、能力、工作环境与工作条件等诸多因素的影响。每个组织都必须根据自身的特点,确定适当的管理幅度。管理幅度的有限性决定了组织中所形成的不同的管理层次。

2. 管理层次

管理层次,是指组织中直线行政指挥系统分级管理的各个层次,即组织内部从最高一级管理组织到最低一级管理组织的职位等级数目。

组织的管理层次受组织规模和管理跨度两方面的影响。在管理跨度给定的条件下,管理层次与组织规模成正比,组织规模越大,成员数目越多,其所需的管理层次就越多;在组织规模既定的条件下,管理层次与管理跨度成反比,管理跨度越大所需的管理层次就越少,反之管理跨度越小所需的管理层次就越多。管理跨度的宽窄对组织形态和组织活动会产生显著的影响,在人员数量一定的情况下,管理跨度越窄,组织层次就越多,从而组织就表现为高而细的结构特征,这种组织结构形态称为高耸型组织;反之,管理跨度越宽,组织层次就越少,这种组织结构形态就称为扁平型组织。

（三）组织的责权分配

除了建立层级化的组织结构外，还应将组织中的责权分配到各个层次、各个部门和各个岗位，并最终形成组织中从最高领导层一直贯穿到最低操作层的权力线，即通常所说的指挥链。

1. 集权与分权

集权（Centralization）与分权（Decentralization）是组织层级化设计中两种相反的权力分配方式，反映了组织的纵向职权关系。集权意味着决策指挥权在较高管理层次上的集中，分权则表示决策指挥权在较低管理层次上的分散。

集权或者分权不是绝对的，绝对集权意味着将全部权力集中于一个主管手中，直接面对所有命令执行者，没有中间管理人员，这在现代组织中是做不到的。绝对分权意味着将权力分到各个部门，统一的组织将不复存在。确定一个组织职权集中或分散的合理程度，需要考虑如下几方面影响因素：

一是组织的可控性。如果组织所面临的环境具有较高的不确定性，处于经常变动之中，那么组织在业务活动过程中必须保持较高的灵活性和创新性，这种情况就要求实行较大程度的分权。

二是组织的规模。组织规模较小时，实行集权化管理可以使组织高效率运行。但随着组织规模的扩大，其经营领域范围甚至地理区域分布可能相应地扩大，这就要求组织向分权化的方向转变。

三是决策的重要性和管理者的素质。一般而言，涉及较高的费用支出和影响面较大的决策宜实行集权，重要程度较低的决策可实行较大的分权。如果组织中管理人员素质普遍较高，则会具备比较好的分权基础。

四是政策的统一性。集权有利于确保组织方针政策的一致性，所以在面临重大危机和挑战时，组织往往会采取集权的办法。另外，拥有现代信息技术和控制手段的组织，在职权配置上经常会呈现两个方向的变动：一是对重要和重大问题的决策可以实行更大程度的集权；二是对次要问题的决策会倾向于更大程度的分权。

正确地处理集权与分权关系对于组织的生存和发展至关重要。集权过度会带来一系列弊端，如使高层管理者陷入日常管理事务中，难以集中精力处理组织发展中的重大问题；同时，降低组织决策的质量和速度，降低组织的适应能力，降低组织成员的工作热情，从而可能对组织的长远发展造成不利的影响。

2. 授权

所谓授权（Empower），就是指上级管理者随着职责的委派而将部分职权委派给下级部属的行为。下级可以灵活处理问题，但同时负有向上级报告的责任，上级对下级仍有指挥和监督权力。科学、合理的授权过程由四个有机联系的环节构成。

(1) 任务的分派。正是从实现组织目标而执行相应任务的需要才产生了授权。因此，管理者在进行授权时，需要确定接受授权的人即受权者应所承担的任务是什么，从而进行任务的分派。

(2) 职权的授予。根据受权人开展工作、实现任务的需要，授予其采取行动或者指挥他人行动的权力。授权不是无限制地放权，而是委任和授权给下属在某些条件下处理特定问题的权力。所以，必须使受权者十分明确地知道被授予权限的范围。

(3) 职责的明确。受权者接受了任务并拥有了必需的权力后，相应地就有责任和义务去完成其所接受的任务，并就任务完成情况接受奖励或处罚。有效的授权必须做到使受权者"有职就有权，有权就有责，有责就有利"，做到职、责、权、利、能相互平衡。

(4) 监控权的确认。授权者对下属的任务执行情况负有最终的责任，并对下属的工作情况和权力使用进行监督，可根据工作结构调整所授权力或收回权力。

五、组织的职务设定

组织中人们承担的职务并不是随机确定的，管理者应当对职务进行有意识地设计安排，使员工充分发挥潜力。

1. 职务设计的原则

(1) 因事设职。职务设计要因事设职而不能因人设职。因事设职是指所设计的职务都来自为完成目标任务所不可缺少的业务活动，如不设此职务，无人从事此项活动，就将影响组织目标的实现。相反，因人设职是指根据现有人员的情况来设置职务，有人就得有职，而不问此职是否是完成目标任务所不可缺少的。

(2) 分工科学。分工要趋于灵活，即分工不宜过细，必要时还要扩大或丰富工作内容。

(3) 职权明确。组织中的每个职位和职务的工作目的、工作任务、工作流程要明确。职务设计的结果表现为职务说明书，它是一种书面文件，简要说明该职务的工作内容、职责与职权、与组织的其他部门或职务之间的关系及担任此职务者须具备的条件等。

2. 职务设计的步骤

第一，工作分析。工作分析是职务设计的前提和依据，是对完成组织目标的所有作业活动而进行分析、描述和记载。它不仅应对所有工作及其相互关系予以完整、准确地说明，而且应对每一项工作所包含的全部内容予以完整、准确地说明。

工作分析能准确地确定每一项工作的性质、任务、责任、工作的前后连贯性、工作量以及工作的难易程度、责任大小、所需任职资格高低等事项,为设定职务服务。

第二,设定职务。按管理的需要,可将对完成组织目标的各种工作归并组合成一个个的职务,并寻找合适的人员担任。在归并组合中,应注意将性质相同的作业活动尽量组合为一个职务,以便配合专业分工的发展和寻找专业人才任职。将难易程度、责任大小、任职条件等相当的工作尽可能组合为一个职务,使人力资源得到充分利用。此外,还应使职位保持适当的工作量,根据工作量确定职位的数量,以免产生人员闲置的现象。

第三,规范职务内容和运行模式。职务规范也就是职务说明书,在组织中要建立职务说明书用以规范和确定职务内容和运行模式,包括职务名称、职责、职权、工资报酬、所需任职资格条件、职务的纵向领导和横向协作关系等内容。这样,既确定了职务的职责、职权,又确定了工作在职务之间的流程。

3. 职务设计方法

(1) 职务轮换。职务轮换也叫岗位轮换,目的是为组织成员提供全面发展的机会,使组织成员能够全面了解和熟悉整个组织或相关专业工作的流程情况,减少长期重复单一工作带来的厌烦和不满,提高组织成员的成就感和自尊心,从而提高组织成员士气和工作效率。

(2) 职务扩大化。职务扩大化是指横向扩大组织成员的工作范围,将组织成员的工作范围向前后工序扩展,以使组织成员从事较为多样化的工作。职务扩大化可以减少组织成员从事单一工作带来的单调乏味的情绪,提高组织成员的工作积极性和工作效率。

(3) 职务丰富化。职务丰富化是指从纵向扩大工作范围,增加工作的深度,它能增强组织成员的责任感、成就感和自主意识。

(4) 工作团队。工作团队设计是围绕小组来设计职务,而不是围绕个人设计职务,这样的工作团队被授权可以获得完成整个任务所需的资源,包括拥有各种技能的组织成员,团队成员可以自主进行计划、解决问题、决定优先次序、支配资金、监督成果、协调与其他部门或团队的活动。这种设计方法充分体现了"以人为本"的管理思想,极大地激发了组织成员的工作积极性和创造性。

第三节　组织结构类型

根据组织的集权化和正规化程度,一般将组织结构分为机械式组织和有机式组织,但这两种组织形式是相对极端化的组织结构。机械式表现出高度复杂化、正规化和集权化,是管理中通常所说的官僚行政组织,任务被严格界定,有严格的控制层级,沟通是纵向的;有机式组织与机械式是相对的,其复杂程度较低、正规化较低、分权化,是一种柔性组织,权力和控制的层级较少,能根据需要迅速做出调整,较灵活。在现实中,没有绝对机械式或有机式的组织,组织结构通常都是既有机械式的特点,又有有机式特点。现实中,通常有以下几种典型的组织结构:直线型、职能型、直线职能型、矩阵型、事业部制型、多维立体型和控股型等基本的组织结构类型。

一、常见的组织结构

（一）直线型组织结构

直线型组织结构是最早使用也是相对简单的一种结构,也称军队式,从最高管理层到基层,实行直线垂直领导,如图 7-1 所示。直线型组织结构把职务按垂直系统直线排列,各级管理者对所属下级拥有直接的职权,下属必须绝对服从其上级主管领导。

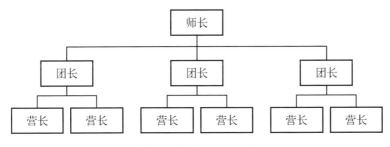

图 7-1　直线型组织结构

直线式组织结构的优点：结构简单,责任分明,权力集中,命令统一,联系简捷,沟通迅速。缺点：组织没有职能机构,缺乏横向的协调关系。在组织规模较大的情况下,所有的管理职能都集中由一人承担,对个人的知识及能力要求较高。

直线型组织结构主要适用于规模较小、任务比较单一的小型组织。当组织规模扩大以后,组织结构将做出调整,倾向于更具有专门化特征的结构。

（二）职能型组织结构

职能型组织结构,又称 U 型组织结构,以职能部门划分工作任务,各职能部门都有权在各自业务范围内向下级下达命令和指示,也就是各基层组织接受双头领导,既要服从上级直接领导,还要接受各职能部门的领导,如图 7-2 所示。

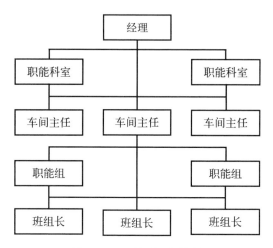

图 7-2 职能型组织结构

职能型组织结构的优点：适应现代组织技术比较复杂和制度管理分工较细的特点，能够发挥职能机构的专业管理作用，从而减轻上层管理者的负担。缺点：形成了多头领导，容易造成制度管理的混乱；各部门容易过分强调本部门的重要性而忽视与其他部门的配合，忽视组织的整体目标；不利于培养全面的管理人才。这种结构适用于只有单一型产品或少数几类产品的组织。

（三）直线职能型组织结构

直线职能型组织结构是把直线型和职能型结合形成的一种组织结构，是以直线型组织为基础，在各级直线主管之下设置相应的职能部门，分别从事专业管理。这种二维组织结构有两套系统，一套是按命令统一原则组织的纵向指挥系统，另一套是按专业化原则组织的横向管理职能系统。其特点是直线部门及其人员在自己的职责范围内有决定权，对其所属下级的工作进行指挥和命令，并负全部责任，而职能部门及其人员仅是直线主管的参谋，只能对下级机构提供建议和业务指导，没有指挥和命令的权力。职能部门拟订的计划、方案以及有关的指令，统一由直线领导批准下达，如图 7-3 所示。

直线职能型组织结构的优点：既保持了直线型组织结构集中统一指挥，又吸取了职能型组织结构发挥专业化管理的特长，管理权力高度集中，任务明确，决策迅速，指挥灵活，效率及稳定性高。缺点：权力集中于高层领导，下级缺乏必要的自主权，职能人员之间横向联系较差，目标不易统一，缺乏全局观念，信息传递较慢，难以适应环境变化。

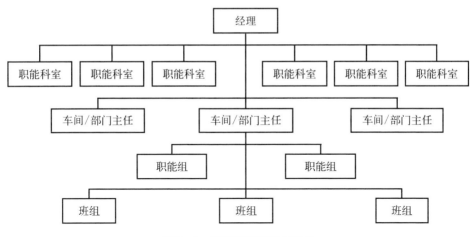

图 7-3 直线职能型组织结构

直线职能型组织结构属于典型的"集权"式结构,是一种普遍适用的组织形式。目前,绝大多数组织和非营利性组织均采用这种组织形式。

(四)事业部制型组织结构

事业部制型组织结构又称 M 型组织结构。该结构是在直线职能型框架基础上,按产品结构、地域结构或市场结构设置独立核算、自主经营、自负盈亏的事业部,是一种分权式组织形式,但组织的大政方针、长远目标以及全局性问题的重大决策集中在总部,以保证组织的统一性。这种组织结构形式最突出的特点是"集中决策,分散经营",这是在组织领导方式上由集权制向分权制转化的一种改革,如图 7-4 所示。

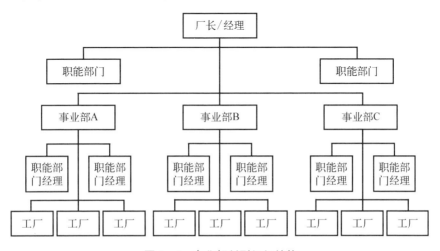

图 7-4 事业部制型组织结构

事业部制型组织结构的优点：组织的高层管理者可摆脱日常事务，集中思考战略问题，有利于发挥事业部积极性和主动性。各事业部高度专业化，集中从事某方面的经营，有利于提高效率和适应性。经营责任和权限明确，绩效容易考核，可促进部门间的竞争，有利于培养高级综合管理人才。缺点：机构、活动和资源重复配置，管理成本高。各事业部独立经营，易形成本位主义，相互支援和协作较差。对管理者要求较高，即事业部领导者需要熟悉全面业务和管理知识。该结构适用于组织规模较大、较复杂的组织。

（五）矩阵型组织结构

矩阵型组织结构是一种把组织中的成员和资源同时以职能方式和项目方式组合起来的一种组织结构。矩阵型组织结构有两套管理系统：一是完成某项目任务的横向管理系统。二是纵向的职能领导系统，即组织成员被组合到职能部门，是职能部门中的一员，同时组织成员又被组合到项目小组，与来自不同职能部门的组织成员一起开发产品，完成项目任务。每个成员既要接受垂直部门的领导，又要在执行某项任务时接受项目负责人的指挥。该结构的优点：双重权力便于在短期内迅速完成重要任务，适应不确定环境下的复杂决策；实现部门间人力资源的共享，给员工提高了成长的机会。缺点：双头领导，权力平衡很难维持，容易造成冲突，员工需要具备良好的人际关系技能和全面的培训，如图7-5所示。

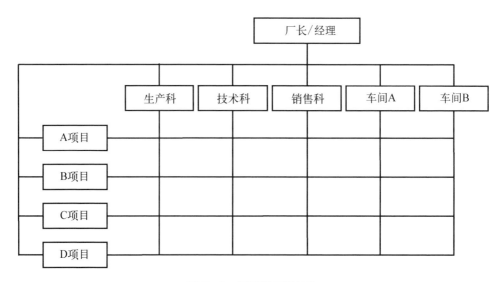

图7-5　矩阵型组织结构

（六）网络型组织结构

网络型组织结构是基于日新月异的信息技术而发展起来的，以市场的组合方式替代传统的纵向层级组织，是将自己的核心优势和外部环境资源优势有机结合，进而使组织具有快速应变能力的一种组织结构。

网络型组织结构的优点是：结构简单精炼；由于组织中的很多活动都实现了外包，组织自身只负责核心的项目或环节，因此效率更高，更有市场竞争力。该组织结构的缺点：可控性较弱，存在一定风险性，一旦组织外包的环节出现问题，组织将陷入被动的状态。

任何设计得再完美的组织，在运行了一段时间以后也都必须进行变革，这样才能更好地适应组织内外环境变化的要求。组织变革应该是组织发展过程中的一项经常性的活动。

二、权变的组织结构

组织权变的观点认为：任何组织都不存在一劳永逸的组织结构，传统组织结构有其优缺点，现代的组织结构也有它的特点，比较理想的组织结构应该是运用现代的以及传统的组织结构设计的原则与方法。今天组织结构的发展，越来越重视其弹性设计，组织内部职能设计上必须与组织任务的要求、科技或外在环境的要求相一致。因此，权变组织结构不是设计出完美的组织结构，而是要着眼于任务、组织及人员的相互配合。

三、影响组织结构的因素

管理学者在研究权变组织结构的理论时认为，组织结构受到四种影响力的影响。

1. 管理者的影响力

如果管理者认为下属人员生性懈怠，不思进取，缺乏创新精神，那么在组织结构设计时，不会充分授权；如果管理者倾向于人性假设理论中的 Y 理论，那么在组织结构设计时，会采取便于分权授权的结构。

2. 下级的影响力

如果下级有积极参与决策的热情、能力和素质，那么组织结构的设计也会顾及下属的需要，组织的民主化程度会提高。

3. 任务的影响力

一个能适应简单任务的组织结构不一定能适应于复杂任务的完成，任务性质、难度不同,组织结构也会不同。

4. 环境的影响力

环境包括资源的可用程度、竞争的性质、市场的预知性、产品和服务的种类等,环境不同组织结构也会不同。

权变的组织结构就是组织在相应的外部条件、内部因素中,选择最合适的组织结构,并随着环境的变化而变化。权变组织有其独特的设计要求,在设计的指导思想上,不同于传统方法强调组织的稳定,而是强调权衡变化,将组织放在一个复杂多变的大环境中设计组织结构,强调环境的动态性。

---------- 讨　　论 ----------

组织变革和组织发展之间是什么关系?

第八章 领导理论

　　领导是组织行为的一个重要方面,超越地理、文化、国度的界限,存在于一切组织与团队中。随着社会的发展,管理复杂性的增加和对管理研究的深入,西方领导理论经历了不同的发展阶段:从领导特质理论到行为理论、情境理论再到21世纪的当代领导理论。本章介绍了领导的内涵及领导和管理二者的关系;简述了西方经典的领导理论,并对最新的领导理论成果也做了相应的介绍。

第一节 领导概述

一、领导概述

　　领导是管理活动的重要职能,领导活动是任何组织共有的社会现象,推动了人类社会的发展。领导工作具有人与人互动的性质,领导者正是通过他与被领导者的双向互动过程,带领组织成员更有效地实现组织目标。

　　自从领导学产生以来,国内外很多管理者对领导做出了不同的解释。国外的学者对领导做了如下定义:

　　费德勒:指导和协调群体成员的工作。

　　罗奇·拜林:对一个有组织的群体施加影响,以推动其实现目标。

　　莫顿:一种人际关系。在这一关系中,他人服从是因为他们想服从,而并非别无选择。

　　美国前总统尼克松对"领导"是这样描述的:"伟大的领导能力是一种独特的艺术形式,既要求有非凡的魄力,又要求有非凡的想象力。经营管理是一篇散文,领导能力是一篇诗歌。"

　　毛泽东则指出:"领导人员依照每一具体地区的历史条件和环境条件,统筹全局,正确地决定每一时期的工作重心和工作秩序.并把这种决定坚持地贯彻下去,务必得到一定的结果,这是一种领导艺术。"

　　以上虽然对"领导"一词的表述不一,但都能找出核心要素:

(1) 领导是一个过程,领导者是领导行为的主体,是领导的基本要素。领导业绩是通过被领导者群体活动的成效表现出来的。

(2) 领导的本质是影响力。这些能力或力量包括组织赋予领导者的职位和权力,也包括领导者个人所具有的影响力。权力在组织中的分配是不平等的,正因为领导者拥有相对强大的权力,使他得以指挥组织中其他成员的行为。领导者也可以通过个人的影响力引导下属的思想和行动,使其表现出某种符合组织期望的行为。

(3) 领导过程存于群体环境当中。领导一定要与所领导的群体或组织的其他成员发生联系。这些人可能心甘情愿地服从或被迫无奈地屈服于该领导者的权力,使自己处于被领导者的地位。被领导者的追随和服从,它不完全由组织赋予的职位和权力决定,而是取决于追随者的意愿。因此,有些具有职权的管理者如果没有部下和追随者的服从,也就谈不上真正意义上的领导者。

(4) 领导的目的是实现组织目标。与其他管理职能一样,领导工作也具有明确的目的性。这种目的性一是为了使组织目标得以更好地实现,二是使组织成员能在工作中得到发展和进步。有效的领导者应当为组织成员发挥主动性和创造性提供一定自由度。

综合各方对领导定义的表述可知,领导力是权力和影响力的统一,影响力是一个人在与他人交往过程中改变他人心理和行为的能力。

本章节所指的领导是管理中一项重要职能,我们将领导定义为：引导和影响个人或组织,在一定条件下实现目标的行动过程,而致力于实现这个过程的人则为领导者。

二、领导与管理

领导与管理有着广泛的联系,也是人们容易混淆的概念。事实上,领导与管理、领导者与管理者在某种程度上既相互联系,又相互区别。

管理是由管理者通过计划、组织、领导和控制职能,进而实现组织目标的行为过程。领导是管理工作的一个重要方面,当管理者在一个组织中影响和带领团队达成目标的时候,他就是领导的角色;同理,当领导者从事计划、组织、控制等工作时他就在履行管理的职能。

管理和领导的差异在于其作用的基础不同,管理是管理者依据法定职权管理下属,对其工作过程进行计划、组织、领导和控制的活动;而领导是领导者运用权力和影响力引导下属为实现目标而努力的过程。

从职能角度来看,管理职能包括计划、组织、领导和控制。领导职能是管理职能的一部分,可以说管理的范围要大于领导职能。领导和管理活动的特点和着重点有所不同。领导活动与人的因素密切关联，侧重于对人的指挥和激励，更强调领导者的影响力、艺术性和非程序化管理，而管理活动更强调管理者的职责以及管理工作的科学性和规范性。

领导者与管理者有共性的一面。从行为方式看，领导者和管理者都是在组织内部通过影响他人的协调活动，实现组织目标。从权力的构成看，两者也都是组织层级岗位设置的结果。

领导者与管理者又有区别。① 从本质上说，管理者是建立在合法的、有报酬的和强制性权力的基础上从事管理职能工作的人。而领导者则可能是建立在合法的、有报酬的和强制性权力的基础上，也可能更多的是建立在个人影响权和专长权以及模范作用的基础上。② 从工作内容上看，领导者是解决组织中带方向性的、战略性的、全局性的问题。管理者的职责是依照规则、程序，采取一定的方法和手段完成工作任务，是解决管理过程中的效率与效益问题。③ 从角色差异来看，一般称领导者为"帅才"，管理者为"将才"，将才必须过问具体细节，而帅才则不必过问细节。④ 管理者的人数要多于领导者，领导者是在组织或团体中具有权力、地位（职位）和相当影响力的人物。而管理者除领导者外，还包括从事管理工作职能的人员（如会计员、统计员、劳资员等）。

一个人可能既是管理者，也是领导者，而领导者和管理者两者相分离的情况也会存在。一个人可能是领导者，却并非是管理者。作为非正式组织的领袖，他们并没有正式的职位和权力，也没有义务确立完善的计划、组织和控制职能，但是他们可以不运用正式权力来对其他成员施加影响，起到激励和引导的作用，因此他们是领导者，却不是管理者。一个人可能是管理者，却并非是领导者。现实中的管理者都行使管理职权，拥有合法的权力进行奖励和惩罚，其影响力来自他们所在的职位赋予的正式权力。这类管理者也许会在计划、组织和控制等职能方面做得非常出色，但只要不能有效地发挥对他人的引导、激励等领导作用，那么他就不是名副其实的领导者。

第二节　经典领导理论

西方国家对领导理论的研究是伴随着古典管理理论的产生而产生的，而 20 世纪 30 年代产生的领导科学是研究现代领导工作规律及其方法的科学，其研究对象是现代领导活动。领导科学的研究经历了不同的发展阶段：首先是领导者特质研究阶段，然后是领导者行为研究阶段，再次是领导权变理论研究阶段以及新型的领导理论阶段。

一、领导特质理论

领导科学是20世纪初伴随着对领导的实证研究而产生的。20世纪20年代，心理学家和管理学家们对领导特质进行了大量的研究，希望找出领导者区别于非领导者的特质，如：人格特点、智力、个人价值观等方面的区别。当时，很多研究者认为：领导者和非领导者在特质上是有差异的，这种差异是与生俱来的、是先天的，即"领导是天生的，某些人生下来就注定要成为领导者，他们天生具有成为伟人的个人素质"，这就是特质理论。特质理论认为领导效率的高低主要取决于领导者的特质，那些成功的领导者也一定有某些共同点。以下是关于特质理论的几项研究：

（一）斯托格迪尔的特质理论

第一位对领导特质进行系统总结的研究者是斯托格迪尔（R. M. Stogdill），他在1948年和1974年分别进行了两次调查。在第一项调查中，他分析了124种特质研究，并鉴别出了8种重要的领导特质，分别是：才智、机敏、洞察力、责任感、主动性、韧性、自信心、社交能力，这是关于不同群体里的个人如何成为领导的主要特质。在第二项调查中，他分析163种特质研究，从而总结出以下重要的领导特质：成就、韧性、洞察力、主动性、自信心、责任感、协调能力、宽容、影响力。

（二）洛德、柯克帕特里克等特质理论

洛德（Lord）、柯克帕特里克（Kirkpatrick）和洛克等分别采用不同的研究方法，提出了6项与领导力相关的特质，分别是：愿望、洞察力、自信、诚实与正直、才智、工作相关知识。

（三）中国对领导特质的研究

赵国祥（2000）通过对党政部门的处级领导研究发现，领导特质主要由6种因素组成：责任心、情绪稳定性、社交性、自律性、决断性和创新性。任国华和孔克勤（2008）对中国高校及教育系统领导干部的人格特质研究发现：开拓与组织适应性、宜人与合作性、自信与进取性、责任与条理性、稳重与务实性、身心健康与理智性、自治与成熟性7个维度构成了领导的人格特质系统。

（四）领导特质理论评价

领导特质理论虽然是早期出现的领导理论，但也有自身优势，特质理论为领导者的选拔提供了一些标准,即成功的管理者应该具有什么特质;但该理论也存在明显的不足,主要表现在:一是没有考虑情境因素,在某些情境下成功的人在其他情境下不一定成功;二是没有验证出与领导结果相关的个性特征,没有指出领导特质如何影响团队成员及其工作。

二、领导行为理论

由于领导特质理论并不能说明领导的实质的局限性,从 20 世纪 40 年代后期起,研究者开始转向对领导者的实际行为研究。行为理论认为,任何人只要采取恰当的行为方式,都可以成为有效的领导者,是领导者的行为方式而不是个性特质使他们成为领导者。20 世纪 40 年代末到 60 年代中期,行为理论一直占据主导地位,其中有代表性的研究成果是领导风格理论、领导连续统一体理论和领导方格理论等。

(一)领导风格理论

最早的领导行为理论研究是库尔特·勒温(Kurt Lewin)提出的领导风格理论,主要研究了三种领导风格:专权型领导、民主型领导和放任型领导三种类型。

1. 专权型领导

专权型领导是指领导者具有独裁作风,把所有权力集中于一身,以命令方式布置工作让下属执行。这种领导者要求下属绝对服从,并认为决策是自己一个人的事情。

2. 民主型领导

民主型领导是指领导者把权力下放给下属,鼓励下属共同商量,集思广益,参与决策,要求上下融洽,合作一致地工作。

3. 放任型领导

放任型领导是指领导者给予员工充分的自由,让他们做决策,并让他们按照自己认为合适的方式去工作,他的职责仅仅是为下属提供信息并与组织外部进行联系,以利于下属的工作。

早期的研究结果显示,民主型风格的领导能实现群体的高生产率和员工高满意度,有助于获得良好的工作质量和工作数量。这或许能从某一方面解释为什么现在授权管理会成为一种管理潮流,但这还不足以证明民主型风格就是最有效的领导风格。后来对独裁型风格的研究又显示出另一种结果,即在影响群体绩效方面,独裁型风格不如民主型风格效果好,但有时候,独裁型风格带来的绩效会更好或者二者没有差别。而且,在员工满意度方面,两种领导风格的效果更趋于一致。

总体来看,在民主型风格领导者所领导的团队中,员工拥有更高的满意度。

领导方式的这三种基本类型各具特色,也各适用于不同的环境。领导者要根据所处的管理层次、担负的工作性质以及下属的特点,在不同时空处理不同问题时针对不同的下属,选择合适的领导方式。

(二) 四分图理论

1945 年,美国俄亥俄大学研究者经过对一系列领导行为的研究,把领导行为分为两个维度:关怀维度(以员工为中心)和结构维度(以工作为中心)。前者的特点是重视人员行为,在决策时参考下属意见,依靠群体实现目标;后者的特点是任务分配结构化,严密监督,界定任务关系,制定严格管理流程。

根据这两个维度,研究者提出了四种领导风格或领导行为:

1. 高关怀-高结构

管理人员给下属制定目标,并对他们表现出信心,既保持上下级之间信息通畅,又使同级人员信息保持通畅,鼓励各级组织同下属成员作为一个群体从事活动。

2. 高关怀-低结构

在做决策时征求或采纳下属建议,运用奖赏的办法使员工参与管理,也让较低一级部门去做具体决定。

3. 低关怀-高结构

管理人员决策时没有下属参与,习惯于由上而下传达信息,把决策权集中于高层。

4. 低关怀-低结构

管理人员既不给下属制定相应的工作目标,在决策时又不征求下属意见,不论对人员关怀还是在任务分配上都较放任。

此项研究发现,高结构-高关怀型领导行为,一般会产生比较积极的效果,员工往往表现出更高的绩效和满意度;而其他三种组合类型,则普遍表现出较多的缺勤、抱怨、事故及离职。但也有人提出相反的证据,出现这种情况的原因是只考虑了关怀和结构两个方面,没有考虑所面临的情境。

四种领导风格哪种最好,结论并不肯定,要视具体情况而定,有人认为在生产部门中,效率与结构之间的关系成正比,而与关怀成反比;而在非生产部门中情况却相反。

(三) 管理方格理论

管理方格理论(Managerial Grid Theory)是美国得克萨斯大学的行为科学家

罗伯特·布莱克(Robert R. Blake)和简·莫顿(Jane S. Mouton)在1964年出版的《管理方格》(1978年修订再版,改名为《新管理方格》)一书中提出的。管理方格理论的提出,改变了以往各种理论中"非此即彼"式(要么以生产为中心,要么以人为中心)的绝对化观点,指出在对生产关心和对人关心的两种领导方式之间,可以进行不同程度的结合。该理论可用一幅纵轴和横轴各9等分的方格图来表示,在这张图上,横轴表示领导者对生产的关心(Concern for Production),纵轴表示领导者对人的关心(Concern for People)。每条轴划分为九小格,第一格代表关心程度最低,第九格表示关心程度最高,整个方格图共有81方格,每一小方格代表一种领导方式,如图8-1所示。

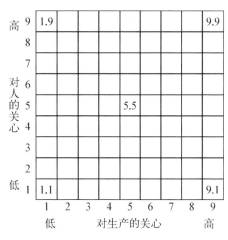

图8-1 管理方格图

1. 任务型(9.1)

只注重任务的完成,不重视人的因素。这种领导是一种专权式的领导,下属只能奉命行事,组织成员失去进取精神,不愿用创造性的方法去解决各种问题,不能施展所有的本领。

2. 乡村俱乐部型(1.9)

与9.1型相反,即特别关心组织成员。持此方式的领导者认为,只要组织成员精神愉快,工作自然会做好。但这种管理的结果可能很脆弱,一旦和谐的人际关系受到了影响,工作成绩会随之下降。

3. 中庸之道型(5.5)

既不过于重视人的因素,也不过于重视任务因素,努力保持和谐和妥协,以免顾此失彼。遇到问题总想敷衍了事。此种方式比1.9型和9.1型强些。但是,由于牢守传统习惯,从长远看会使组织落伍。

4. 贫乏型(1.1)

对组织成员的关心和对生产任务的关心都很差。这种方式无疑会使组织失败,这样的组织很难生存,在实践中也很少见到。

5. 团队型(9.9)

对生产和人的关心都达到了最高点。在团队型方式领导下,组织成员在工作上希望相互协作,共同努力去实现组织目标;领导者诚心诚意地关心组织成员,努力使组织成员在完成组织目标的同时,满足个人需要。应用这种方式的结果是,组织成员都能运用智慧和创造力进行工作,关系和谐且能出色地完成任务。

从上述不同方式的分析中可知,管理方格理论为组织提供了一个衡量管理者所处领导形态的模式,使管理者较清楚地认识到自己的领导方式,并指出改进的方向。应当指出的是,布莱克和莫顿所主张的团队型领导方式只能说是一种理论上的理想模式,现实中要达到这样一种理想状态并不容易。但他们提出的对人的关心与对生产的关心应当结合的观点,在现实工作中具有重要的指导意义。作为一个领导者,既要发扬民主,又要善于集中;既要关心组织任务的完成和组织目标的实现,又要关心组织成员的正当利益。只有这样,才能使领导工作卓有成效。

（四）领导行为理论评价

领导行为理论是对领导理论的一次重大突破,其摆脱了领导力来自领导特质的局限,将视野扩展到领导行为和行为方式上,领导行为的研究验证了领导行为和群体绩效的相关性,使领导者可以通过矫正自己的行为来改进领导效果。领导行为中的任务导向和关系导向共同构成了领导过程的核心内容,成为该理论的又一个创新。

行为理论本身也有不足之处,即没有研究出领导者行为和员工表现是如何联系在一起的。行为理论认为最有效的领导类型是高任务导向和高关系导向的模式,而实际上,它并不是在所有情境中都最有效,而只是在某些前提条件下才能够成功,因为不同的情境要求领导者采取不同的领导行为。

由于特质理论和行为理论存在着缺陷,尤其是在应对环境变化方面的缺陷,研究者们开始了对情境的关注。这就是要介绍的领导权变理论。

三、领导权变理论

20 世纪 60 年代,不少学者认为,不存在一种普遍适用的领导方式和领导行为。因为领导工作受所处的客观环境的影响,且领导的有效性是由领导者、被领导者及其环境因素等共同决定的,同一种领导模式在不同的环境下可能会产生截然不同的领导效果,要根据具体情况来确定领导方式。而这些理论恰恰解释了特定环境中领导模式与有效性的关系,被称为权变理论(Contingency Theory),也称随机制宜理论。该理论认为领导效果受到领导者、被领导者和工作环境的影响。领导者的特征主要指领导者的个人品质、价值观和工作经历;被领导者的特征主要指个人品质、工作能力、价值观等;环境主要指工作特性、组织特征、社会状况、文化影响、心理因素等。工作是具有创造性还是简单重复,组织的规章制度是比较严密还是宽松,社会时尚是倾向于追随服从还是推崇个性等,都会对领导方式产生强烈的影响。

比较著名的权变理论有目标—路径理论、费德勒权变理论、情境领导理论等。

(一)目标—路径理论

目标—路径理论是权变理论的一种,是由罗伯特·豪斯(Robert House)与20世纪70年代提出的。该理论主要研究领导者是如何为员工提供必要的帮助和支持,并为其指明实现目标应遵循的路径,从而使员工达成目标。

对于领导者而言,如果领导方式能增强下属实现目标的信心,并能帮助下属达成目标,其领导行为就是令人满意的,基于此,研究者提出了四种领导方式:

1. 指导型

这种类型的领导者会给下属提供与工作相关的指示和指导,包括如何完成工作及时间的规定。

2. 支持型

支持型领导对待员工亲切友好,关心下属的需要,给予下属基本的尊重,使成员在工作中精神愉快。

3. 参与型

这种类型的领导在决策及制订团队发展计划时会征求员工的意见,了解他们的观点和看法,在很多方面会同下属磋商。

4. 成就导向性

该类型领导者会为员工设定一个富有挑战性的目标,并期望下属能发挥出高水平和能力,对下属表现出极大的信心,相信下属能完成挑战性任务。

该理论认为,领导者的领导方式是灵活的,可根据不同情境表现出不同风格。有两个权变的变量会影响领导者对领导方式的选择,即环境和下属。环境变量包括任务结构、权力系统和工作群体;下属变量包括下属能力、自信心、需要等。领导方式只有和环境及下属的特点匹配才能发挥有效作用。

(二)费德勒权变理论

美国管理学家弗雷德·费德勒(F. E. Fiedler)把领导风格和情境分类联系起来对领导有效性进行研究。提出了领导有效性的权变模式,称为费德勒权变模型(Fiedler's Contingency Model)。他认为任何领导风格其有效性取决于领导方式与情境所配合的程度,其模型如图8-2所示。

费德勒认为,影响领导有效性的环境因素主要有以下三个方面。

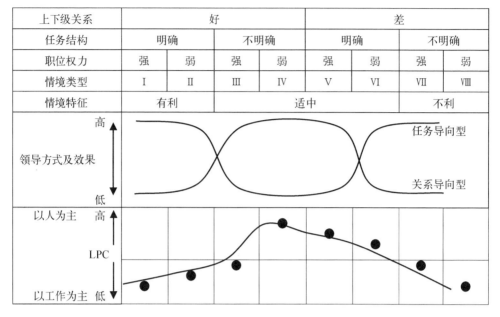

图 8-2 费德勒领导权变模型

1. 领导者-成员关系

指领导者得到下属拥护和支持的程度,如领导者是否受到下属的喜爱、尊敬和信任,是否能吸引并使下属愿意追随他等。如果双方高度信任、互相尊重支持、密切合作,则上下级关系是好的;反之,则关系较差。

2. 任务结构

指下属所从事工作的程序化、明确化的程度。如工作的目标、方法、步骤等是否清楚。如果工作任务是例行性、常规化、容易理解和有章可循的,则这种工作任务的结构是明确的;反之,则属于不明确或低结构化的工作任务。

3. 职位权力

指领导者的职位所能提供的权力和权威是否明确、充分,在上级和整个组织中所得到的支持是否有力,对雇佣、解雇、纪律、晋升和报酬等的影响程度的大小等。

上述三个环境因素的不同组合形成了 8 种不同类型的情境条件,费德勒通过对各种情境下持不同领导方式的领导者所取得的组织绩效的实证调查数据的比较分析,得出了在各种不同情境条件下的有效领导方式。

费德勒的研究结果表明,任务取向的领导者在非常有利的情境和非常不利的情境下工作得更好。也就是说,当面对Ⅰ、Ⅱ、Ⅶ、Ⅷ类型的情境时,任务取向的领导者干得更好;而关系取向的领导者则在中度有利的情境,即Ⅲ、Ⅳ、Ⅴ、Ⅵ类型的情境中干得更好。

费德勒认为领导风格是与生俱来的,领导者难以改变自身的风格去适应变化的情境。因此提高领导者的有效性实际上只有两条途径:第一种是替换领导者以适应领导环境。例如,如果组织所处的领导环境被评估为十分不利,而目前又是一个关系取向的管理者进行领导,那么替换一个任务取向的管理者则能提高组织绩效。第二种是改变领导环境以适应领导者风格。费德勒提出了一些改善领导者与成员关系、职位权力和任务结构的建议。领导者与下属之间的关系可以通过改组下属组成加以改替,即在上下级关系、任务结构、职位权力等方面做些改变,使下属的经历、技术专长和文化水平更为适合领导风格。任务结构可以通过详细布置工作内容而使其更加定型化,也可以对工作只做一般性指示而使其非程序化。领导的职位权力可以通过变更职位充分授权,或明确宣布职权而增加其权威性。同时,费德勒认为,第一种方法是传统的人员招聘和培训方式。而第二种方法,(即按照管理者自己固有的领导风格分配他们担任适当的领导工作)可能比第一种方法(即让管理者改变自己的领导风格以适应工作)更容易做得到。这说明,通过组织设计和变革(即改变组织环境)可能成为一种非常有用的工具,使得管理阶层的领导潜能得以更充分的利用和发挥。

(三)赫塞与布兰查德情境领导理论

1969年,保罗·赫塞(Paul Hersey)同肯尼斯·布兰查德(Kenneth Blanchard)合著《组织行为学》一书,提出了情境领导模式,又称领导生命周期理论。情境领导理论认为,领导者的行为只有与被领导者的成熟度水平相适应,才能取得有效的领导效果。也就是说领导风格不是一成不变的,而要根据环境及组织成员的变化而改变。

赫塞和布兰查德把成熟度定义为:个体对自己的直接行为负责任的能力和意愿。它包括工作成熟度和心理成熟度。工作成熟度是下属完成任务时具有的相关技能和技术知识水平。心理成熟度是下属的自信心和自尊心。只有高成熟度的下属才能既有能力又有信心做好某件工作。

情境领导模式提出任务行为和关系行为这两种领导维度,并且将每种维度进行了细化。从而组合成四种具体的领导方式,用S代表四种领导方式。

(1) S1指导型(Telling)领导方式(高工作-低关系)。领导者定义角色,告诉下属应该干什么、怎么干以及何时何地去干。

(2) S2推销型(Selling)领导方式(高工作-高关系)。领导者为下属提供指导性的行为与支持性的行为,既重视目标达成,又关注下属社会情感需要。

(3) S3 参与型(Participating)领导方式(低工作-高关系)。领导者通过支持行为来促进员工提高工作热情,在工作中常常与下属共同决策,领导者的主要任务是为下属提供便利条件与沟通渠道。

(4) S4 授权型(Delegating)领导方式(低工作-低关系)。领导者相信下属的能力,将权力授予下属,较少提供指导或支持。

赫塞和布兰查德把下属成熟度分为四个阶段。用 M 代表成熟度,M1 表示低成熟度,M4 代表高成熟度。

(1) M1 第一阶段。这些人对于执行某任务既无能力又不情愿。他们既不胜任工作又不能被信任。

(2) M2 第二阶段。这些人缺乏能力,但愿意执行必要的工作任务。他们有积极性,但目前尚缺足够的技能。

(3) M3 第三阶段。这些人有能力,却不愿意干领导者希望他们做的工作。

(4) M4 第四阶段。这些人既有能力又愿意干让他们做的工作。

情境领导模型概括了各项要素,当下属的成熟水平不断提高时,领导者不但可以不断减少对下属行为和活动的控制,而且还可以不断减少关系行为。在第一阶段(M1),需要得到具体而明确的指导;在第二阶段(M2)中,领导者需要采取高工作—高关系行为。高工作行为能够弥补下属能力的欠缺,高关系行为则能使下属在心理上"领会"领导者的意图;对于在第三阶段(M3)中出现的激励问题,领导者运用支持性、非领导性的参与风格可获最佳解决。最后,在第四阶段(M4)中,领导者不需要做太多事,因为下属愿意又有能力担负责任。

同费德勒的权变理论相比,情境理论更容易理解和更加直观。但它只针对下属的特征,而没有对包括领导行为的其他情境特征进行研究。因此,这种领导方式的情境理论算不上完善,但它对于深化领导者和下属之间的研究,具有重要的基础作用。

(四)权变理论评价

权变理论在领导行为研究中加入了权变变量,而这些变量并不是一成不变的,因此,领导风格也要随之改变。权变理论突破了行为理论着重探讨的是否存在一种单一的、最好的领导模式。因为考虑了各种权变因素的影响,使领导者能根据不同情境选择不同的领导方式,不仅能增强领导活动的有效性,对提高员工的满意度和绩效也有帮助。所以权变理论在实践中的实用性很强。

虽然权变理论有诸多优点,但也存在一些不足。比如,权变理论相对更为复杂,结合了许多与领导力相关的权变因素,在运用时难度更大,对领导者的能力提出了更高的要求。不同的权变理论都存在各种的不足,如菲德勒模型无法解释为什么某种领导风格在一些情境中比在另一些情境中更有效;路径-目标理论没有深入解释领导行为和员工动机之间的关系。

第三节 领导理论的进展

一、领导理论的进展

(一) 领导归因理论

领导归因理论(Attribution Theory of Leadership)是由米契尔(Terence R. Mitchell)于1979年首先提出的。该理论指出,领导者对下属的判定会受到领导者对其下属行为归因的影响。但领导者对下属行为的归因可能存有偏见,这将影响领导者对待下属的方式。同样,领导者对下属行为归因的公正和准确也将影响下属对领导者遵从、合作和执行领导者指示的意愿。领导者典型的归因偏见是把组织中的成功归因于自己,把组织失败归因于外部条件,把工作失败归因于下属本身,把工作成功归因于领导者自己。因此,克服领导者的归因偏见是有效领导的重要条件之一。领导归因理论的主要贡献在于提醒领导者要对下属的行为做出准确"诊断",并"对症下药",才能达到有效治理的目的。

(二) 魅力型领导理论

魅力型领导是指具有特定特质、能力和行为的领导者。他们的能力和行为能对追随者产生巨大、超凡的影响及吸引力。魅力型领导理论是归因理论的扩展,虽然起步较晚,但自1977年提出魅力型领导理论以来,研究者和实践者对这一新的领导范式进行了积极的探索,自20世纪90年代以来,魅力型领导理论得到了广泛的实证研究支持,成为领导学领域的研究热点。

魅力型领导理论的产生和兴起有相应的时代条件,20世纪80年代以来,随着全球化竞争的加剧,面对不确定的因素,组织难以进行准确的预见,因此在模糊动荡的环境中,需要魅力型领导来有效实施变革。此外,魅力型领导给下属带来的信任和服从,能够改变下属的价值观、态度和信仰。

魅力型领导者的行为特质是学者们广泛关注的一个内容,很多研究者都在各自理论研究中提出了魅力型领导者所具备的行为特征。有学者根据研究成果,归纳出了魅力型领导者的8种典型行为特征:

(1) 榜样示范。领导者通过践行一系列的价值观和信仰,来为下属塑造模范,使他们也能遵从这些价值观和信仰。

（2）形象塑造。魅力型领导者会运用印象管理技巧（展现对自己的极度自信，集中于进步和成功，不会提及失败），从而给下属留下有能力和值得信赖的形象。

（3）愿景规划和清晰表述。魅力型领导者通过为下属阐明目标、机会与角色来描绘未来的使命和愿景，使下属更好地理解工作的意义，有效地激发下属的工作热情，提高下属对实现组织目标的情感投入和组织承诺水平。

（4）表达较高的期望和信心。魅力型领导者不仅给自己设定非常高的绩效标准，而且对下属也表现出非常高的期望，以及对他们实现这一期望的信心。这样可以激励下属为实现明确的、富有挑战性的绩效目标而努力工作。

（5）承担个人风险。个人风险包括经济上的损失或事业上的失败。他们敢于冒险，为实现组织目标甘愿自我牺牲。领导者为共同的目标所承担的个人风险越大，他们在追随者眼里就越有魅力。

（6）表现出非常规行为。在带领下属实现愿景的过程中，魅力型领导者所展示的行为往往是新奇的、非常规的、与众不同的。这些行为与他们所在组织、行业或社会的现有规范并不一致，甚至是相互冲突的。

（7）对环境的敏感性。魅力型领导者对组织内外部环境的变化非常敏感，能够实事求是地评估组织内外的各种环境资源和限制条件，这是他们规划愿景的前提和基础。

（8）行为方式富有表现力。魅力型领导者擅长通过语言或非语言的方式（如服装、肢体语言等形式）来表明自己的价值观、信念和态度。

（三）变革型领导理论

变革型领导的概念最早是由政治社会学家詹姆斯·麦格雷戈·伯恩斯(James MacGregor Burns)在1978年出版的《领导论》中提出的，是继领导特质论、领导行为论、领导权变论之后提出的一种领导类型。他认为领导力和支配力是不同的，领导力应该与员工角色相互联系，不能脱离员工的需要，并指出领导是一个连续体，一端是变革型领导，另一端是交易型领导。

20世纪80年代，巴斯(Bass)在此基础上提出了更为精确的变革型领导模式。该模式关注员工的需要甚于领导的需要，强调变革型领导和交易型领导并不是一个连续体的两端，是两个独立的概念。交易型领导者(Transactional Leaders)是通过满足下属即刻的、与自我利益相关的需要来激励下属，把管理看作一系列的商业交易，此时，领导者运用其法定权、奖励权等来发布命令及对已实施的服务来交换奖励。交易型领导者通过明确角色和任务要求指导或激励下属向着既定的目标活动。而变革型领导者(Transformational Leaders)是让员工意识到承担责任和任务的重要性及意义,激发员工的高层次需要,最大限度发掘自身的潜力来取得较高水平的绩效表现。也就是说,领导者把远景变成了现实,使员工为了组织利益而超越个人利益,进而建立起富有活力的组织。变革型领导者鼓励下属为了组织的利益而超越自身利益,从某种程度上来说能对下属产生深远而不同寻常的影响。

变革型领导者与交易型领导者的区别见表 8-1 所示。

表 8-1 变革型领导者与交易型领导者的区别

交 易 型 领 导	变 革 型 领 导
(1) 权变奖励:努力与奖励相互交换原则,良好绩效是奖励的前提,承认成就。 (2) 通过例外管理(主动):监督、发现不符合规范与标准的行为,把它们改正为正确行为。 (3) 通过例外管理(被动):只有在没有达到标准时才进行干预。 (4) 自由放任:放弃责任,回避决策。	(1) 领导魅力:提供远见和使命感,逐步灌输荣誉感,赢得尊重与信任。 (2) 感召力:传达高期望,使用各种方式强调努力,以简单明了的方式表达重要意图。 (3) 智力激发:鼓励用智力、理性活动和周到细致的问题进行管理。 (4) 个性化关怀:关注每一个人,针对每个人的不同情况给予培训、指导和建议。

此外,巴斯又进一步明确了变革型领导的内容。早期,他将变革型领导区分为三个维度:魅力-感召领导,智力激发和个性化关怀,后来,他将魅力-感召进一步分解为:领导魅力和感召力,从而形成了变革型领导的四维结构:

1. 领导魅力或称理想化影响力

使他人产生信任、崇拜和跟随的行为,包括领导者成为下属行为的典范,得到下属的认同和尊重,深受下属爱戴,并支持他所倡导的远景规划。

2. 智力激发

鼓励下属创新,用新方法、新手段解决工作中遇到的问题、挑战自我,并向其灌输新的观念,使下属在意识、信念和价值观的形成上发生变化。

3. 感召力

领导者向下属表达对他们的高期望值,激励他们加入团队,并运用团队精神和情感诉求来凝聚下属,实现团队目标,使所获得工作绩效远高于员工为自我利益奋斗时产生的绩效。

4. 个性化关怀

关心每一个下属,重视个人需要、能力和愿望,根据每个人的不同情况,区别性的培养和指导下属,帮助他们在应对挑战中成长。

讨 论

1. 如何理解领导的科学性和艺术性?
2. 领导和管理是一回事吗?

第九章　控制过程与方法

控制是管理的一项重要职能,它与计划、组织、领导工作相辅相成、互相影响。计划提出了管理者追求的目标,组织提供了完成这些目标的结构、人员配备和责任,领导提供了指挥和激励的环境,而控制则提供了有关纠正偏差的知识以及确保与计划相符的纠偏措施。

第一节　控制概述

在管理理论的发展中,不论古典管理理论还是现代管理理论,学者都把控制列为管理工作的一项重要职能。控制是管理过程不可分割的内容,与计划工作和组织目标密不可分,能保证组织计划与实际作业动态相适应,控制系统越是完善,组织目标就越容易实现。

一、控制的相关概念及原则

(一) 控制的概念

自从1948年诺伯特·维纳(Norbert Wiener)的《控制论——关于在动物和机器中控制和通讯的科学》一书问世以来,控制论的思想和方法已经渗透到了几乎所有的自然科学和社会科学领域。具体地说,控制论是研究动态系统在变化的环境条件下如何保持平衡状态或稳定状态的科学。

在控制论中,"控制"的定义是:为了"改善"某个或某些受控对象的功能或发展,需要获得并使用信息,以这种信息为基础而选出的、加于该对象上的作用,称作控制。由此可见,控制的基础是信息,一切信息传递都是为了控制,而任何控制又都依赖于信息反馈来实现。信息反馈是控制论的一个极其重要的概念。通俗地说,信息反馈就是指由控制系统把信息输送出去,又把其作用结果返送回来,并对信息的再输出发生影响,起到控制的作用,以达到预定的目的。从控制系统的主要特征出发来看,管理系统是一种典型的控制系统。管理系统中的控制过程在本质上与工程的、生物的系统是一样的,都是通过信息反馈来揭示成效与标准之间的偏差,并采取纠正措施,使系统稳定在预定的目标状态上的。因此,从理论上说,适合于工程的、生物的控制论的理论与方法,也适合于分析和说明管理控制问题。

控制论为其他领域的科学研究提供了一套思想和技术,而管理更是控制论应用的一个重要领域。甚至可以这样认为,人们对控制论原理最早的认识和最初的运用是在管理方面。用控制论的概念和方法分析管理控制过程,更便于揭示和描述其内在机理。

(二) 管理控制的概念

管理中的控制职能是指管理者为了保证组织目标的实现。以计划为标准,对被管理者的工作进行检查、衡量和评价,并采取相应措施纠正各种偏差的过程。或者,根据组织内外环境的变化和组织的发展需要,在计划的执行过程中,对原计划进行修订或制订新的计划,并调整整个管理工作过程。

控制工作的最重要的目的就是保证组织目标的实现,因此,开展控制工作必须把组织目标作为控制工作的指导方针。控制工作是每个主管人员的职能,但并不仅仅上层主管部门和中层主管部门的事。实际上,任何层级的主管人员,既要对自己的工作负责,还必须对整个计划的实施和目标的实现负责,因为各级的工作都是计划的一部分。各级的主管人员,包括基层主管人员都必须承担实施控制工作的重要职能的责任。

(三) 控制的原则

1. 以计划为前提

控制的基本标准是计划,控制是检验各项工作是否按预定计划进行。控制应随时将计划的执行结果与标准进行比较,发现是否有偏离计划、超过计划允许范围或没有完成计划等问题,使组织内部系统活动趋于相对稳定,实现组织的既定目标。

2. 责权匹配的原则

由于管理者时间与精力的限制,高一级的主管必然要向下属授予他们相应的权力处理管理事务。因此,要将管理权限都制度化或非制度化地分散在各个管理部门和层次。组织分权程度越高,控制就越有必要。控制系统可以为被授予了权力的助手提供工作绩效信息和反馈,以保证授予他们的权力得到正确的利用,从而促使这些权力组织的业务活动符合计划与组织的要求。如果没有控制,没有为此而建立的控制系统,管理人员就不能检查下属的工作情况,即使出现不负责任的权力滥用或不符合计划的活动等其他情况,管理人员也无法发现,更无法采取及时的纠正行动。

3. 行动的原则

在计划的执行过程中,对没有按照计划开展的活动及时采取必要的纠正措施。同时,也要检验计划的正确性和合理性,对原计划进行修改和完善,调整整个管理过程。

在控制过程中,如果发现了工作过程中的偏差,就要随之采取行动纠偏,通过制订补充计划的方式使之回到正确的轨道中来。

4. 例外原则

随着社会和科学技术的进步,组织活动的规模越来越大,活动内容也日益复杂,因而控制工作的内容也越来越多,在某些情况下,变化的内外部环境会给组织提出新的要求。如果主管人员对现状不满,要改革创新、要开拓新局面,这时就势必要打破现状,即修改已定的计划,确定新的现实目标和管理控制标准,使之更先进、更合理。

二、控制与其他职能的关系

1. 控制与计划

在管理的基本职能中,控制是要确保组织的所有活动与其环境和计划相一致,从而使这些活动更为有效。具体地讲,控制是通过制订计划或业绩的衡量标准以及建立信息反馈系统,检查实际工作的进度和结果,及时发现偏差以及产生偏差的原因,并采取措施纠正偏差的一系列活动。控制和计划是一个问题的两个方面,管理人员首先要制订计划,然后使计划成为评定行动及其效果是否符合需要的标准。计划越明确、全面和完整,控制效果也就越好。如果没有计划就无法衡量行动是否偏离计划,更谈不上纠正偏差,所以从计划职能有效实施的角度来说,控制是指监视各项活动以保证它们按计划进行并纠正各种重要偏差的过程。或者说,控制是依据计划来检查、衡量计划的执行情况,并根据偏差,或调整行动以保证活动按计划进行,或调整计划使活动与计划相吻合。

简要地说,控制就是强迫事件发生过程与既定计划相符合,就是用于确保结果和计划相一致的过程。因此,计划是控制的前提,控制则是完成计划的保证。如果没有控制系统,就没有实际与计划的比较,就不知道计划是否完成,计划也就毫无意义。因此,计划和控制是密不可分的。

2. 控制和组织

管理者在设计组织结构时面临的首要问题是建立职位结构和报告关系,以使组织成员最有效地运作资源。但是,单单依靠组织结构并不能激励组织成员按照有助于实现组织目标的方式行事。控制的目的是给管理者提供一个能够激励下属朝着实现组织目标方向努力的手段,并给管理者提供有关组织及其成员如何适当完成任务的具体反馈。管理的组织职能和控制职能是不可分割的,有效的管理者必须学会使它们协调地发挥作用。通过控制,管理者能监督和评估组织战略和结构是否发挥作用,如何改进它们,以及如果它们不能发挥作用,应该如何改变它们。所以,从组织控制的角度来说,控制是管理者监督和规范组织及其成员的各项活动以保证按计划进行并纠正各种重要偏差,有效实现组织目标的过程。然而,控制并不意味着只在事情发生后做出反应,还意味着将组织保持在正常的运行轨道并预测可能发生的事情。由此可见,管理的控制职能是对组织的管理活动及其效果进行衡量和校正,以确保组织的目标以及为此而拟订的计划得以实现。

三、控制类型

控制工作可根据控制工作的需要,按照不同的划分标准分类。例如,按控制目的和对象可划分为纠正执行偏差和调整控制标准两种类型;按采用的手段可划分为直接控制和间接控制;按控制源可分为正式组织控制、群体控制和自我控制三种类型;按问题的重要性和影响程度可划分为任务控制、绩效控制和战略控制等。

下面重点介绍的控制工作类型,是按照控制过程中的控制措施的作用环节来划分。按照这个标准,控制工作可分为前馈控制、同期控制和反馈控制。

(一)前馈控制

前馈控制(Feed Forward Control)又被称为事前控制或预测控制,是控制原因的控制,是在实际工作开始之前,管理人员运用得到的最新信息,包括从上一个控制循环得到的经验教训,对工作可能出现的结果进行预测,并对影响结果的可能的因素进行的控制,确保工作目标的实现。前馈控制是管理者最希望采取的控制行为,因为它能在工作开始前就对工作执行中可能产生的偏差结果进行预测和估计,并提前采取相应的防范措施,以避免那些预计可能出现的问题,目的是防止问题的发生而不是当问题出现时再补救。

一般来说,前馈控制相对于现场控制和反馈控制,有明显的优点:

1. 前馈控制可以防患于未然

比如在战争爆发前,军队就要准备物资,优化后勤保障,以避免出现问题产生后再加以补救,甚至出现无能为力的局面;医院在手术前要有操作规程,否则就容易酿成事故。前馈控制需要准确及时地获取相关信息并准确地进行预测,而且管理人员应当对控制过程十分了解,尤其是能够理解前馈控制因素与计划之间的关系,将注意力放在行动开始前,一开始就能将问题隐患消除。

2. 前馈控制容易被接受并付诸实施

前馈控制是针对可能出现的偏差所产生的条件进行控制,不针对具体人,始于工作之前,不易于造成人员对立,容易被员工接受。

前馈控制虽然理想,但要准确及时地获取相关信息并非易事。因此,管理者往往又不得不借助于同期控制和反馈控制。

(二)同期控制

同期控制(Concurrent Control)是对控制过程的控制,又常被称为现场控制、同步控制、过程控制或事中控制。是指在工作进行的过程中对人和事的控制。同期控制的主要职能包括监督、指导和纠偏。监督是指按照预定的标准来检查正在进行的工作,以保证目标的实现;指导是指管理者针对工作中出现的问题,根据自己的知识、经验指导帮助下属改进工作,或与下属共同商讨纠正偏差的措施,以使工作人员能正确地完成规定的任务;纠偏是指发现不合标准的偏差时,立即采取纠正措施。

同期控制是对计划执行过程中的控制,是控制系统的核心。在实际管理过程中,环境是动态变化的,会出现难以预料的问题,需要管理者进行实时监控并立即采取纠正措施。

同期控制作用有两个:首先,可以指导下属以正确的方法进行工作,培养下属的能力,这是每一个管理者的重要职责。现场监督,可以使上级有机会当面解释工作的要领和技巧,纠正下属错误的作业方法与过程,从而可以提高他们的工作能力。其次,可以保证计划的执行和计划目标的实现。通过同期检查,可以使管理者随时发现活动中与计划要求相偏离的问题,从而将问题消灭在萌芽状态,或者避免已经产生的问题对组织的不利影响进一步扩散。

但同期控制也存在一些局限,例如同期控制要求管理者亲临现场,但这在很大程度上受管理者时间、精力和业务水平的制约,其应用范围也较窄;由于现场控制是针对具体工作人员的特定行为,容易造成控制者与被控制者之间的对立,影响控制效果。因此,同期控制不太可能成为日常性的控制方式,而只能作为其他控制方法的补充。随着计算机在管理中应用的日益普及以及信息传递效率的大大提高,使同期控制能力明显增加,如在许多管理信息系统中就预先设置好了有关错误提示及纠正错误的措施,一旦错误出现,操作人员可以立即清楚地知道发生了何种错误,下一步该怎么做。信息技术的应用还能在异地之间实现同期控制,突破了现场控制的限制,提高了管理人员的利用效率。

(三) 反馈控制

反馈控制(Feedback Control)是对控制结果的控制,也称成果或事后控制,是指在工作结束或行为发生之后,通过对工作的总结、回顾和评价,发现工作中已经发生的偏差,并采取相应的措施。由于反馈控制是着眼于工作结果,因此其目的是惩前毖后,防止类似偏差的再度发生。

与前馈控制和过程控制一样,反馈控制也有其优点:

1. 了解计划执行效果,更好地总结规律

通过对以往工作的回顾分析,可以从中总结出事物发展变化的规律,为进一步实施战略目标创造条件,从而形成良性循环,提高工作效率和效果。

2. 为前馈控制奠定基础

对一些周期性和重复性的工作及活动,可以通过反馈控制对发生的偏差进行总结分析,如是否是由于外部环境与内部条件发生了较大变化,或者是计划制订得不够合理等,据此总结经验,针对根源制定消除偏差产生的措施,避免以后工作中发生类似的问题,使新计划的实施更为有效。

3. 为员工考核提供依据

通过反馈控制能够将获取到的组织成员绩效评价方面的信息,作为员工考核的主要依据,使得对员工的管理更加规范。同时,反馈结果和目标管理及绩效管理相结合,有助于增强组织成员的积极性。

反馈控制的最大缺点是存在时间上的滞后性,因为在采取措施前,偏差已经产生且损失也已造成,不论其分析如何中肯,结论如何正确,对于已经形成的经营结果来说都是无济于事的,其无法改变已经存在的事实,只能作为一种事后补救的控制方法。

通过对上述三种类型的控制手段的介绍与对比,可以得出这样的结论:每种控制类型都各有利弊,在实践中管理者应根据实际情况,借助信息技术将它们有机结合,极力避免完全依赖某种单一的控制手段。

第二节 控 制 过 程

虽然控制的对象有很多,控制的手段也不同,但控制的过程却是基本一致的,即根据计划的要求,设立衡量绩效的标准,然后把实际工作结果与预定标准相比较,以确定组织活动中出现的偏差及其严重程度。在此基础上,有针对性地采取必要的纠正措施,以确保组织资源的有效利用和组织目标的圆满实现。控制过程包括以下四个基本环节。

一、确立控制标准

(一)拟定标准

管理控制过程的第一步就是拟定标准。这里所说的标准(Norm),是指评定绩效的尺度。控制的直接目的是确保计划目标的实现,计划是控制的依据。从逻辑上讲,控制的第一步应当是制订计划,再以计划作为控制的标准。但是,由于组织中计划所包含的内容、项目很多,涉及的范围很广,各种计划的详尽程度和复杂程度各不相同。因此在大多数的组织活动中,主管人员没有精力,也不可能直接以计划作为控制的标准,对整个计划执行的全部过程进行全面、具体的控制,所以首先需要拟订具体的控制标准。标准应当是从整个计划方案中选出的,是对工作绩效进行评价的关键指标,或者是对计划目标的实现发挥关键作用的项目。有了这样的标准,主管人员不必去考察计划执行中的每一个步骤或细节,就能够了解整个计划执行的进展情况,从而使控制起到保证计划目标实现的作用。

拟定标准的意义不仅仅在于确定一个用于比较管理绩效高低优劣的指标,更在于其在某种意义上关系到组织绩效的实现。管理实践证明,"你测量什么,就得到什么",组织成员会为达到标准而工作。相应地,拟定标准的关键在于"你想得到什么,就测量什么",标准所规定的测量指标必须以实现组织目标和使命为前提来拟定。拟订标准是控制过程中一项重要且难度较大的工作。首先,选择关键控制点就是一种管理艺术,它在很大程度上影响着控制的有效性。其次,各类组织各有其特殊性,其内部的控制对象也是千差万别,因而也就不可能找到一个适合所有组织、所有控制对象的标准。再次,选择或制定的控制标准要具有相对稳定性和一定的权威性。

(二)标准的种类

标准的类型有多种。最理想的标准是以可考核的目标直接作为标准。但更多的情况是需要将某个计划目标分解为一系列的标准。无论采用哪类标准,都必须按照控制对象来决定。

1. 实物标准

这是一类非货币标准,普遍适用于使用原材料、雇佣劳动力、提供劳务或产品等的操作层。这些标准反映了定量的工作成果,常用的有:单位产量工时、货运量的吨公里、日门诊人数等。实物标准也可以反映产品的质量,例如轴承面的硬度、公差的精密度、飞机上升的速率、物品的耐久性等。在某种程度上,实物标准是计划的基石,也是控制的基本标准。

2. 成本标准

这是一类货币标准,也是普遍适用于操作层的标准,这些标准是用货币值来衡量经营活动的代价。常用的成本标准有:单位产品的直接成本和间接成本、单位产品或每小时的人工成本、单位产品的原材料成本、工时成本、单位销售成本、单位销售费用等。

3. 资本标准

这类标准与投入组织的资本有关,但与组织的营运资本无关,最常用的就是投资报酬率、流动比率、资产负债率、应收账款周转率、存货周转率等等。这类标准主要是与资产负债表有关。

4. 收益标准

这是用货币值衡量提供的产品或服务销售量的标准,例如,公共汽车每乘客/公里的收入、既定市场范围内的人均销售额等等。

5. 无形标准

主管人员能够以什么样的标准来确定下属的才干,用什么标准来确定某项工作是否符合组织的短期目标或长期目标,怎样才能判断出下属人员是否忠诚于组织目标? 要为这类目标确定控制标准是非常困难的,因为既无法用明确的定量标准也无法用明确的定性标准来描述它们。在任何一个组织中,都存在着许多无形标准。因此对这类问题的控制仍然不得不以无形的标准、主观的判断、反复的实验,有时甚至是纯粹的感觉等为依据。

6. 以目标为标准

直接以定量目标和定性目标为标准。定量目标大多采用上述各种标准的量化表达形式,它是可以准确考核的。定性目标虽然也可考核,但却不能与定量目标一样准确考核。不过,我们可以采用详细说明计划或其他具体目标的特征和完成日期的方法来提高其可考核的程度。因为每个计划都会有很具体的特征,甚至包括有定量的数据,而这是完全可以考核和非常有用的目标。

(三) 拟定标准的方法

控制的对象不同,建立标准的方法也不一样。一般来说,建立标准的方法有下列 3 种:利用统计方法来确定预期结果;根据经验和判断来估计预期结果;在客观定量分析的基础上建立工程(工作)标准。

1. 统计性标准

统计性标准也叫历史性标准,是以分析反映组织在历史上各个时期状况的数据为基础来为未来活动建立的标准。这些数据可能来自本组织的历史统计,也可能来自其他组织的经验。据此建立的标准,可能是历史数据的平均数,也可能是高于或低于中位数的某个数,比如,上四分位值或下四分位值。

利用本组织的历史性统计资料为某项工作确定标准,具有简便易行的好处。但是,据此制定的工作标准可能低于同行业的卓越水平,甚至低于平均水平。这种条件下,即使组织的各项工作都达到了标准的要求,也可能造成劳动生产率的相对低下,制造成本的相对高昂,从而造成成果和竞争能力劣于竞争对手。为了克服这种局限性,在根据历史性统计数据制定未来工作标准时,充分考虑行业的平均水平,并研究竞争组织的经验是非常必要的。

2. 评估性标准

并不是所有工作的质量和成果都能用统计数据来表示,也不是所有的组织活动都保存着历史统计数据。对于新从事的工作,或对于统计资料缺乏的工作,可以根据管理人员的经验、判断和评估来为之建立标准。利用这种方法来建立工作标准时,要注意利用各方面的管理人员的知识和经验,综合大家的判断,给出一个相对先进合理的标准。

3. 工程性标准

严格地说,工程性标准也是一种用统计方法制定的控制标准,不过它不是对历史性统计资料的分析,而是通过对工作情况进行客观的定量分析来进行的,它以准确的技术参数和实测的数据为基础。工程方法的重要应用是用来测量生产者个人或群体的产出定额标准。这种测量又称为时间研究和动作研究,它是由泰勒首创的。今天所谓的"标准时间数据系统"(Standard Data System,SDS)是一种计算机化的工时分析软件,使用者只要把一项作业所规定的加工方法分解成相应的动作元素,输入计算机,就可以立刻得出完成该项作业所需要的工时。

二、衡量实际绩效

(一)衡量实际绩效的方法

衡量实际绩效就是用实际的工作效果与上个阶段制定的标准相比较。标准有了,那么这个阶段的重点工作就是要采集实际工作的数据,了解和掌握工作的实际情况,整理为信息,从而传递到对某项工作负责而且有权采取纠正措施的主管人员手中。现实中,此阶段信息的载体主要有以下几种形式。

1. 个人观察与讨论

即管理者通过现场观察控制对象或者与被控制人员进行面对面的接触与讨论。它为管理者提供了最直接、深刻和具体的信息,避免了接收二手信息在加工、整理和传递过程中的信息耗散。

2. 统计报告

随着组织规模的扩张,组织内部信息流量也变得越来越大,加上信息技术的普及与应用,管理者面对的不再是信息匮乏而是信息爆炸的社会。利用现代统计技术,有助于管理者对信息的管理。但这种方法不仅要求管理者具有一定的统计知识,而且对于原始数据的精确性也提出了很高的要求,大大提高了控制的成本。

3. 口头汇报

口头汇报的形式可以有多种,比如各种会议、一对一的谈话或远程电视、电话会议等。其优点是信息直接、全面;缺点则是信息不易存储和保留,为日后的使用带来了一定的障碍。但随着信息技术的发展,这一缺点也逐渐被消除,利用信息技术的口头汇报形式将成为组织内衡量工作的重要形式。

4. 书面报告

书面报告通常是经过较为仔细的信息加工整理、并以正式的书面形式来提交的报告,其优点是信息更为精确和全面,其缺点是传递速度较慢,往往是造成控制时滞的主要原因。

(二)衡量实际绩效的注意事项

为了及时、正确地为管理者提供能够反映偏差的信息,同时又符合控制工作在其他方面的要求,管理者在衡量工作成绩的过程中应注意以下几个问题。

1. 通过衡量成绩,检验标准的客观性和有效性

衡量工作成效是以预定的标准为依据的,而利用预先制定的标准去检查各部门在各个阶段的工作,这本身也是对标准的客观性和有效性进行检验的过程。

检验标准的客观性和有效性,要通过分析对标准执行情况的测量能否取得符合控制需要的信息而确定。由于组织中许多类型的活动难以用精确的手段和方法加以衡量,建立标准也就相对困难。因此,组织可能会选择一些易于衡量、但并不反映控制对象特征的标准。在为控制对象确定标准的时候,人们可能只考虑了一些次要的因素,或只重视了一些表面的因素,因此,利用既定的标准去检查人们的工作,有时并不能达到有效控制的目的。在衡量过程中对标准本身进行检验,就是要发现能够反映被控制对象的本质特征。

衡量过程中的检验就是要发现最适宜的标准,辨别并剔除这些不能为有效控制提供必要信息、容易产生误导作用的不适宜标准。

2. 确定适宜的衡量频度

控制过多或不足都会影响控制的有效性。这种"过多"或"不足",不仅体现在控制对象和标准数目的选择上,而且表现在对同一标准的衡量次数或额度上。对影响某种结果的要素或活动过于频繁的衡量,不仅会增加控制的费用,而且可能引起有关人员的不满,从而影响他们的工作态度。而检查和衡量的次数过少,则可能使许多重大的偏差不能被及时发现,从而不能使管理者及时采取措施。

以什么样的额度,在什么时候对某种活动的绩效进行衡量,取决于被控制活动的性质。管理人员经常在他们方便的时候、而不是在需要的时候进行衡量的现象必须避免,因为这可能导致相关人员行动的延误。

3. 建立管理信息系统

负有控制责任的管理人员只有及时掌握反映实际工作与预期工作绩效之间偏差的信息,才能迅速采取有效的纠正措施,因为不精确、不完整、过多或延误的信息将会严重地妨碍他们的行动。在通常情况下,并不是所有衡量绩效的工作都由主管直接进行,有时需要借助专职的检测人员。正因为如此,管理人员所接受的信息通常是零乱的、彼此孤立的,并且难免掺杂着一些不真实、不准确的信息。因此,应该建立有效的信息管理网络,通过分类、比较、判断、加工,提高信息的真实性和清晰度。同时将杂乱的信息变成有序的、系统的、彼此紧密联系的信息,并使能反映实际工作情况的信息适时地传递给适当的管理人员,使之能与预定标准相比较,及时发现问题。此外,还应能及时将偏差信息传递给与被控制活动有关的部门和个人,以使他们及时知道自己的工作状况、偏差原因,以及改善策略。建立这样的管理信息系统,这样不仅更有利于保证预定计划的实施,而且能防止基层工作人员把衡量和控制视作上级检查、惩罚的手段,从而避免相关人员产生抵触情绪。

三、分析偏差原因

如果在衡量阶段发现实际工作的绩效与所设定的标准存在差距,那么就必须找出症结之所在,并通过理性分析找出偏差的根本原因,加以解决。这个过程可以说是最难也是最需要管理者经验、智慧的环节,组织管理者的能力水平由此而彰显出来。伴随计算机技术和通信技术的发展,借助决策支持系统(DSS)、数据挖掘(Data Mining)系统,很多组织已经实现了这个阶段工作的自动化、电子化,这无疑对提高管理者分析的准确性和有效性带来了很大的帮助。

利用科学的方法,依据客观的标准,通过对工作绩效的衡量,可以发现计划执行中出现的偏差。纠正偏差就是在此基础上，分析偏差产生的原因，制定并实施必要的纠正措施，使得控制过程得以完整，并将控制与管理的其他职能相互联结。通过纠偏，使组织计划得以遵循，使组织机构和人事安排得到调整，使领导活动更加完善。

为了保证纠偏措施的针对性和有效性，应注意下列问题：

1. 找出偏差产生的主要原因

在采取纠正措施以前，必须先对反映偏差的信息进行评估和分析。首先，要判断偏差的严重程度，是否足以对组织活动的效率构成威胁，并值得去分析原因，采取纠正措施；其次，要探寻导致偏差的主要原因。

纠正措施的制定是以对偏差原因的分析为依据的。同一偏差可能由不同的原因造成，而不同的原因要采取不同的纠正措施。要通过评估反映偏差的信息，分析影响因素，透过表面现象找出造成偏差的深层原因，在众多的深层原因中找出最主要者，为纠偏措施的制定指导方向。

2. 确定纠偏措施的实施对象

产生偏差的原因可能是组织的实际活动出现问题，也可能是组织的工作计划本身存在问题，还有可能是衡量这些活动的标准出了问题。针对不同的情况，应该采取不同措施。在实际管理控制过程中，经常需要对衡量这些工作的标准或指导工作的计划进行调整。预定计划或标准的调整是由两种原因决定的：一是原先的计划或标准制定得不科学，在执行中发现了问题。二是原来正确的标准和计划，由于客观环境发生了预料不到的变化，不再适应新形势。因此，负有控制责任的管理者应该认识到，外界环境发生变化以后，如果不对预先制定的计划和行动准则进行及时的调整，那么即使内部活动组织得非常完善，组织也不可能实现预定目标。

四、采取纠偏行动

（一）纠偏的方法

控制过程的最后一项工作就是采取管理行动，纠正偏差。从管理的角度看，只有采取了必要的纠正行动之后，控制才是有效的。偏差的产生来源于标准与实际的工作绩效，纠正偏差的方法可以从两方面入手。

1. 改进工作绩效

如果分析过程表明计划和标准不存在问题，问题在于工作本身，那么管理者就需要采取纠正行动。按照行动效果的不同，可采取立即纠偏和彻底纠偏两种模式。显然两者之间互有利弊，对于时间紧迫的问题，前者为宜；而对于反复出现、涉及范围广的问题则需要借助后一种模式的指导。在实践中,虽然两种模式能共存,但是作为组织的管理者,不应该仅仅满足于"救火队长"的角色,而更应当成为组织中的"系统思考者",善于用后一种模式来解决问题,纠正偏差。

2. 修订标准

有的时候我们会发现,偏差的主要原因在于标准设计的不甚合理,脱离了实际。因此管理者要对标准进行修订,只有当标准是"跳起来"能够达到时,才是有效的标准。

(二)注意事项

针对产生偏差的主要原因,管理者要积极制定改进工作或调整计划与标准的纠正方案。在纠偏措施的选择和实施过程中管理者要注意以下几个方面:

1. 使纠偏方案双重优化

纠正偏差,不仅在实施对象上可以进行选择,而且对同一对象的纠偏也可采取多种不同的措施。但是是否采取措施,要视采取措施纠偏带来的效果是否大于不纠偏的损失而定,如果行动的费用超过偏差带来的损失,最好的方案也许是不采取任何行动。这是纠偏方案选择过程中的第一重优化。第二重优化是在此基础上,通过对各种经济可行方案的比较,找出其中追加投入最少、解决偏差效果最好的方案来组织实施。

2. 充分考虑原先计划实施的影响

由于对客观环境的认识能力的提高,或者由于客观环境本身发生了重大变化而引起的纠偏需要,可能会导致对原先计划与决策的局部甚至全局的否定,从而要求组织活动的方向和内容进行重大的调整。这种调整有时被称为"追踪决策",即"当原有决策的实施表明将危及决策目标的实现时,对目标或决策方案所进行的一种根本性修正"。在制定和选择追踪决策的方案时,要充分考虑到伴随着初始决策的实施已经消耗的资源,以及这些消耗对客观环境造成的种种影响。

3. 注意消除人们对纠偏措施的疑虑

任何纠偏措施都会在不同程度上引起组织的结构、关系和活动的调整。从而会涉及某些组织成员的利益,特别是纠偏措施属于对原先决策和活动进行重大调整的追踪决策时,不同的组织成员会因此而对纠偏措施持不同态度。原先反对初始决策的人幸灾乐祸,甚至夸大原先决策的失误;原先决策的制定者和支持者因害怕改变决策标志着自己的失败,从而会公开或暗地里反对纠偏措施的实施;执行原决策、从事具体活动的基层工作人员则会对自己参与的已经形成的或开始形成的活动结果怀有感情,或者担心调整会使自己失去某种工作机会,影响自己的既得利益,而极力抵制任何重要纠偏措施的制定和执行。因此,控制人员要充分考虑到组织成员对纠偏措施的不同态度,特别是要注意消除执行者的疑虑,争取更多人理解、赞同和支持纠偏措施,以避免在纠偏方案的实施过程中可能出现的人为障碍。

第三节　有　效　控　制

一、控制的对象

管理者在控制过程中,要把握重心和焦点,不能不分主次,事事都抓。一般控制的对象分为以下几类:对人员的控制、对财务的控制、对作业的控制、对信息的控制和对绩效的控制。

1. 对人员的控制

人在管理要素中占据主导地位,是管理活动的核心,管理中对任何对象的控制,最终都可以落实到对人的行为的控制。因此,掌握对人员的控制方法、技巧是管理者最基本的素质之一。其方法包括两类:一是直接巡视、观察,发现问题,现场解决;二是对组织成员进行系统评估,找出原因,寻求系统解决方案。具体对组织成员行为的控制手段如下。

(1) 甄选。识别和雇用那些价值观、态度和个性符合组织期望的人。

(2) 目标。为组织成员设定工作目标,用目标指导和限制他们的行为。

(3) 职务设计。通过职务设计决定成员的工作内容、节奏、权责范围,从而影响其行为。例如,为减少组织内部舞弊现象的发生,常常使某些职务分离以达到相互牵制的效果。

(4) 直接监督。监督人员现场限制组织成员的行为。

(5) 培训与传授。通过正规的培训制度以及组织成员间非正式的交流,向组织成员传递管理者所期望的工作知识和方式。

(6) 制度化。利用组织正式的规章制度来规定可以的行为和禁止的行为。

(7) 绩效评估。动态保证组织成员行为方式与组织目标相一致。

(8) 报酬系统。利用奖勤罚懒的报酬机制来强化和鼓励期望行为,弱化甚至消除非期望行为的发生。

(9) 组织文化。通过组织的故事、仪式和高层的表率作用,影响组织成员的价值观和行为模式。

完善的控制系统必须是一个封闭的系统,组织中的任何人包括各个层次的控制人员本身都不应该游离于这个系统之外。而系统中最重要的组成构件莫过于对组织高层领导者的控制机制,即对控制者的控制机制。原因在于控制者一旦失控,其导致的问题可能是组织生存的重大问题。另外,对控制者的控制往往由于控制者(组织领导者)的特殊作用被忽视。因此,一个组织成熟完善的最重要标志是是否建立了对控制者的控制机制。对控制者的控制机制主要由以下几方面加以构成:第一,内部控制机制。具体包括组织内部的规章制度、各职位人员之间的权力分配和职权界定,以及组织的激励机制等。第二,外部控制机制。具体包括政府相关法律的威慑与调节作用及各类竞争机制。竞争机制为控制控制者提供了必要的信息。

实际上对控制者的控制不是单靠一两项措施就能解决的,而要靠建立健全组织内外部控制系统,运用多种方式的综合作用来加以实现。

2. 对财务的控制

任何组织要生存发展,必须使投入和产出之间实现一种平衡关系,而这种投入和产出的平衡关系的实现要依赖对组织财务的控制。财务控制主要包括控制会计记录信息的准确性、定期审核财务会计报告、保证财务目标的实现等几个方面的工作。当然,财务控制不仅仅局限于营利组织,对非营利性组织同样适用,如预算控制对于学校、医院和政府也是极为重要的控制手段。

3. 对作业的控制

所谓作业,就是指从劳动力、原材料等原始资源到产品或服务的转换过程。组织的作业效率和效果很大程度上决定着组织是否能够成功,作业控制为此提供了保证。典型的作业控制包括以下几种:

(1) 生产控制。监督生产活动以保证其按计划进行。

(2) 采购(库存)控制。评价购买能力,以尽可能低的价格提供所需的原材料。

(3) 质量控制。监督组织所提供的产品或服务的质量,以满足预定的标准。

(4) 维护控制。对组织生产所使用的设备质量加以控制,以保证生产的顺利进行。

近些年,作业控制中出现了很多新技术和新工具,如全面质量管理(TMQ)、精益生产(Lean Production)等。

4. 对信息的控制

以往对信息的控制强调的往往是财务会计信息的控制,但随着人类进入信息时代,信息(包括组织内部和外部的信息)在组织运行中发挥着越来越大的作用。对信息的控制就是要建立一整套运转有效的管理信息系统,以解决组织内部对各类信息的获取、加工、传递和存储之要求。知识经济的来临,组织对知识管理的水平提出了较高的要求，而管理信息系统转换为知识管理系统是每一个学习型组织的必由之路。当前很多学者的研究表明，对信息和知识的有效控制和利用是形成组织核心能力的重要保障。

5. 对组织绩效的控制

组织绩效是反映组织效能的一系列指标体系。但是如何衡量，进而更好地促进组织目标的实现，始终是组织上层管理者所遇到的难题。显然单一的利润指标、生产率、产量指标、组织成员士气指标都不足以全面衡量组织的绩效，合理的方法是通过较为完整的指标体系加以衡量。如哈佛大学教授罗伯特·卡普兰提出的平衡计分法（Balance Scored），卡普兰认为，组织要想能够获得长足发展，必须从财力、顾客、内部经营过程、学习和成长等四个方面来构建衡量组织绩效的指标。此外，很多组织效仿的标杆学习法（Benchmarking），用组织所在行业最好组织的各项绩效指标来作为控制的标准，争取做到行业中的最好。

二、有效控制的特征

如果控制使用正当，无疑将有助于管理者掌控非预期的因素，从而实现战略目标。一个有效的控制系统应包括如下特征：

（一）适时控制

适时控制是指控制系统应该及时提供信息，迅速做出管理上的反应。如果反应过于迟缓，修正措施将毫无价值。时滞现象是反馈控制的一个难以克服的困难。虽然检查实施结果，并将结果同标准进行比较，找出偏差，可能不会花费很多时间。但分析偏差原因，提出纠正偏差的具体方法也许会更久，当真正采取这些办法纠正偏差时，实际情况可能有了很大变化。

解决这种问题较好的办法是建立组织活动的预警系统，为需要控制的对象建立一条警戒线，反映经营状况的数据一旦超过这个警戒，预警系统就会发出警报，提醒管理者采取必要的措施防止偏差的产生和扩大。

（二）适度控制

适度控制是指控制的范围、程度和频度要恰到好处。虽然任何组织都需要控制，但控制系统的大小各异，不管管理者应用怎样的控制，必须与涉及的工作相适应并是适度的。

对适度控制的要求体现在两方面：一方面，过多的控制会扼杀组织中成员的积极性、主动性和创造性，会抑制他们的首创精神，从而影响个人能力的发展和工作热情的提高,最终影响组织的效率;另一方面,控制不足将不能使组织活动有序地进行,不能保证各部门活动进度和比例的协调,造成资源的浪费。此外,过少的控制还可能使组织中的个人无视组织的要求,我行我素,甚至利用在组织中的便利地位谋求个人利益,从而导致组织的涣散和崩溃。

（三）客观控制

控制系统必须是客观的。然而,在现实管理实践中,许多管理人员的决策往往是基于不客观精确的信息。这给管理人员的正确决策带来了负面影响。

要客观地控制,第一,要尽量建立客观的计量方法,即尽量把绩效用定量的方法记录并评价,把定性的内容具体化。同时组织还应定期检查过去规定的标准和计量规范,使之符合现时的要求。第二,管理人员必须谨慎适当地解释所获得的信息。数字的客观性不能代表一切,管理人员在做决策时还应看到数字背后的真正含义。第三,管理人员要从组织目标的角度来观察问题,避免个人偏见和成见。

（四）弹性控制

组织在管理活动过程中经常可能遇到某种突发的、无力抗拒的变化,如环境突变、计划疏忽、计划变更、计划失败等。这些变化使组织计划与现实条件严重背离。有效的控制系统应在这种情况下仍有足够的灵活性去保持对运行过程的管理控制,也就是说,应该具有一定的弹性。例如,在工程项目建设中在对地质进行勘测、工程量测量时经常会发生偏差,导致工程费用急剧上升。因此,在做总投资估算时都有预备费的预算。事实上,弹性控制最好是通过弹性的计划和弹性的衡量标准来实现。在制订计划时,充分考虑到未来组织活动可能出现的不同状况,使预算在一个可接受的范围内变化。

三、控制的方法

控制的方法可以有很多种划分,但一般而言可以分为预算控制(Budget control),主要以事前编制的数字计划为控制提高依据;非预算控制(No-Budget control)依靠传统手段如观察、报告等进行控制。

1. 预算控制

预算是以数字表述计划,并把这些计划分解成与组织相一致的各个部分,使预算与计划工作相联系,并授权于各部门而不致失去控制。按照其针对对象的不同,可以将预算分为以下几种。

（1）收入预算。为组织从事各项活动提供了基本的框架。

(2) 费用预算。为组织活动的成本控制提供了依据。

(3) 利润预算。是考虑组织投入与产出的综合型控制手段。

(4) 现金预算。不管是否可以称之为预算,也许这是组织最重要的一项控制。

(5) 投资预算。该预算使管理者可以预测未来的资本需要,区分出最重要的投资项目,以及保证有适当数量的库存现金可以满足到期由投资引发的现金支出。

与一般控制程序相类似,预算控制的基本步骤包括以下几个方面。

(1) 编制预算。编制预算从确定预算方针开始,接着编制部门预算和综合预算。

(2) 执行预算。即要根据预算,及时或定期地检查预算的执行情况,观察其实际工作效果是否在预算范围内。

(3) 衡量预算。衡量预算差异,并采取一些措施纠正偏差。

(4) 评估预算。对预算控制结果进行分析总结,评价和考核预算控制的绩效。

预算作为一种控制手段,其最大的价值在于它对改进协调和控制的贡献。当为组织的各个职能部门编制了预算时,就为协调组织的活动提供了基础。同时,由于对预期结果的偏离将更容易被查明和评定,预算也为控制工作中的纠正措施奠定了基础。当然,由于预算控制一方面需要投入相当的人力、物力和财力,同时其实施往往会影响到组织内部一些既得利益者的权利,招致他们的反对和阻碍,所以是否实行预算控制往往需要管理者,尤其是高层管理者的谨慎、决心和魄力。

2. 非预算控制

非预算控制,一般而言,许多传统的控制方法都与预算无关,但仍有一些还是运用了预算控制或是同预算控制有关的方法。其中较重要的一些方法如下:

(1) 程序控制。程序是对操作或事务处理流程的一种描述、计划和规定。它通过文字说明、格式说明和流程图等方式,把一项业务的处理方法规定得一清二楚,即常说的标准化。既便于执行者遵守,也便于管理人员进行检查和控制。组织中常见的程序很多,例如决策程序、投资审批程序、主要管理活动的计划与控制程序、会计核算程序、操作程序、工作程序等,凡是连续进行的、由多道工序组成的管理活动或生产技术活动,只要它具有重复发生的性质,就都应当为其制定程序。

(2) 专题报告和分析。专题报告不同于程序控制,它更着眼于非常规的具体问题。例行的会计和统计报表虽然能提供不少必要的信息,但有关某些业务的信息往往还是不足的。有经验的管理者聘用训练有素的分析人员组成一个调查小组,让他们从事调查研究和分析工作,而不委派其他任务,这个小组就能培养出一种令人惊奇的辨别力,能对不正常的工作情况进行辨别。

(3) 统计数据资料。当组织规模逐渐扩大,组织外部环境的不确定性和复杂性日益增加,各种因素相互交织在一起时,仅仅凭借管理者经验有时很难发现导致偏差的原因。如果能使用一些统计学知识,建立分析模型,对把握控制关键点会有很大帮助。组织各个方面所作的统计分析和明确提出的统计数据资料,对于控制来说都是十分重要的。

（4）亲自观察。有人把这种方式称之为"走动管理"。无论凭借上述哪一种方式,管理者面临的一个最大的问题是信息真实性的问题。因为有可能下属人员投其所好,将管理者不愿意见到的信息加以过滤;或者在采集信息时,由于采集人员的主观判断能力而误解了信息,从而产生记录上的偏差。因此,管理者决不应忽视通过亲自观察进行控制的重要性。对于组织成员的态度、士气、工作环境等一些难以量化的信息,管理者有时只有通过自己的现场观察,才能得到丰富、准确的信息。因此,即使在目前信息技术应用已相当普遍的时代,很多组织也依然很强调这种管理方式。

讨　论

1. 在设计控制制度的时候,制度本身的完善和经济效益之间该如何平衡?
2. 信息技术在组织控制中有哪些方面的影响?

第十章 沟通与谈判

对于管理者来说,有效沟通是其基本的技能。本章概述了沟通的概念和作用,阐述了沟通的原则和沟通的过程;介绍了有效沟通的标准及常见的沟通障碍,探讨了有效沟通的技巧和方法;并从应用的角度简述了谈判的策略。

第一节 沟通概述

一、沟通及其目的

(一)沟通的含义

任何组织,其管理工作都和沟通有关,在组织内部不论是上下级之间还是员工之间都需要交流,组织外部不论是组织和客户还是组织和组织之间也需要交流。沟通不仅是人际交流的基础,也是组织或个人取得成功的前提。

沟通,就是为了实现设定的目标,信息发送通过一定通道或媒介,以语言、文字、符号等表现形式为载体,与信息接收者进行信息的交流、传递和交换,并寻求反馈以达到相互理解的过程。

沟通包括以下内涵:

1. 沟通首先是意义的传递

如果信息和想法没有传递到接受者,或说话者没有听众,或写作者没有读者就不能构成沟通。沟通中传递的信息包罗万象,包括事实、情感、价值观和意见观点。沟通既可以是单纯的信息交流,知识与情报交流,也可以是思想、情感、态度和价值观的综合交流。一个良好的沟通者会谨慎区别基于推论的信息和基于事实的信息。另外,沟通者也要完整地理解传递来的信息,既要获取事实,又要分析发送者的价值观、个人态度,只有这样,才能达到有效的沟通。

2. 信息要被充分理解

在沟通过程中,由于所有传递于沟通者之间的只是一些符号,而不是信息本身。发送者要把传递的信息翻译成符号,接受者则要进行相反的翻译过程。由于每个人的"信息—符号"储存系统各不相同,对同一符号常常存在不同的理解,由此导致沟通障碍。因此,在传递过程中,还必须注意所传递的信息能被双方准确理解,才能达到沟通的目的。

3. 沟通是一个双向的、互动的反馈和理解过程

沟通不是一个纯粹单项的活动,沟通的目的不是行为本身,而是在于结果。如果预料结果并未出现,接受者并未对你发出的信息做出反馈,那就没有达成沟通,就要反思沟通的方式与方法。实际上,沟通双方能否达成一致意见,双方是否接受你的观点,往往并不是沟通有效与否这个因素决定的,它还涉及双方根本利益是否一致、价值观是否相似等其他关键因素。

(二)沟通的目的

组织中人际沟通的根本目的就是通过有效沟通实现成员之间的相互了解,有效判断现时的行为活动状况,从而协调各自的行为,形成合力,高效率地实现组织的目标。具体来说包括以下两个方面:

1. 协调内部的关系

要达到科学管理,管理者必须了解组织内部的信息,即管理对象的各个方面或部门在管理过程中的活动特点及其变化的各种信息、情报和资料。通过这些信息,管理者可以了解组织成员的需要、士气、态度与意见,了解各部门之间的关系和工作效果,借此进行有效控制、指挥整个组织的活动,协调各环节的关系。

2. 建立外部的联系

任何组织在生产经营活动中都要与政府行政管理部门、供应商、债权人、投资者、竞争者、顾客和服务对象等发生各种各样的关系。组织必须了解他们的需要和要求,然后才能采取措施予以满足,而这只有通过沟通才能实现。尤其是在市场竞争中各种环境不断变化,更要求组织不断与外界保持经常性的沟通,以便于把握成功的机会。

二、沟通类别

按照划分的标准,沟通可分为不同类别。按照功能沟通可以分为工具式和感情式。工具式沟通是影响和改变接受者的行为,目的是为实现组织目标服务。感情式沟通是双方表达情感,改善相互间关系。按照方法分为口头沟通、书面沟通、语言沟通等;按照组织系统分为正式沟通和非正式沟通;按照是否进行反馈分为单向沟通和双向沟通。按照组织系统,沟通可分为正式沟通和非正式沟通,下面重点介绍正式沟通和非正式沟通。

1. 正式沟通

正式沟通是指通过组织正式渠道进行的信息传递。优点：沟通效果好，有较强的约束力，易于保密，一般重要的信息通常都采用这种沟通方式。缺点：因为依靠组织系统层层传递，沟通速度比较慢，而且显得刻板。

2. 非正式沟通

非正式沟通是指通过组织非正式渠道进行的信息传递。优点：信息传递速度快；沟通的信息比较准确，据国外研究结果显示其准确率可达到95%。缺点：信息较难控制，有一定的片面性。

不论人们怎样看待非正式沟通，它都是客观存在的。管理者要认识到它是一种重要的沟通方式，否认、阻止是不可取的。管理者要充分利用非正式沟通为自己服务；对非正式沟通中的错误信息可通过非正式渠道进行更正。

三、沟通的过程

任何沟通都是一个复杂的过程。信息沟通过程涉及发送者、接收者、编码和解码、目标、背景或环境、信息、渠道或媒介、反馈、噪声等九大要素，以及两个黑箱操作过程，如图10-1所示。

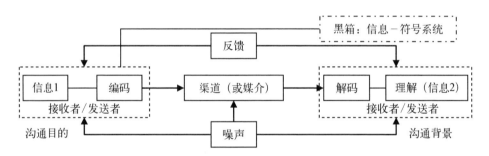

图 10-1　沟通过程与要素

1. 发送者

发送者，又称信息源（Source），是指信息的发送者。他在实施沟通前需要确定沟通的对象和沟通的目的，并选定沟通的信息。发送者的动机、态度及其可靠性对沟通效果有重要作用。

2. 接收者

接收者（Receiver），又称听众，是指信息沟通所指向的对象。信息的接收者要接受传递过来的信息符号，接收者会根据信息符号传递的方式，选择相应的接收信息的方式。接收者还要将接收的信息进行翻译。

3. 编码和解码

编码(Encoding)是指发送者把自己的思想、观点、情感等信息，根据一定的语言、语义规则翻译成可以传递的符号形式的过程，发送者的词汇和知识在这里起着重要的作用。解码(Decoding)是信息接收者的思维过程，是信息接收者根据自己已有的经验和参考框架把所接收的符号进行翻译、解释的过程。编码和解码是两个黑箱过程，编码前的信息与解码后信息不一定完全吻合。

4. 目标

是指沟通寻求的结果，即分析整个沟通过程所要解决的最终问题。在沟通之前要对目标及其实现的成本进行比较。然后思考目标的价值，它是否与同等重要或更重要的目标相冲突，沟通双方将如何评价沟通的风险和成果。

5. 背景

沟通总是在一定背景中发生的，任何形式的沟通，都会受到各种环境因素的影响，分为内部环境，包括组织文化、组织历史和竞争状况等，外部形势，如客户、潜在顾客、当地媒体等。在制定沟通战略之前，要确保你了解这些背景。

6. 信息

指沟通发送者和接收者要分享的思想感情。发送者需要向接收者传递信息或者需要接收者提供信息。这里所说的信息是一个广义的概念，它既包括一般的信息、知识和情报，也包括观点、想法、资料等内容。

7. 渠道或媒介

渠道(Channel)是指信息从传播者到接收者的渠道或途径，是传递信息的中介，发送者对此有选择权。如面谈、会议、书面告知、手机短信、电子公告、电报、电话、E-mail等。不同的渠道或媒介有不同的特征，面对面的沟通是必不可少的，它能减少信息损失及被曲解的现象。

8. 反馈

反馈就是接收者对于发送者传来的信息所做出的反应。如果接收者能充分解码，并使信息真正融入信息交流过程中的话，则会产生反馈。通过反馈，沟通主体之间的信息交流变成一种双向或多向的动态过程。

9. 噪声

噪声是指道渠中除了所要传递的那些信息之外的任何干扰，即影响接收和理解信息的任何障碍因素。噪声作为一种干扰源，其本质也是一种信息。只不过这种信息通过增加信息编码和解码中的不确定性，导致信息传递和接收时的模糊和失真，并将进一步干扰沟通主体之间的信息交流。

两个黑箱操作过程是指发送者对信息的编码过程和信息接收者对信息的解码过程。这两个子过程之所以被称为黑箱过程是因为我们无法检测而且也难以控制这两个过程,这是人脑的思维和理解过程。前者是反映事实、事件的数据和信息如何经过发送者的大脑处理、理解并加工成双方共知的语言的过程;而后者是接受方如何就接收到表述数据和信息的语言经过搜索大脑中已有的知识,并与之相匹配,从而将其理解、还原成事实、事件等的过程。

四、沟通的原则

沟通既要遵守完全性和对称性原则的信息组织原则,也要遵守对事不对人、责任导向、事实导向的三个合理定位原则。

1. 完全性原则

所谓完全性原则,是指沟通信息的发出者在沟通中是否提供全部必要信息;是否根据听众的反馈回答了询问的全部问题;是否为了实现沟通的目的在需要时提供额外的信息。

这里的必要信息的含义,就是要向沟通对象提供5W1H,即谁(Who)、什么时候(When)、什么(What)、为什么(Why)、哪里(Where)和如何做(how)等六个方面的信息。信息的完全性,就是要求沟通者回答全部问题,以诚实、真诚取信于人。必要时提供额外信息,就是要根据沟通对象的要求,结合沟通的具体策略向沟通对象提供原来信息中不具有的信息或不完全的信息。

2. 对称性原则

所谓对称性原则,是指提供的信息对于沟通双方来说应该是准确对称的。如果说全面性原则要求信息源提供全部的必要信息,那么对称性原则就是信息源提供准确的信息。沟通信息的精确性要求沟通者根据环境和对象的不同采用相应的表达方式,从而帮助对方准确领会全部的信息。

首先要注意,信息来源对于沟通双方来说都应该是准确和可靠的。这是对称性的基本要求。在沟通过程中,出现信息不准确现象的一个重要原因是原始数据的可靠性不符合沟通需要。这时,就必须使用双方都能够认可的信息源所提供的信息。例如,成员甲和成员乙之间有矛盾,如果管理者以员工甲提供的信息为依据对员工的怠工行为提出批评,就容易遭到乙的排斥。即使这种情况是客观的,这样的沟通也无法达到应有的效果。

对称性原则的另一要求是沟通者采用沟通双方都能接受的表达方式。其一,要采用双方都能理解的媒介手段;其二,要采用恰当的语言表达方式。所谓媒介手段包括会谈、书面报告、电子公告栏等各种各样的形式。在选择媒介时不能仅凭信息发出者的意愿,而要根据沟通对象的特征、沟通的目的以及各方面的环境因素等进行综合考虑。所谓语言表达方式包括恰当的词汇和恰当的语言风格两个方面。

3. 对事不对人的定位原则

在谈到批评的方式时,"对事不对人"是一个常见的说法。与之相对应的是人们在沟通中存在两种导向:问题导向和人身导向。问题导向指的是沟通关注于问题本身,注重寻找解决问题的方法;而人身导向的沟通则更多地关注出现问题的人而不是问题本身。建设性沟通中"对事不对人"原则就要求沟通双方应针对问题本身提出看法,充分维护他人的自尊,不要轻易对人下结论,从解决问题的目的出发进行沟通。

4. 责任导向的定位原则

所谓责任导向就是在沟通中引导对方承担责任的沟通模式。与责任导向相关的沟通方式有自我显性的沟通与自我隐性的沟通两种模式。典型的自我显性沟通使用第一人称的表达方式,而自我隐性的沟通则采用第三人称或第一人称复数,如"有人说""我们都认为"等。自我隐性的沟通通过使用第三者或群体作为主体避免对信息承担责任,因而也就逃避就其自身的情况进行真正的交流。如果不能引导对方从自我隐性转向自我显性的方式,则不能实现责任导向的沟通,这样的沟通不利于实际问题的解决。如有可能,管理者可以通过连贯性的提问引导下属成员从"人们如何认为"的说法转变到"我如何认为"的说法上。这样一来,组织成员自然而然地开始对自己的行为承担责任。

5. 事实导向的定位原则

遵循事实导向的定位原则能够帮助克服轻易对人下结论的倾向。人们通过对事实的描述避免对人身的直接攻击,也能避免对双方的关系产生破坏性的作用。特别是在管理者向组织成员指出其缺点和错误时,更应该恪守这一原则。管理者可以遵循三个步骤进行描述性的沟通。首先,管理者应描述需要修正的情况。这种描述应基于事实或某个特定的、公认的标准。例如可以说"你在这个季度的病历质量检查中处于全院最后一名的位置"。这种描述能够在很大程度上避免组织成员的抗拒心理。其次,在描述事实之后,我们还应该对这种行为可能产生的后果作一定的描述。例如"你的工作业绩出乎我的意料,这将对我们整个部门的销售业绩产生不良的影响""这个月你已经受到了二次有关医疗服务质量的投诉,这对医院造成了不良影响,严重影响了医院的声誉"等。最后,管理者可以提出一个具体的解决方式,或者引导组织成员主动寻找可行的解决方案。

第二节 沟通管理

一、有效沟通的标准

有效的沟通对组织的成功是至关重要的。有学者提出了有效沟通的7个"C"准则。

1. 可依赖性(credibility)

沟通的发送者与接收者之间建立彼此信任的关系。沟通应该从彼此信任的气氛中开始。这种气氛应该由作为发送者的组织创造,这反映了他们是否具有真诚地满足接收者愿望的要求。接收者应该相信发送者传递的信息并相信发送者有足够的能力解决他们共同关心的问题。

2. 一致性(context)

沟通的方式与组织内外环境相一致。沟通计划必须与组织的环境要求相一致,必须建立在对环境充分调查研究的基础上。

3. 内容(content)

信息的内容必须对接收者具有意义,必须与接收者原有价值观具有同质性,必须与接收者所处的环境相关。一般来说,人们只接受那些能给他们带来重大回赠的信息,信息的内容决定了接收者的态度。

4. 明确性(clarity)

所用言语或语词是双方共同认可的,避免模棱两可、含糊不清、容易产生歧义的言语。信息必须用简明的语言表述,所用词汇对发送者与接收者来说都代表同一含义。复杂的内容要采用列出标题的方法,使其明确与简化。信息需要传递的环节愈多,则愈应该简单明确。一个组织对公众讲话的口径要保持一致,不能有多种口径。

5. 持续性与连贯性(continuity and consistency)

通过反馈机制,重复与强化传送的内容。沟通是一个没有终点的过程,要达到渗透的目的必须对信息进行重复,但又必须在重复中不断补充新的内容,这是一个持续沟通的过程。

6. 渠道(channel)

选择能够充分提高沟通目的和效率的渠道。沟通者应该利用现实社会生活中已经存在的信息传送渠道,并且,这些渠道还应是沟通者日常使用并习惯使用的渠道。要建立新的渠道是很困难的。在信息传播过程中,对不同目标公众传播信息的作用不同,人们的社会地位及其他背景不相同,对各种渠道也都有自己的评价和认识,这一点沟通者在选择渠道时应该牢记。

7. 接收者的接受能力(capability of audience)

沟通必须考虑接收者的接受能力。用来沟通的材料对接收者能力的要求愈小,也就是沟通信息最容易为接收者接受时,沟通成功的可能性就愈大。接收者的接受能力,主要包括他们接收信息的习惯、他们的阅读能力与知识水平。

二、有效沟通的技巧

1. 改进信息沟通的准则

为提高沟通的效果,管理学家哈罗德·孔茨提出了七项信息沟通的准则,帮助克服信息沟通中的障碍。

(1) 信息发送者对发送的信息有清晰的想法,沟通的第一步是阐明信息的目的,制定实现预期目的的计划。

(2) 不能脱离实际制定信息沟通计划。信息的内容应和信息接收者的知识水平相适应。

(3) 要考虑信息接收者的需要。

(4) 注意沟通中的语言、语调及讲话方式。由于语言可能成为沟通障碍,因此发送者应该选择沟通媒介、措辞并组织信息,以使信息清楚明确,易于接收者理解。发送者不仅需要简化语言,还要考虑到信息所指向的听众,以便所用的语言适合于接收者。有效的沟通是信息被准确理解。比如,医院的管理者在沟通时应尽量使用清晰易懂的词汇,并且对患者及其家属传递信息时所用的语言应和对办公室医务人员所用的不同。

(5) 运用反馈。很多沟通问题是直接由于误解或不准确造成的。如果在沟通过程中使用反馈回路,提供反馈或为接收者提供寻求确认及澄清信息的机会,有利于增强沟通的有效性。这里的反馈可以是言语的,也可以是非言语的。

(6) 信息沟通不仅传递信息,还涉及感情问题。信息沟通在营造激励人们为组织目标工作的同时,也为实现人们之间的感情沟通做贡献。

(7) 有效的信息沟通不仅是发送者的职责,也是接收者的职责。

2. 积极倾听

倾听不同于听,"听"是人体感官对声音的一种生理反应,是感官对外界声音的接受。而"倾听"虽然也以听到声音为前提,但它更多地体现在听话人对所听到的声音的反应。也就是说,"听"是一种人体感官的被动接受,"倾听"是人体感官有选择的接受。通过倾听，不仅可以获得信息，而且还能了解情感。有效沟通在很大程度上取决于倾听。因此，积极倾听是组织中每个成员，尤其是管理者需要并且能够开发的沟通技能。美国著名管理学家斯普芬·P. 罗宾斯（Stephen P. Robbins）提出的四项基本要求。

（1）专注。专注就是倾听者要精力非常集中地听说话人所说的内容。人的大脑容量能接受的说话速度，是人们一般说话速度的 6 倍，那么在大脑空闲的时间里，倾听者干什么呢？他应该关闭分散注意力的念头，积极地概括和综合所听到的信息，不断把每一个细微的新信息纳入先前的框架中，并留意需反馈的信息内容。

（2）移情。移情要求倾听者把自己置于说话者的位置，应努力理解说话者想表达的含义，而不是自己想理解的意思。也就是要求倾听者暂停自己的想法与感觉，而从说话者的角度调整自己的所见所闻，这样可以进一步保证自己对所听到信息的解释符合说话者的本意。

（3）接受。倾听者要客观地、耐心地倾听发言者内容，而不立刻作判断。事实上，说话者所言常常会引起听者分心，尤其是对于所说内容存在不同看法时，倾听者可能在心里阐述自己的看法或反驳所闻之言，这样一来就会漏掉余下的信息。此刻，能否将他人言语听下来，而把自己的判断推迟到说话人的话说完之后，是对积极倾听者的挑战。

（4）对完整性负责的意愿。倾听者要千方百计地从沟通中获得说话者所要表达的信息。达到这一目标最常用的两种技术是在倾听内容的同时倾听情感，以及通过提问来确保理解的正确性。

3. 倾听的技巧

学会倾听是管理者的基本素质。有许多学者对积极倾听的技巧展开研究。具体来说，以下方法可以提高倾听的效果。

（1）创造良好的倾听环境。倾听环境对倾听的质量有巨大的影响。例如，讲话人在喧闹的环境中讲话要比在安静环境中讲话的声音大得多，以保证沟通的顺利进行。有效倾听的管理者必须意识到这些环境因素的影响，尽量选择安静、平和的环境，使传递者处于身心放松的状态，从而提高倾听的质量。

（2）明确倾听目的。对所要倾听的目的越明确，就越容易掌握它。事先为谈话进行大量的准备，这样可以提前对谈话可能涉及的问题或出现的意外有个解决思路；同时可以围绕主题进行讨论，记忆将会更加深刻、感受更加丰富。这就是目的越明确，效果越显著。

（3）使用开放性的姿态。人的身体姿势会暗示出他对谈话的态度，自然开放性的姿态，代表着接受、兴趣和信任。有效的倾听者往往会通过眼神、点头或摇头等身体语言,对所听到的信息表现出兴趣,进而鼓励信息传递者传递信息。

(4) 避免分心的举动。在倾听时,注意不要进行下面这些非言语活动:看表、心不在焉地翻阅文件、拿着笔乱写乱画等。这是没有集中精力聆听的表现,由此很可能遗漏一些说话者想传递的信息,同时,这些举动也是对说话人的不尊重,使人有话也不想再说下去,欲言却止。

(5) 适时适度地提问。在倾听过程中,恰当地提出问题,往往有助于双方的相互沟通。沟通目的是为获得信息,是为了知道彼此在想什么,要做什么,通过提问的内容可获得信息。同时也从回答的内容、方式、态度、情绪等其他方面获得信息。积极的倾听者会分析自己所听到的内容,并提出问题。

(6) 复述。复述指用自己的话重述说话者所说的内容。进行复述是核查倾听者是否认真倾听的最佳监控手段,如果倾听者的思想在走神或在思考接下来要说的内容,倾听者肯定不能精确复述出完整的内容。另外,复述还是精确性的控制机制,用自己的话来复述说话者所说的内容并将其反馈给说话的人,可以检验倾听者理解的准确性。

(7) 避免中间打断说话者。保持耐性,让对方讲述完整,不要打断他的谈话,也不要去猜测他的想法,当你心中对某事已作了判断时,就不会再倾听他人的意见,沟通就被迫停止。

(8) 必要的沉默。沉默就像乐谱上的休止符,运用得当,含义无穷,可以达到以无声胜有声之效。必要的沉默,可以松弛彼此情绪的紧张。而沉默片刻能给双方真正思考的时间和心灵沟通的机会,同时保持沉默可克制自己的激动情绪,保持自己良好的形象。

(9) 使听者与说者的角色顺利转换。大多数工作情境中,听者与说者的角色在不断转换。有效的倾听者能够使说者转换为听者,并且能使听者再回到说者的角色转换十分流畅。从倾听的角度而言,这就要求听者全神贯注于说者所表达的内容,即使有机会也不去想自己接下来要说的话。

4. 反馈的技巧

组织中的良好沟通一定有积极的反馈环节。积极反馈是指管理者对组织成员的行为结果给予肯定和赞扬。积极反馈有积极的效应,可以提高组织成员的工作热情和效率,使传播与接受之间产生一种良性循环。作为管理者,要善于开发有效的反馈技能:

(1) 强调具体行为。反馈应具体化而不是一般化。因此应尽量避免下面这样的陈述,如"你的工作态度很不好"或"你的出色工作留给我深刻印象",在提供这些信息时,并未告诉接收者足够的资料以改正"他的态度",或你以什么基础判定他完成了"出色的工作"。

（2）使反馈不对人。反馈，尤其是消极反馈，应是描述性的而不是判断或评价性的。如果不得不说一些消极的内容，应确保其指向接收者的目标。当你进行批评时，指责的是工作相关行为，而不是个人，不要因为一个不恰当的活动而指责个人，这常常会导致相反的结果，会激起对方极大的情绪反应。

（3）把握反馈的良机。当接收者的行为与获得对该行为的反馈相隔时间非常短时，反馈最有意义。比如，当成员犯错时，他能够在错误之后或在一天工作结束时从上级管理者那里得到改进的建议，而不是要等到几个月后的绩效评估阶段才获得。

（4）确保理解。每一次成功的沟通都需要信息的传递与理解。为了使反馈有效，应确保接收者理解它。与倾听技术一样，应该让接收者复述你的反馈内容以了解你的本意是否被彻底领会。

三、沟通的改进

沟通是发送者将信息向接收者传递的过程。由于沟通过程中某些干扰因素的存在，使任何一个沟通环节都会出现障碍，导致沟通无法有效地进行。要实现沟通的改进，必须从沟通过程出发，减少沟通障碍的产生。

1. 发送者方面

发送者方面出现的沟通障碍也称为原发性障碍。这类障碍一般是由于对信息含义理解不同、表达不够清楚、编码失误等造成的。信息发送者可能用了不恰当的符号来表达自己的思想意思，或者在将思想意思转化为信息符号时出现了技术上错误，或者使用了矛盾的口头语言和形体语言导致别人误解等，这些都会造成信息传递困难，或译码困难或理解困难，从而造成人际信息沟通的障碍。

2. 沟通渠道

信息沟通一定要通过媒介，在一定的渠道中进行。因此，沟通过程的障碍可能由于信息传播时机不当，媒介选择与信息信号选择不匹配而导致无法有效传递，或信息传递渠道过于差、负荷过重等导致传递信息的速度下降以致丧失迅速决策的时机，或因为传递的技术有问题导致信息传递失误等。在沟通过程中这些障碍如果出现了，那么信息沟通有时甚至会出现"差之毫厘，失之千里"的重大问题，这样将给组织带来巨大的损失。

3. 接收者方面

接收者在接受信息时会因为自己本身的问题造成沟通中的障碍。例如：接收者在接受信息时，有时会按照自己的需要对信息进行过滤；接收者接收信息过程中心神不定导致接收的信息不完整;又如接收者自身的价值观、理念不同于他人导致对信息意思的不准确理解;即使是同一个人,由于其接受信息时的情绪状态或者场合不同,也可能对同一信息有不同解释,进而采取不同的反应。此外像接收信息的技术失误、接收者的心理状态、行为习惯等均有可能导致信息沟通过程中出现障碍。

4. 反馈过程

反馈在沟通的有效性中扮演着极为重要的角色,因为沟通过程中不可能完全没有障碍,故而需要沟通双方或诸方建立一个信息反馈渠道,以便修正大家的行为而使沟通向更有效的方面演化。一般而言,不设反馈的沟通称为单向沟通,设有反馈的沟通称为双向沟通。有研究表明,单向沟通速度较快,较有规律,对发送者威胁不大。尽管如此,双向沟通更准确,更能有效沟通。

反馈过程中可能出现的障碍有反馈渠道本身设置障碍,反馈机制不能有效运作等。反馈过程中还可能出现信息失真,传递技术和编译码存在问题等,如有人利用反馈渠道将虚假信息反馈过去造成许多麻烦,现实中的"打小报告"就是这种情况。

5. 组织文化

一个组织内部结构以及组织长期形成的传统及气氛,对内部的沟通效果会有直接影响。如果组织结构不合理,例如,组织机构过于庞大,中间层级太多,容易产生信息的失真,导致信息沟通的障碍;一个组织的气氛对信息接收的程度也会产生影响,信息发自一个相互高度信赖的组织,它被接收的可能性要比来源于气氛不正、相互猜忌和提防的组织大得多。

第三节 组织冲突与谈判

一、组织冲突的原因

组织冲突是组织内部成员之间、成员与组织之间、组织中不同团体之间,由于利益上的矛盾或认识上的不一致而引起的抵触、争执或争斗的对立状态。是一个从知觉到情绪、再到行为的心理演变过程。当组织中不同个人或部门的目标互不兼容、相互干扰时,就会引起冲突。目标对各自来说越是重要(特别是能带来效益时),引起的冲突就会越大。引起冲突的原因主要包括以下几个方面:

(一)差异化

当组织中的个体由于各自独特的背景和经历而持有不同的信念和态度时,差异化就产生了。差异化是冲突的重要来源。不同的教育背景、价值观念以及文化差异等都是导致冲突的重要因素。

（二）依赖性

所谓依赖性强调的是任务的依赖性，是指为实现目标，团队成员需共享资源、发生互动的程度。在一些情况下，成员的最终所得还会取决于他们共同努力的绩效。通常，任务依赖性越强，发生冲突的概率就越高。

根据任务依赖性由低到高的不同，可以将不同团队之间的关系区分为三种类型：
（1）共用型：指各工作团队需共用某些公共资源，但其他操作均可独立进行；
（2）顺序型：指某一工作团队的输出会直接成为另一工作团队的输入；
（3）交互型：指工作团队之间需要不断进行协作和交流。

（三）资源匮乏

当资源匮乏不足以满足所有工作部门的需要时，容易引发冲突。资源匮乏会使人们通过竞争来获得资源。

（四）模糊性

模糊性是指工作进程中的不确定性，它会渲染团队之间相互竞争的气氛，增加目标相互干扰的可能性。若组织中有双方一致允诺和赞同的规则，则可以有效地控制由模糊性造成的潜在冲突。

（五）沟通不当

人们缺乏有效沟通的机会、能力或动机，是导致冲突的重要原因。
（1）若双方缺少沟通机会，则各自容易根据已有的心理定势来解释和预期对方的行为，而心理定势是一种先入之见，带有主观性，并伴有一定的情绪色彩，因此容易造成误解，引起冲突。此外，缺乏直接接触和交流机会还会导致双方难以形成心理上的认同和移情。
（2）缺乏沟通的技巧和能力也是引发冲突的重要因素。当一方以过激的方式表达不同意见时，对方很可能会同样报以不合作态度。如此一来，冤冤相报、恶性循环，会导致冲突升级。
（3）交流上的不顺畅会削弱双方做进一步沟通的动机。社会情绪性冲突所带来的强烈的负面情绪使人们回避沟通，而更少的交流则会进一步强化已有的心理定势、加剧冲突。

二、冲突的过程

管理学家斯蒂芬·P·罗宾斯提出五阶段冲突理论,把冲突的过程分为五个阶段:潜在的对立,认知和情感投入,行为意向,行为,结果。

1. 潜在的对立

在冲突过程的第一个阶段,存在可能产生冲突的条件,这些条件概括为三类:沟通、结构和个人因素。

(1) 沟通。沟通障碍成为冲突的潜在条件,大量证据表明,培训的不同、选择性知觉以及缺乏其他的信息,都造成语义理解方面的困难。沟通的过多或过少(引发信息过多或过少)也会增加冲突的可能性。另外,沟通渠道也影响到冲突的产生。人们之间传递信息时会进行过滤,来自正式的或已有的渠道中的沟通偏差,都提供了冲突产生的潜在可能性。

(2) 结构。这里的"结构"概念,包括了一些变量:规模,任务的专门化程度,管辖范围的清晰度,员工与目标之间的匹配性,领导风格,奖酬体系,群体间相互依赖程度等。研究表明,群体规模和任务的专门化程度可能成为激发冲突的因素。群体规模越大,任务越专门化,越可能出现冲突。另外,活动的模糊性程度越高,冲突出现的可能性就越大;管辖范围的模糊性也增加了群体之间为控制资源和领域而产生的冲突;就领导风格来说,严格控制下属行为的领导风格,也增加了冲突的可能性。

(3) 个人因素。个人因素包括价值系统和个性特征。有证据表明,具有特定的个性特质的人,例如具有较高权威、武断和缺乏自尊的人将导致冲突,而价值系统的差异也是导致冲突的一个重要原因。

2. 认知和情感投入

在该阶段,第一阶段的潜在对立就可能转变为现实冲突。当产生了冲突的条件,冲突的一方或多方必须意识到上述条件的存在,且进一步引起情感上的冲突,即当个体有了感情上的投入,双方都体验到焦虑和紧张、挫折或敌对时,潜在冲突方才会成为现实。

3. 行为意向

介于一个人的认知和外显行为之间,指采取某种特定行为的决策。行为意向之所以作为独立阶段划分出来,是因为行为意向导致行为。很多冲突之所以不断升级,主要原因在于一方对另一方进行了错误归因。另外,行为意向与行为之间也存在着很多不同,因此一个人的行为并不能准确反映它的行为意向。

4. 行为

当一个人采取行动去阻止别人达到目标或损害他人的利益时,就处在冲突过程的第4阶段。这种行为必须是有企图的和为他们所知的。在这一阶段,冲突会公开化,是一个动态的相互作用过程。

5. 结果

冲突双方之间的行为——反应相互作用导致了最后的结果。如果冲突能提高决策的质量,激发革新与创造,调动群体成员的兴趣与好奇,提供公开问题、解除紧张的渠道,培养自我评估和变革的环境,那么这种冲突就具有建设性。如果冲突带来了沟通的迟滞,组织凝聚力的降低,组织成员之间的明争暗斗成为首位,而组织目标降到次位,那么这种冲突就是破坏性的,在极端的情况下,会威胁到组织的生存。

三、冲突处理

冲突是一种广泛存在的现象,面对冲突,处理的方式有很多,其中著名的有"托马斯-基尔曼"模型,该模型提出了处理冲突的五种方式:竞争、合作、回避、迁让、妥协。

1. 竞争

这是一种权力定位的模式,在此模式下,人们使用一切看似恰当的手段来竞争。用"竞争"方式处理冲突时,双方各站在自己的利益上思考问题,这种竞争方式的特征是:正面冲突,直接发生争论,或其他形式的对抗;冲突双方在冲突中都寻找自我利益而不考虑对他人的影响;竞争的双方都试图以牺牲他人的利益为代价来达到自己的目的、维护自己的权力,捍卫他们认为正确的立场,或仅仅是设法取胜。

2. 合作

采用合作的方式寻求一个双赢的解决办法是最合理也是最温和的处理冲突的方式。合作型涉及一种努力,即试图与他人合作以找到能充分满足双方关注的解决办法。这意味着深入研究问题以识别出两人的潜在关注点,并且找到能满足双方关注的办法。两人间的合作可能采取的形式有:探索分歧以相互学习,一致解决某个问题或找到创造性解决人际问题的方法等。

3. 回避

当双方的情绪都比较激动且冲突不能够立即解决,需要获取更多的信息时,回避是最好的办法。回避型个体不着力解决冲突,可能采取的形式有:规避问题,推迟事宜直至更合适的时间或者简单地从具有威胁性的情境中撤出。

4. 迁让

该模式含有自我牺牲的成分。一般情况下在对方能够获取更大的利益而你又不会有过重的损失时,可以适当地选择迁让。

5. 妥协

对于具有紧迫性但不具有重要性的问题通常可以采用妥协方式。或当目标十分重要但过于坚持己见可能会造成更坏的后果；当时间十分紧迫需要采取一个妥协方案时；当为了一个复杂问题达成暂时的和解时我们都可以采取妥协的方式，双方各让一步，放弃一些各自的利益，从而使两人都能获得一定的利益。

四、谈判的含义与要素

(一) 谈判的含义

所谓谈判，就是有关组织或个人对涉及切身利益的分歧或冲突，在遵循兼顾双方利益的原则上进行反复磋商，以寻求解决途径和达成协议来满足各自需要的沟通协调活动。谈判的目的在于既满足自身的利益又要兼顾对方的需要，通过谈判，可以改善原来的社会关系，建立起和谐的氛围。同时谈判也是一门语言艺术，既是信息传递和沟通过程，也是双方彼此交流思想的过程。

对管理者来说，谈判已经成为一种极为重要的活动。无论是制订下一年度的工作计划、建立新的组织管理架构，还是控制一项工作任务的进度，人们都会有不同的意见，而管理者必须找到一种有效的方法，使持有不同意见的人彼此合作，相互沟通，达成共识。

(二) 谈判的要素

谈判主体，谈判客体和谈判议题三方面都是最基本的构成要素。

1. 谈判主体

谈判主体是指在谈判中通过主动了解对方并影响对方，从而企图使对方理解、允许或接受自己的观点、基本利益和行为方式的一个方面。作为谈判主体，可以仅有一个人，也可以由两个人组成，还可以通过一个代表团代表某一群体。在谈判中，谈判主体的最大特点就在于表现出充分的主观能动性和创造性。

2. 谈判客体

谈判客体是指在谈判中主体所要了解并施加影响的一方。谈判主体企图通过某种影响，促使谈判客体能够理解、允许或接受自己的观点、基本利益和行为方式。作为谈判客体，可以仅有一个人，也可以由两个人组成，还可以通过一个代表团代表某一群体。

3. 谈判议题

谈判议题是谈判中双方共同关心并希望解决的问题。谈判议题的最大特点在于它对于双方的共同性。如果不具有这一特点,就构不成谈判议题。

五、谈判的分类与策略

(一) 谈判的分类

根据双方的输赢导向不同,谈判通常分为分配型谈判和综合型谈判两种类型。

1. 分配型谈判

分配谈判是在零和条件下进行的谈判,即以谈判的一方获得收益而另一方付出代价为前提,这是一种非赢即输的谈判。在进行分配谈判时,谈判方的战术主要是试图使对手同意自己的具体目标点或尽可能接近它。这种谈判的过程是申诉各自的目标是公正的,并试图激发对手感情用事从而达到目标。

如劳资双方的工资谈判。这种类型谈判的本质是对于一份固定利益谁应分得多少进行协商。每一方都有自己希望实现的目标点,也有自己最低可接受的水平,即抵制点。目标点与抵制点之间的区域为愿望范围。如果双方在愿望范围中有一定的重叠,就存在一个解决范围使双方的愿望都能够实现。其主要特点如下:

第一,想要一切。分配型谈判者通常要价极高且很少让步,即使对方做出让步,也不回应。第二,操纵时间。分配型谈判者通常把时间当作一个重要武器。往往会在谈判中提出提议,但提议只在有限的时间内才有效,并强迫对方接受最近期限。还会在谈判中控制谈判进程,并要求对方迅速答复。第三,运用情绪。分配型谈判者通常利用发脾气、吵架、离开会场等手段迫使对方屈服。第四,最后通牒。分配型谈判者通常运用威胁等手段逼迫对方接受自己的全部条件。

2. 综合型谈判

综合型谈判是指双方寻求一种或多种解决方案以达到双赢目标的谈判。这种谈判将谈判双方团结在一起,并使每一方在离开谈判桌时都感到自己获得了胜利,因此,它建筑的是长期的并能推进将来共同合作的关系。但综合型谈判需要一些条件:信息的公开与双方的坦诚、一方对另一方需要的敏感性、信任别人的能力和双方维持灵活性的愿望。其主要特点如下:

第一,分清人际关系与要解决的问题。将人际关系与要解决的问题区别开来,直截了当地处理每一个具体问题。不进行人身攻击,只集中精力寻求解决问题的方案。第二,注重利益,不株守立场。谈判的基本问题不是彼此冲突的立场,而是彼此不同的需要与利益。因此,在谈判中要致力于弄清、承认对方的利益,并寻求协调双方利益的方案。第三,谋求互惠的方案。在谈判中尽可能开发多种方案,并从中选出能达到双赢目的的最佳方案。第四,使用客观的评判标准。在谈判中双方寻求客观、公正的标准作为谈判的基础,如法律、效率、市场价值等。

(二) 谈判的策略

1. 分配型谈判策略

分配型谈判的主要目的是达到自己的要求,实现既定目标,可以使用以下策略:

(1) 心理战术。以造成对方不舒服或采用以情感人的方法促使对方让步的谈判策略。如以眼泪等软方法来博得对方的同情与怜悯,恭维虚荣心比较强的对手使其冲昏头脑而失去正常的判断力与控制力,激怒对方以打乱对方正常的思维等。如果对手采取心理战,应注意保持清醒的头脑,当情绪不稳、思绪不宁、急躁冒进等情况出现时,应设法终止会谈,或提出休息以平静自己的情绪;时刻提醒自己不要感情用事,应理智地处理问题;时刻提醒自己谈判要解决的主要问题,不要因为其他因素而忽略了最重要的核心问题。

(2) 声东击西策略。为了达到自己的真正目的,故意将议题引向对自己来讲并不重要的问题上去,以分散对方的注意力。这种策略可以表明己方对讨论的问题很重视以表示谈判诚意。在谈判中,做出一定的让步会让对方感到满意和高兴;通过目前问题的谈判摸清对方的虚实,为正式谈判铺平道路;将主要问题的讨论暂时搁置起来以便有更多的时间作充分的准备。

(3) 拉锯战。故意拖延时间,通过许多回合的拉锯战使对方疲劳生厌,产生急躁情绪。等对方精疲力竭时再展开反攻。这种策略对急功近利、盛气凌人的对手比较有效,这样可以挫败对方锐气。

(4) 白脸红脸策略。谈判小组的成员分别扮演白脸与红脸等不同的角色,白脸向对方提出苛刻的条件并且在谈判中寸步不让。当谈判中双方争得不可开交时,红脸谈判者出面缓解气氛,促进相互谅解已达成协议。

(5) 最后期限策略。提出签约的最后期限会给对手施加压力,尤其是对方有签约使命时。这样有利于促成双方加快谈判的进程,可能会忽略一些细节,从而带来对己方有利的效果。

(6) 出其不意,攻其不备策略。为打乱对方的计划,采取对手预想不到的措施。如提出对方毫无准备的问题、突然改变谈判的时间和地点、突然亮出我们所掌握的对对方不利的信息等。

(7) 以林遮木。故意给对方介绍一些毫不相关的情况或提供一大堆琐碎的资料,分散对方的注意力,隐藏自己的真实目标。但如果对方使用此策略就应该要保持清醒的头脑,谈判之前尽可能多地了解问题的本质,以便能够对信息有较强的分辨力。

（8）以退为进策略。为了以后更有利的进攻或实现更大的目标，暂时退让或妥协。如，先提出温和的要求，或接受对方的一些条件，然后以此为砝码，提出更苛刻的条件，发动更猛烈的进攻。

（9）得寸进尺策略。在对方做出一定让步的基础上继续进攻，提出更多的要求，以逐渐接近己方谈判目标。

2. 综合性谈判策略

综合型谈判的最终目的是双赢或多赢，常用的策略如下：

（1）开诚布公策略。在谈判过程中谈判人员要持诚恳、坦率的态度向对方袒露自己的真实思想和观点，实事求是地介绍自己的情况，客观地提出己方的要求，以促使对方通力合作，以便在诚恳、坦率的气氛中达成协议。这种策略成功的前提是双方都开诚布公，都以合作的态度对待谈判。

（2）休会策略。在谈判进行中如果遇到某种障碍，则双方中断谈判，休息片刻，以恢复体力，调整策略或搜集支持的信息。

（3）感情联络策略。在谈判过程中双方可互赠小礼品以表示对对方的尊重、合作的诚意、友好的感情，以使双方在良好的氛围中进行谈判。

（4）非正式接触策略。在谈判之余，双方一起就餐、娱乐、举行非正式的活动，以加深了解，融洽关系，以利于谈判中的合作。

（5）留有余地策略。即使谈判中对方提出的要求合情合理，也不要立即答应，否则容易使对方认为自己提出的要求很容易达到而提出更多的要求。

（6）权力有限策略。当对方提出的要求超出己方的接受范围时，可以以超出权力范围为由加以拒绝。

讨　论

1. 管理者应如何克服沟通障碍？
2. 人际沟通对一个组织而言有何重要作用？

第十一章 激励理论与应用

激励本来是心理学术语,它是指心理上的驱动力。管理中的激励就是创造和设立满足组织成员各种需要的条件,激发组织成员积极工作的动机,使之产生有利于组织目标实现的特定行为的过程。本章介绍了激励的概念、本质及机制,对内容型、过程型和行为改造型激励理论也进行了详细介绍。

第一节 激 励 概 述

一、激励的含义

从管理学角度考虑,激励就是创造和设立满足组织成员各种需要的条件,激发组织成员积极工作的动机,使之产生有利于组织目标实现的特定行为的过程。

激励是心理学的一个术语,它是指心理上的驱动力。激励作为管理过程中的一个重要而又常用的手段,在管理活动中起着重要作用。激励是对人的一种刺激,使人有一种内在的动力,它是驱使人们朝着所期望的目标前进的心理活动和行为过程。在管理过程中,对人行为的激励,就是通过对心理因素的研究,采取各种手段,利用各种诱因,激发人们积极努力工作的力量。

激励的实质就是通过目标导向,使人们出现有利于组织目标的优势动机并按组织所需要的方向行动。

二、管理中激励的本质

任何组织都是由人组成,管理就是把组织中具有分工协作关系的人协同起来,达成个人所达不到的目标,管理的任何一个职能,直接对象都是组织中的成员,管理者必须激发他们的能动性、创造性和积极性,实现组织功能,这是管理者必须具备的技能。管理的一个重要特性就是以激励为核心。

1. 激励的出发点就是对人性的理解和把握

管理中的人性假设就是管理中的人性观,是管理者对被管理者的需要、目标、工作态度的基本估计和看法，是对被管理者的人性的判断，是管理者实施管理的依据和前提，对人性的认识决定了管理的手段、原则和方法。

2. 激励就是人的积极性的调动

组织成员工作的目的，是为了满足自己的各种需要。通过激励可以激发人的需要欲望，想要获得满足的强烈动机，就会激励组织成员产生积极的行为。这种动机作用到事业上就是工作积极性。

人们的工作效率的区别，不仅有知识经验、技巧方法及熟练程度的区别，还有谁能更有效地充分发挥自己能力的区别。一般情况下，人的能力是有限的，但每个人体内都蕴藏着极大的能量，激励就是把人的潜能都激发出来，在追求组织目标中实现个人的需要。

3. 激励和组织的绩效水平相联系

管理是通过他人来达到目标的行为，所以管理的效益就取决于"他人"的行为。有效的激励能提高组织成员的自觉性、主动性、创造性，从而提高工作绩效。激励可使组织成员积极主动而不是消极被动地向目标努力，可使组织成员采取最有效的方法去实现目标，可以克服消极怠工尤其是劳而无功甚至劳而有害的行为。这样组织的绩效水平就会有根本性的提高。

三、激励的机制

1. 需要

在心理学术语中，需要是指特定的结果具有吸引力的某种心理状态。通俗地说，需要是人们对某种目标的渴求和欲望，它既包括基本的需要，如生理需要和安全需要，也包括各种高层次的需要，如社交需要和成就需要。人们的需要多种多样，而且不同的人对需要所要求的程度也各不相同，需要是人们产生激励行为的前提。

2. 动机

如果需要是个性动力的源泉，它的具体表现形式就是动机。当一个人感觉到某种需要，且该需要处于未被满足的状态时，主体就会处于一种紧张状态，从而在身体内部产生一种内在的驱动力，也就是动机。

心理学上的动机是指直接推动个体活动以达到一定目的的内在动力和主观原因，是引发和维持个体活动的心理状态。

动机在激励中发挥着重要的作用。动机是诱发人们按照预先要求进行活动的念头。它使人们心甘情愿地付出自己最大的努力。动机的表现形式有很多种：从表现程度的差异上可分为兴趣、意图、愿望、信念和理想等；从表现的可信度差异上可分为真实动机和伪装动机；从物质性角度上可分为物质性动机和非物质性动机。

工资、奖金、各种福利、养老计划、带薪假期等，都属于物质性动机。这些动机能够吸引有竞争力的组织成员，减少人员的流动，提高组织的士气和绩效。非物质性动机能够为组织成员提供个人发展和成就的机会，也被称为个人动机。研究表明，这种动机对组织成员的工作绩效能够产生显著的影响。例如，升迁的机会、工作中的挑战性和成就感等都属于非物质性动机。

3. 激励的过程

激励的基本组成因素是需要、驱动、动机和目标导向的行为。心理学研究表明，人的一切行动都是由某种动机引起的，而动机又产生于人的需要。需要是人的一种主观体验，是对客观要求的必然反映。人在社会实践中形成的对某种目标的渴求和欲望，构成了人的需要的内容，并成为人们行为积极性的源泉。人的行为受需要的支配和驱使，需要一旦被意识到，它就以行为动机的形式表现出来，驱使人的行为朝着一定的方向努力，以达到自身需要的满足。需要越强烈，由它引起的行为也就越有力，越迅速。

第二节 激励理论

激励理论大体可分为三大类：一是内容型激励理论，着重研究激发动机的诱因。二是过程型激励理论，着重研究从动机的产生到采取具体行动的心理过程。三是行为改造型理论，着重研究激励的目的。有许多学者综合、概括了上述三类理论，提出了综合激励模式。

一、内容型激励理论

内容型激励理论着重研究激发人们行为动机的各种因素。其中主要包括马斯洛的需要层次理论、赫兹伯格的双因素理论、奥德佛的 ERG 理论和麦克利兰的成就需要理论。

（一）马斯洛需要层次理论

美国人本主义心理学家马斯洛于 1943 年在其《人类动机理论》一书中提出需要层次理论（The Hierarchy of Needs Model），它是行为科学家试图揭示需要规律的主要理论。

1. 需要层次理论基本内容

（1）需要层次理论的三个基本假设。第一，人要生存，他的需要能够影响他的行为。只有未满足的需要能够影响行为,满足了的需要不能充当激励工具。第二,人类有生理、安全、社交、尊重、自我实现五种基本的需要,如图 11-1 所示。人的需要按重要性和层次性排成一定的次序,最低级的需要是生理需要,最高级的需要是自我实现需要。第三,人的需要是不断随着低层次需要的满足而逐步向高层次需要发展的。当人的某一级的需要得到最低限度满足后,才会追求高一级的需要,如此逐级上升,成为推动继续努力的内在动力。

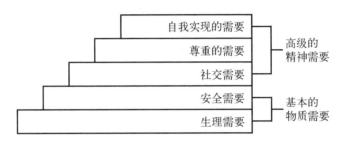

图 11-1 马斯洛的层次需要理论

(2) 人的需要分五个层次。生理需要是人类的第一层次需要,指能满足个体生存所必需的一切需要,如食物、水、空气和住房等。一个人在饥饿时不会对其他任何事物感兴趣,他的主要动力是得到食物。安全需要是人类的第二层次需要,指能满足个体免于身体与心理危害恐惧的一切需要,如收入稳定、强大的治安力量、福利条件好、法制健全等。社交需要是人类的第三层次需要,指能满足个体与他人交往的一切需要。社交需要包括对友谊、爱情以及隶属关系的需要。这一层次是与前两层次截然不同的另一层次。尊重需要是人类的第四层次需要,指能满足他人对自己的认可及自己对自己认可的一切需要,如名誉、地位、尊严、自信、自尊、自豪等。尊重需要既包括对成就或自我价值的个人感觉,也包括他人对自己的认可与尊重。自我实现需要是人类的第五层次需要,是个体的最高层次需要,指满足个体把各种潜能都发挥出来的一种需要,如不断的追求事业成功、使技术精益求精等。自我实现需要的目标是自我价值实现,或是发挥潜能。达到自我实现境界的人,接受自己也接受他人。

2. 需要层次理论主要观点

(1) 人的需要是有层次的。五种需要又可以分为两个大的层次。其中生理需要和安全需要是第一层次的需要,是生存层次的需要,是人类的本能需要;而社交需要、尊重需要和自我实现需要则是高一层次的需要,是发展层次的需要,是通过后天的教育、培养形成的。

(2) 五种需要按照层次逐次递进。人们受到五种普遍需要的激励,而这五需要是有序纵向排列的,它们依次被满足。生理需要是人最基本、优先的需要,自我实现是最高层次的需要。一般来说,人们首先追求满足较低层次的需要,只有在低层次的需要得到满足以后,才会进一步追求较高层次的需要。

(3)人在特定时期存在特定的主导需要。在同一时间地点和条件下,人存在多种需要,其中最为人渴望得到而又未得到的需要是主导需要,它对人的行为起决定作用。只有满足主导需要,才能起到最大的激励作用。因此,管理者必须注意当前对组织成员起主要作用的需要,以便有效地加以激励。

(4)任何一种需要都不会因为更高层次需要的发展而消失。高层次需要的发展和持续存在依赖于低层次需要的满足,只是人类的行为受到了需要发展程度的影响。

(5)五种需要的等级循序并不是固定不变的,存在着等级倒置现象。一种情况是,有些人的愿望可能永远保持着较低下的状态,也就是说,有些人可能只谋求低层次的需要而不再追求高层次的需要;另一种情况是,有些人可能牺牲低层次的需要而谋求实现高层次的需要,那些具有崇高理想、人生价值观的人,即使低层次的需要尚未得到满足,仍会追求高层次需要。一般来说,人的各种需要的出现往往取决于本人的职业、年龄、性格、受教育程度、经历、社会背景等。

3. 需要层次理论与管理

了解组织成员的需要是应用需要层次理论对组织成员进行激励的一个重要前提。不同组织或同一组织中不同成员以及同一成员不同时期的需要充满差异性,而且经常变化。因此,管理者应该经常性地用各种方式进行调研,弄清组织成员未得到满足的需要是什么,然后有针对性地进行激励。

马斯洛的需要层次理论对管理者有如下启示。

(1)正确认识组织成员的需要。组织成员的需要是客观存在的,管理者要正确认识并对待组织成员提出的需要。

(2)满足人们的需要,创造管理效益。管理者要善于分析组织成员的需要层次,抓住主导需要,只有满足组织成员的主导需要,才能创造最大的激励作用。

(3)积极引导成员向更高的需要发展。管理者不仅要满足组织成员的主导需要,还应该教育和激励组织成员向更高的需要层次发展,把自我实现需要作为每个成员奋斗的目标。

(二)赫茨伯格双因素理论

双因素理论(Two-Factors Theory)是美国的行为科学家弗雷德里克·赫茨伯格(Fredrick Herzberg)提出来的,又称激励因素—保健因素理论。

1. 双因素理论基本内容

20世纪50年代末期,赫茨伯格和他的助手们在美国匹兹堡地区对200名工程师、会计师进行了调查访问。访问主要围绕两个问题：在工作中,哪些事项是让他们感到满意的,并估计这种积极情绪持续多长时间;哪些事项是让他们感到不满意的,并估计这种消极情绪持续多长时间。赫茨伯格针对这些问题的回答,着手去研究哪些事情使人们在工作中得到快乐和满足,哪些事情造成不愉快和不满足。结果发现使组织成员感到满意的都是属于工作本身或工作内容方面的,使组织成员感到不满的都是属于工作环境或工作关系方面的。他把前者叫做激励因素,后者叫做保健因素。

(1) 激励因素。成就、赞赏、工作本身、责任和进步等五种因素为激励因素,是属于工作本身和工作内容方面的因素。这类因素具备后,可使组织成员感到满意,只有这些因素才能激发起人们在工作中的积极性、创造性,产生使组织成员满意的积极效果。

(2) 保健因素。政策与管理方式、上级监督、工资、人际关系和工作条件等五种因素为保健因素,是属于工作环境和工作条件方面的因素。这类因素不具备或强度太低,容易导致组织成员不满意。保健因素的满足对组织成员产生的效果类似于卫生保健对身体健康所起的作用。当人们认为这些因素恶化到可以接受的水平以下时,就会对工作产生不满意。但是,当人们认为这些因素很好时,它只是消除了不满意,不会产生满意,并不会导致积极的态度,这就形成了某种既不是满意、又不是不满意的中性状态。

根据以上分析,赫兹伯格认为传统的"满意－不满意"观点——"满意"的对立面是"不满意"是不正确的,"满意"的对立面应该是"没有满意",而不是"不满意";"不满意"的对立面应该是"没有不满意",而不是"满意"。也就是说,有了激励因素,就会产生满意;而没有激励因素,则没有满意,也没有不满意。有了保健因素,不会产生不满意,但也没有满意;而没有保健因素,则会产生不满。

2. 双因素理论与需要层次理论的关系

赫茨伯格的双因素理论同马斯洛的需要层次理论有相似之处。他提出的保健因素相当于马斯洛提出的生理需要、安全需要等较低级的需要;激励因素则相当于感情需要、尊重需要、自我实现需要等较高级的需要。当然,他们的具体分析和解释是不同的。

3. 双因素理论与管理

双因素理论最重要的贡献,在于要求管理者必须充分注意工作本身对组织成员的价值和激励作用。传统的激励方式往往只是注重工资、奖金和工作条件等外在因素,这些办法作用有限甚至难以见效。双因素理论将这些因素归为保健因素则对此提供了解释,强调管理者要从组织成员的工作本身想办法来对组织成员进行激励,并可采取下面的措施。

(1) 了解组织成员的兴趣爱好,安排合适工作岗位。很多人可能都会有这样的感受,做自己真正愿意做的事情时,往往不容易感到疲劳,而且对其他方面的要求不会那么强烈。在现代社会,随着物质生活水平的提高,人们将越来越看重工作本身对自己生活和生命的价值和意义。因此,管理者一定要了解组织成员的需要,有针对性地进行激励。

(2) 要注意满足组织成员的保健因素。具备必要的保健因素才不会使组织成员产生不满情绪,从而调动和保持组织成员的积极性。双因素理论提出的成就、责任心、发展、成长等因素应引起管理者的重视。

(3) 要使工作丰富化,满足组织成员高层次需要。双因素理论应用于管理的一项引人注目的贡献就是使"工作丰富化"。分工专业化、流水线作业带来了工作成效,同时也带来了工作的单调、乏味,影响人们的工作热情。因而在对组织成员的工作设计上应尽量丰富工作的内容,增加趣味性和挑战性,减少传统工作的单调、平淡和乏味。通过工作丰富化,提高工作本身的挑战性和意义,激发组织成员的积极性。

(4) 正确发放工资和奖金。发放工资和奖金,要使其能发挥激励作用,防止其变成保健因素。首先,奖金制度必须与组织成员的绩效挂钩,如果两者没有联系,那么花钱再多,对组织成员也起不了激励作用。而一旦停发或少发,则会造成组织成员的不满,这时工资和奖金就成了保健因素。如果工资和奖金能反映工人的绩效,那么它们就可以发挥激励作用,也就成了激励因素。其次,要使组织成员认识到自己与组织繁荣和发展的关系。要使组织成员的工资与奖金额度随组织绩效的变化而变化,自然浮动,这样就能使奖金发挥激励的功效。

(5) 管理者要注意正确运用表扬激励。通过表扬激励创造一个竞争的环境,增强人们的进取心和荣誉感。组织成员的工作取得了成绩,一旦得到同事或领导的承认和正确评价,意味着得到了社会的认可,对组织成员的积极性会有较大的激励。

(三) 阿尔德弗 ERG 理论

ERG 理论是由美国组织行为学教授克莱顿·阿尔德弗(Clayton Alderfer)通过大量的调查研究,于 20 世纪 70 年代初提出的一种需要理论。该理论对马斯洛理论进行了重组与修正,使之与实证研究的结果更为一致。该理论把人的需要归结为生存、相互关系和成长,称"生存、关系、成长理论",简称为 ERG 理论。

1. ERG 理论的内容

(1) 生存(Existence)的需要。这是指人全部的生理需要和物质需要,也是最基本的需要,如衣、食、住、行等各个方面。组织中的报酬、工作环境和工作条件等都和这种需要有关。

(2) 关系(Relatedness)的需要。这是指在工作环境中对人与人之间的相互关系和交往的需要。在人的生存需要得到满足之后,自然就会要求通过与他人分享和交流感情来满足相互关系的需要。

(3) 成长(Growth)的需要。这是指人要求得到提高和发展的内在欲望。成长需要的满足要求充分发挥个人的潜能,有所作为和成就,并不断地创新和前进。这类需要的满足表现为个人所从事的工作能否充分发挥他的才能,以及通过工作能否培养新的才能。

2. ERG 理论与需要层次理论的关系

阿尔德弗的 ERG 理论和马斯洛的需要层次理论比较起来,既有相似之处,又有不同之处。两种理论的不同之处,除了阿尔德弗用上述的三个需要概括了马斯洛的五种需要之外,还提出了如下观点。

(1) 马斯洛认为人们会由于较低层次需要得到满足而上升到更高层次的需要,而阿尔德弗认为,与需要层次理论"满足—前进"过程并存的还有"受挫—倒退"过程,即当较高层次的需要受到挫折时,需要的重点就可能退到较低的层次。

(2) 与马斯洛的观点不同,阿尔德弗认为高层次需要的出现不一定建立在低层次需要被满足的基础上。例如,人们即使在生存需要没有满足的情况下,依然会表现出舍己为人的行为,这就是一种对相互关系的需要。

(3) 马斯洛理论认为,一个人一次只会有一种主导需要,但阿尔德弗认为,同一时间可能出现一个或多个需要同时被激活。因此,ERG 理论更加灵活,ERG 理论与日常观察到的个体差异更加一致。

3. ERG 理论与管理

(1) 要找准组织成员的需要。每个组织成员在生存、关系和成长方面的需要是不相同的。不同文化层次、不同年龄和不同职位层次的组织成员需要的重点不一样,作为管理者首先要找准组织成员的需要点。然后根据组织成员需要的内容,设计有针对性的激励策略,从而满足组织成员最迫切的需要,实现最佳的激励效果。

(2) 要重视满足组织成员高层次的需要。ERG 理论提示管理者,满足组织成员高层次的需要将会产生持久的激励动力。尤其是在知识经济时代,组织成员素质提高后,高层次需要更迫切。作为管理者,应尽可能地满足组织成员相互关系与成长的需要。要让组织成员多与外界接触交往,创造活泼和谐的群体气氛,允许某些非正式组织的存在,同组织成员交朋友,增强组织成员对组织的归属感。吸收组织成员参与决策,为组织成员提供进修、培训的机会,给有创造和贡献的组织成员晋职、晋级、提薪。

(3) 要注意组织成员需要的转化。ERG 理论不仅认识到"满足—上升"的现象,更重要的是揭示了"挫折—倒退"的现象。组织成员的需要不仅会由低向高上升,也会逐层由高向低下降,甚至还会出现跳跃。管理者要防止需要反弹,并依据需要转化原理分析组织成员行为变化的原因,找到解决组织成员受挫折的办法,使组织成员避免挫折和后退性行为的发生。

(四) 麦克利兰成就需要理论

美国哈佛大学教授戴维·麦克利兰(David Clarence McClelland)是当代研究动机的权威心理学家。他从 20 世纪 40 年代开始对人的需要和动机进行研究,在 1955 提出了著名的成就需要理论。

1. 成就需要理论的主要内容

成就需要激励理论主要研究在人的生理需要基本得到满足的条件下,人还有哪些需要。麦克利兰认为人在较高层次上还有三种需要。

(1) 成就需要。成就需要是指人们渴望卓有成效地完成任务或达到目标。具有高成就需要的人希望干出一番事业,往往给自己确定有一定难度和挑战性的目标;他们热爱本职工作,很有敬业精神;乐于接受挑战、喜欢冒风险;希望很快得到工作的反馈结果;孜孜不倦,不怕挫折;对事情的成功和胜利有强烈的要求。

(2) 归属需要。归属需要就是寻求被他人喜爱和接纳的一种愿望。高归属动机的人更倾向于与他人进行交往,至少是为他人着想,这种交往会给他带来愉快。高归属需要者渴望友谊,喜欢合作而不是竞争的工作环境,希望彼此之间能够沟通与理解,他们对环境中的人际关系更为敏感。有时,归属需要也表现为对失去某些亲密关系的恐惧和对人际关系冲突的回避。归属需要是保持社会交往和人际关系和谐的重要条件。

(3) 权利需要。权力需要是指影响和控制别人的一种愿望或驱动力。不同人对权力的渴望程度也有所不同。权力需要较高的人喜欢支配、影响他人,喜欢对别人"发号施令",注重争取地位和影响力。他们喜欢具有竞争性和能体现较高地位的场合或情境,他们也会追求出色的成绩,但他们这样做并不像高成就需要的人那样是为了个人的成就感,而是为了获得地位和权力或与自己已具有的权力和地位相称。权力需要是管理成功的基本要素之一。

2. 成就需要理论与管理

成就需要理论对于管理者队伍建设、人力资源开发、促使组织成员做出更大的成绩、提高组织成员的整体绩效，具有重要意义。

（1）鼓励全社会成员充分调动和激发管理者的才能。拥有高成就动机的社会，将拥有更多奋发有为的管理者，这些管理者反过来又会更快地推动经济增长。

（2）激励具有成就需要的人做出更大成就。管理者要为具有成就需要的人设置难度适中的目标，安排具有一定风险的活动和挑战性强的工作。

（3）确立追求卓越和完善的高标准。管理者要坚持行动的卓越和完善，树立高标准的业绩要求，增强组织成员的成就感。让组织成员各尽所能，并对达到标准、做出成就的人及时给予肯定、承认和奖励，使人力资源得到更为合理的安排。

二、过程型激励理论

内容型激励理论说明了如何促使管理者更好地认识激励组织成员行为的特殊因素，过程型激励理论着重研究激励的心理过程以及行为的指向和选择，说明行为怎样产生、怎样向一定方向发展，怎样保持下去以及如何结束的整个过程。代表性理论主要有弗鲁姆的期望理论和亚当斯的公平理论。

（一）弗鲁姆期望理论

1. 期望理论主要内容

美国心理学家弗鲁姆（V. H. Vroom）于1964年在他的著作《工作与激励》一书中首先提出期望理论（Expectancy Theory），弗鲁姆认为，一种激励因素（或目标），其激励作用的大小，受到个人从组织中取得报酬（或诱因）的价值判断以及对取得该报酬可能性的预期双重因素的影响，这种激发力量的大小等于该目标对人的效价与人对能达到该目标的主观估计（期望值）的乘积。可用下式表示：

$$M = V \times E$$

式中，M（Motivational Force）表示动机所激发的力量，是指调动一个人的积极性，激发出人的潜力的强度。

V（Valence）表示目标效价，指达到目标后对于满足个人需要价值的大小，是个体对这一成果或目标有用性的主观估计。当个人对达到某种成果或目标漠不关心时，效价值为零；当个人宁可不要出现这种结果时，效价为负值；当个人希望达到该预期结果时，效价为正值。效价值越高，动力越大。

E（Expectancy）表示期望值，这是指个人根据以往的经验进行的主观判断，能够达到目标并能导致某种结果的概率,即个人据其经验对自己所采取的行动将会导致某种预期成果可能性的主观估计。

弗鲁姆的期望理论辩证地提出了在进行激励时要处理好三方面关系,这些也是调动人们工作积极性的三个条件:

第一,努力与绩效的关系。人们总是希望通过一定的努力达到预期目标,如果个人主观认为达到目标的概率很高,就会有信心,并激发出很强的工作力量;反之如果他认为目标太高,通过努力也不会有很好绩效时,就失去内在的动力,导致工作消极。

第二,绩效与奖励的关系。人总是希望取得成绩后能够得到奖励,当然这个奖励也是综合的,既包括物质上的,也包括精神上的。如果他认为取得绩效后能得到合理的奖励,就可能产生工作热情,否则就可能没有积极性。

第三,奖励与满足个人需要的关系。人总是希望自己所获得的奖励能满足某方面的需要。然而由于人们在年龄、性别、资历、社会地位和经济方面都存在着差异,他们对各种需要要求得到满足的程度就不同。因此,对于不同的人,采用同一种奖励办法,能激发出的工作动力也不同。

2. 期望理论与管理

(1) 针对组织成员的需要设置报酬和奖励措施(提高效价 V)。激励的效应在于个人对激励的评价,因此管理者应针对不同的人采用不同的"激励物"。正所谓"雪中送炭""投其所需",奖励其最期望获得的东西就能发挥最大的奖励效用。为此,管理者首先要调查了解不同组织成员的需要偏好,根据不同的需要给不同组织成员设定报酬和奖励方案,让组织成员可以选择。

(2) 给组织成员创造良好的工作条件,增强其达到目标的信心(提高 $E \rightarrow P$)。首先,要根据组织成员的能力和外部条件,合理地给组织成员设定有一定难度但经过努力可以达到的目标。其次,管理者应通过指导、组织技术培训等方式提高组织成员对绩效的期望,从而激发其工作积极性。再次,管理者应组织好组织成员培训,给予引导和支持,以帮助组织成员提高工作能力、技术和信心。最后,要给组织成员创造工作条件,投入所需要的人、财、物等资源。这样组织成员才会信心百倍、干劲十足地去工作。

(3) 建立报酬与个人绩效挂钩制度,提高组织成员的工作热情(提高 $P \rightarrow O$)。除了要提高组织成员对达到组织目标的期望值外,还要提高他们对其完成组织目标后达到个人目标的期望值。只有这样,他们的积极性才会被真正地调动起来。为此,必须在组织中建立有功必赏的奖罚分明制度,这样就会增强组织成员的工作热情,使他们有强力的期待。

(二) 亚当斯公平理论

1. 公平理论主要内容

公平理论(Equity Theory)是由美国心理学家斯戴西·亚当斯(Stacy Adams)于1956年提出的,又称为社会比较理论,其目的是研究个人所作的贡献与所得报酬之间如何平衡的社会比较问题,研究报酬的公平性对人们工作积极性的影响。

公平理论认为,当一个人做出成绩并取得报酬以后,他不仅关心自己所得报酬的绝对量,而且关心自己所得报酬的相对量。也就是说,每个人都会自觉不自觉地把自己所获的报酬与投入的比率同他人的收支比率或本人过去的收支比率相比较,如下所示:

$$(O/I)_A \longleftrightarrow (O/I)_B$$

其中,O(Outcome)代表报酬,如工资、奖金、提升、赏识、受人尊敬等,包括物质方面和精神方面的所得;I(Input)代表投入,如工作的数量和质量、技术水平、努力程度、能力、精力、时间等;A代表当事人,B代表参照对象。参照对象可以是自己的同事、同行、邻居、亲朋好友(一般是与自己状况相当的人)等,也可能是自己的过去。

与他人的比较称为社会比较或横向比较,与自己过去相比较称作纵向比较。一般情况下,人们较多使用横向(社会)比较。横向比较的结果分三种情况。

如果$(O/I)_A=(O/I)_B$,当事人会觉得报酬是公平的,他可能会因此而保持工作的积极性和努力程度;如果$(O/I)_A<(O/I)_B$,这时当事人就会感到不公平,此时他可能会要求增加报酬,或自动地减少投入以便达到心理上的平衡;如果$(O/I)_A>(O/I)_B$,说明当事人得到了过高的报酬或投入较少。在这种情况下,一般来讲当事人不会要求减少报酬,而有可能会自觉地增加投入量。但过一段时间后他就会因重新过高估计自己的投入而对高报酬心安理得,于是其投入又会恢复到原先的水平。还有另外一种情形,当事人开始可能心里一阵暗自高兴,但高兴之余,又会担心,担心这种不公平会影响工作伙伴对自己的评价,从而影响自己在正式组织或非正式组织中的人际关系,因此会在以后的工作中谨慎小心,同样不利于调动其积极性。

纵向比较的结果也分三种情况。如果$(O/I)_A=(O/I)_B$,当事人就会认为基本公平,积极性和努力程度可能会保持不变;如果$(O/I)_A<(O/I)_B$,当事人会感到不公平,其工作积极性会下降(减少投入),除非给他增加报酬;如果$(O/I)_A>(O/I)_B$,一般来讲当事人不会觉得所获报酬过高,因为他可能会认为自己的能力和经验有了进一步的提高,其工作积极性不会因此而提高多少。

最常见的减少不公平的方法有改变投入、改变产出、扭曲理解和离职等。

2. 公平理论与管理

(1) 重视组织成员的公平感。公平是组织中客观存在的现象,公平理论强调公平对激励效果及人们行为的重大影响,要求组织尽可能以公平的方式对待每一个组织成员,对组织内的所有成员都应一视同仁,给予他们公正的报酬和待遇,体现按劳付酬、按贡献和业绩进行奖励和评价,让每一个组织成员心中感受到组织真正对他们公平。

(2) 要建立公平的奖惩制度。组织成员的不公平感有时确实是因为组织没有合理地奖励组织成员,存在着有功者不奖,而无功者受禄的不良现象。当组织中不良的现象和行为较多时,就会使组织成员产生不公平感。组织只有消除这些不合理的现象,建立赏罚分明的制度,才能让广大成员真正感到公平。

(3) 要实行量化管理,增加公开性。公平感的产生很大程度上是组织成员主观猜测的结果,人们总是倾向于认为自己得到的比别人少,而付出的比别人多。因此,如果能在绩效考评和奖励制度上实行一定程度的量化管理,做到一切都可以打分计算,并提高整个工作的公开性,那么组织成员就会心服口服。

(4) 综合设计,加强对组织成员的教育。在一个组织中,做到绝对公平是不可能的。但是,组织也要尽力做到相对公平。一方面要从自身最重要的战略需要出发来建立制度;另一方面要适当地采取平衡和补偿的策略。另外,还要加强对组织成员的教育,加强沟通,引导组织成员正确地认识和对待公平。在组织内,公平是有效率的公平,是激发人们努力向上的公平,不是相互攀比、相互拉扯的公平,更不是绝对简单的公平。要在组织内建立比能力、比贡献、比绩效、比投入的积极向上的风气,把公平建立在促进组织发展上。同时,要引导组织成员正确选定"参照人",确定合理的参照标准和系数。

三、行为改造型理论

内容型和过程型激励理论都研究如何激发人的动机,调动人的积极性的问题。行为改造型理论则是说明怎样引导人们改正错误的行为,强化正确的行为。它主要包括强化理论和归因理论。

(一) 斯金纳的强化理论

1. 强化理论主要内容

强化理论(Reinforcement Theory)是由美国哈佛大学心理学教授斯金纳(B. F. Skinner)提出的。他着重研究人的行为结果对行为的反作用。他认为人或动物为了达到某种目的,在环境的作用下会采取一定的行为。当这种行为的后果对其有利时,该行为就会在以后重复出现,行为的频率就会增加;当这种行为的后果对其不利时,该行为就会减弱或消失。这种状况在心理学中被称为"强化"。人们可以用这种强化的办法来影响行为的后果,从而修正其行为,这就是强化理论,也叫做行为修正理论。

在管理中,强化理论改造行为一般有以下四种方式:

(1) 正强化。这是指通过给予被强化者适当报酬的方式,借以肯定某种行为,使其重复此种行为。报酬的内容可以多种多样,如增加薪金、提升职位、对其工作成果的承认和赞赏等。

(2) 负强化。这是指预先告知人们某种不符合要求的行为可能引起不良后果,以使人们采取符合要求的行为或回避不符合要求的行为,从而避免或消除不良后果。通过这种强化方式能从反面促使人们重复符合要求的行为,达到与正强化同样的目的。

(3) 自然消退。这是指对某种行为取消正强化,不采取任何奖励措施,以表示对该种行为有某种程度的否定。人的操作性行为都是有目的性的,一种行为如果长期得不到正强化,个人目的实现不了,就会逐渐自然消退。

(4) 惩罚。这是指以某种强制性和威胁性后果来表示对某种行为的否定,借以消除此种行为重复发生的可能性。惩罚的方式也是多种多样的,如批评、降职、降薪、解雇等。

从强化的时间安排上有以下两种方法会影响强化的效果。一是连续强化,是指行为每出现一次就给予强化。二是间断强化,是指在行为出现若干次后才给予一次强化。间断强化既可按一定时间间隔给予强化,也可在行为出现到一定数量后给予强化。

2. 强化理论与管理

(1) 正确选择强化物。要根据组织成员的需要和特点,正确选择正反两方面的强化物,不能搞"一刀切"。各人的心理特点不一样,对正负强化的反应也不一样。采用强化措施时,更要因人而异。正强化时,可采取的奖励措施有:绩效工资、公开表扬、组织成员对工作有更多选择权、给予组织成员更大发挥潜在能力的机会或发言权等。在惩罚时,可以采取降低工资、公开批评、降低职位等方法。

(2) 正确选择强化的方式。按组织成员心理可接受的程度,这几种方式的排列顺序依次为:正强化、负强化、自然消退、惩罚。人们最愿接受的方式当然是正强化,在管理中,要以正面引导为主,以表扬为主,要尽量避免使用惩罚的方式,当组织有时不得不使用惩罚的方式时,一定要向被惩罚者告知原因,并告诉他们应该怎么做,还要将惩罚和正强化二者结合起来,当组织成员出现有所改正的表现时,应及时给予正强化,使之得到肯定及巩固。

(3) 正确选择强化时间。选择强化的时间段时必须要注意选择最适合于强化的时机。例如,很多教育培训项目往往选择在组织中刚来新人时或在组织的转变时期。这时进行强化和行为改造,组织成员心理上容易接受,行为上容易改变,组织所花时间和费用最少,效果最佳。惩罚的最好时机一般是:错误事实已搞清楚;领导的过激情绪已经消失,如果领导在气头上,就容易干出非理智的事来。另外,要注意强化不能太频繁。正强化宜采用间断强化,而负强化则要采取连续强化的方式进行。

(4) 设立一个目标体系。组织不仅要设立一个合理的总目标,而且要将总目标分成若干分目标。这是因为对于总目标来讲,不是一次性强化就能完成的,在实现目标过程中组织成员不能经常得到成功结果的反馈和强化,积极性会逐渐消退。相反,应把总目标分成若干阶段性目标,通过许多分目标的完成而逐渐完成总目标。对每一个分目标取得的成功结果,管理者都应予以及时强化,以长期保持组织成员对于实现总目标的积极性,而且通过不断的激励,增强信心。

(5) 及时反馈、及时强化。所谓及时反馈,及时强化就是人们通过某种途径或形式,及时了解自己行为的结果。无论结果好与坏,对行为都具有强化的作用,好的结果能鼓舞信心,继续努力;坏的结果能促使其分析原因,及时纠正。因此,及时反馈也是影响和改变行为的重要环节。

(6) 要实事求是地进行强化。正负强化都必须注意准确性。表扬、批评都必须在调查的基础上,做到实事求是,力求准确。

(二) 海德归因理论

1. 归因理论的主要内容

美国心理学家海德(F. Heider)在 1958 年最早提出了归因问题,经过不断发展,形成归因理论(Attribution Theory)。

归因理论主要研究三个方面的问题。一是对人们心理活动的归因,即人们心理活动的产生应归结为什么原因;二是对人们行为的归因,即根据人们外在行为和表现对其内在心理活动的推论,这是社会知觉归因的主要内容;三是对人们未来行为的预测,即根据人们过去的行为表现预测他们以后在有关情景中将会产生什么行为。

归因理论在管理领域中主要研究人们某一行为究竟归结为外因还是内因,研究人们对获得成功或遭到失败的归因倾向。心理家威纳认为人们对自己的成功和失败主要归结于四个方面的因素:努力、能力、任务难度和机遇。这四种因素又可按内外因、稳定性和可控性进一步分类。从内外因方面来看,努力和能力属于内因,而任务难度和机遇则属外因;从稳定性来看,能力和任务难度属于稳定因素,努力与机遇则属不稳定因素；从可控性来看，努力是可以控制的因素，而任务难度和机遇则超出个人控制范围。人们把成功和失败归因于何种因素，对以后的工作态度和积极性有很大影响。例如，把成功归因于内部原因，会使人感到满意和自豪；归于外部原因，会使人感到幸运和感激。把失败归于稳定因素，会降低以后工作的积极性；归因于不稳定因素，可能提高以后的积极性等。总之，运用归因理论来增强人们的积极性对取得成就行为有一定的作用，特别是对科研人员的作用更明显。这说明通过改变人的思想认识可以达到改变人行为的目的。

2. 归因理论与管理

归因理论提出了人们在对他人的行为进行判断和解释过程中所遵循的一些规律，在管理过程中，管理者和组织成员对行为的归因也不可避免地受到这些规律的影响。首先，管理者要认识到组织成员是根据他们对事物的主观知觉而不仅仅是客观现实做出反应的。组织成员对于薪水、上级的评价、工作满意度、自己在组织中的位置和成就等方面的知觉与归因正确与否，对于其潜力的发挥和组织的良好运作是有重要影响的。其次，管理者在对组织成员的行为进行判断和解释时也应该尽量避免归因中的偏见和误差。最后，在管理工作中，管理者尽量帮助组织成员做出正确的归因，即将成败归之于自己的努力，这对增强积极性、对取得成就行为有一定的作用。

第三节　激　励　实　务

所有激励理论都是针对一般管理而言，和绩效之间也不是简单的因果关系，要使激励产生预期的效果，要考虑激励的机制、内容、方式等一系列综合因素，只有掌握了正确激励原则，运用适当的激励方法与手段，才能有效地发挥激励作用、达到最佳的激励效果。

一、激励机制的设计

（一）组织及个人目标设计

在组织行为学中，激励所采用的手段都是从组织成员自身的目标和需要出发的，而组织成员之所以能从组织中得到其需要，是因为组织目标的实现。也就是说，个人投入自身的资源给组织，使组织目标得以实现，组织成员再从中实现个人目标。所以，组织目标和个人目标是相互依存的。管理者不能只片面强调组织成员的奉献精神，即为了组织的利益而舍弃个人利益，在制定制度时，应该让所有的组织成员都看到组织目标实现了,自身的目标也就达到了。达到这一点对人的激励作用将是巨大的、长远的。

贯彻组织目标与个人目标相结合的原则,除了要建立组织目标和个人目标正相关关系外,还要建立"赏罚分明"的制度,让每一个组织成员看到,只要自己为组织目标的实现作出了贡献,就会得到回报,自身的目标就能实现。因此,建立量化考核制度,提高奖励制度的公开性、透明度,就能使组织成员抛弃各种顾虑,将所有精力和能量集中在工作上,有利于组织目标和个人目标的实现。

(二)工作分配机制

合理地分配工作,根据工作的要求和个人的特点,把工作和人有机地结合起来,以此激发组织成员的工作热情。工作分配主要考虑两个方面的内容:一是工作的分配尽量考虑成员的特长和爱好,使人尽其才;二是使工作的要求和目标具有一定的挑战性,能真正激起组织成员奋发向上的精神。

(三)奖惩机制设计

奖罚机制设计核心是起到激励作用,所以"重激励、轻惩戒"激励机制是组织文化建设的杠杆,如果激励机制没有做好,那么组织文化导向就会出问题,如果应该得到奖励的行为没有被激励,员工就不愿多付出,该禁止的动作没有对应的惩戒措施,员工将失去对规则的敬畏感,所以建立黑白分明的奖罚机制,就显得尤为重要。

在实际管理工作中,应该将奖惩结合起来。通过对组织成员好的工作成绩和行为及时表扬和激励,使其得到大家的认可,从而继续下去。对于组织成员不利于组织发展的行为,必须严格管理,按组织的制度进行查处,以避免其再次发生,做到"防患于未然"。在使用惩罚的过程中,管理者应该认识到组织成员的个体差异性。奖惩结合从正反两个角度同时对组织成员的工作和行为进行评价和反馈,可以调动他们的积极性,促使他们不断提高自己,从而有利于实现组织目标。

(四)工作评价机制

建立正确的工作评价机制首先要设定合理的评价指标体系,通过评价指标向员工传递明确信息:组织要求做哪些工作,要达到什么标准能获得奖励。一般情况下,大多数人会按照评价体系的要求去努力。工作指标设定时要从组织战略目标出发,根据不同工作的特点、功能、战略地位来评价指标体系,适合于量化的应该量化。根据对工作成果的评价,给予报酬,报酬从性质上可分为精神报酬和物质报酬。物质报酬是提高组织成员积极性很重要的一个方面,当然仅有物质报酬显然是不够的。根据需要层次理论,物质是人们较低层次的需要,这一层次需要得到相对满足后,人们就会重视其他方面的需要,总希望得到社会和组织的尊重、重视和认可,这就是精神需要。管理者应根据组织成员工作表现和贡献大小,给予相应的精神报酬,以调动其积极性。

在实际管理工作中,物质和精神激励是组织激励不可分割的两个方面,要将物质激励与精神激励二者有机地结合起来。没有适当的物质激励,精神激励就没有基础,组织成员的积极性就难以长期保持;没有精神激励,就不能使物质激励得到升华和发展,就不可能真正调动组织成员的积极性。因此,组织激励必须把物质激励与精神激励有机结合起来。使它们相互补充、相互渗透。

(五)思想工作机制

思想工作机制和严格管理相辅相成,严格管理是组织对于成员的工作方法(如各种操作规程)、工作标准(如成本、质量、效率)以及其他工作制度等方面实行严格控制,完全按规定办事,对任何人一视同仁。在评价组织成员的工作绩效和行为,对组织成员实施奖励、惩罚或提升时,照章办事,赏罚分明。思想工作包括两个方面。一方面,是指组织在制定各种严格管理标准并据此对组织成员进行考核时,要通过双向沟通使组织成员理解组织行为的缘由,以及其对组织和个人的价值。只有这样,才能真正使组织成员从心理上接受这些严格的管理方法。另一方面,思想工作强调在对组织成员进行评价、管理、奖惩和提升的过程中,要考虑组织成员的心理需要。加强沟通,倾听组织成员的所思所想,关心组织成员的切身利益,采用各种形式使组织成员保持良好的情绪。这一点实际上是配合严格管理进行的。

二、激励的方法

根据激励的原则,在工作中有很多激励方法和手段。如薪酬激励、目标设定、恰当授权以及为组织成员提供终生学习的机会等方法。下面从工作激励、成果激励和培训教育激励三个方面作简单介绍。

(一)工作激励

工作激励是指通过分配恰当的工作,满足组织成员自我实现和尊重的需要,从而激发组织成员内在的工作热情的方法。

1. 分配工作要考虑组织成员的特长和爱好

每个人都有自己的特长和爱好,都希望在组织中最大限度地发挥自己的聪明才智,而组织任务的完成往往也需要具有不同专业特长、不同能力的人来承担。领导者应根据工作的要求和组织成员的个人特长,把工作与人的能力有机结合起来,当一个人真正对某项工作感兴趣,爱上这项工作时,他才会全身心地投入到工作中,才会克服一切困难,千方百计去做好这项工作。

2. 要使工作具有挑战性

只有使工作的要求和目标富有一定的挑战性,才能真正激起组织成员奋发向上的精神。因此分配工作时,对工作能力的要求应略高于执行者的实际能力。如果组织成员的工作能力远低于工作的要求,一方面,会造成工作任务无法完成,给组织带来损失;另一方面由于组织成员工作能力差,不论怎样努力都无法完成工作任务,就会对自己失去信心,就会灰心丧气,不愿做新的尝试,甚至会一蹶不振。如果组织成员的工作能力远高于工作的要求,虽然工作任务能保证完成,但组织成员会感到自己的潜能没有得到发挥,随着时间的推移,他可能对工作越来越不感兴趣,对组织越来越不满意,最终也会影响工作质量和工作积极性。

3. 要让组织成员参与管理

领导者要在不同程度上让组织成员参与组织决策及各级管理工作的研究和讨论。领导者要尊重他们,信任他们,让组织成员在不同层次和不同深度上参与决策,虚心采纳他们的正确意见和建议。通过参与管理,能够进一步满足组织成员尊重和自我实现的需要,形成组织成员的归属感和认同感,从而激发出成员强烈的工作积极性。

(二) 成果激励

成果激励就是对组织成员取得的工作成果进行奖励,对不符合组织目标的事件进行惩罚,以激发组织成员积极性的方法。

1. 对工作成果进行正确的评价

评价的正确与否,不仅影响到组织成员获得奖励大小,还影响到组织成员的积极性。因此,领导者应通过民主的方法建立尽可能量化的指标体系,并让全体组织成员都知道,这样不仅使组织成员明确了努力的方向,而且还明确了努力的结果。

2. 奖励要合理

要使组织成员保持较高的工作热情,必须使工作奖励公平合理。必须贯彻按劳分配的原则,把组织成员的劳动报酬和劳动成果挂起钩来。不同的劳动成果应采用不同的评价标准和不同的报酬形式,相同的劳动成果采用相同的评价标准和相同的报酬形式。针对成果激励的方式是多种多样的,可根据组织成员取得的成绩和他们对不同需要的追求程度而定。物质奖励要与精神奖励结合起来,要与思想政治工作结合起来。物质奖励是基础,精神奖励是根本,在两者结合的基础上,逐步过渡到以精神激励为主,这样才能发挥长久的激励效果。

3. 惩罚要合情

惩罚的目的是为了"惩前毖后",使组织成员不要再犯类似错误。应用烫火炉原理进行惩罚。即时处理、事先警告、人人平等、对事不对人。

批评是管理者最常用的武器,批评前必须了解要批评的事实,明确批评的目的,注意批评方法,如对事不对人、选择适当的用语和适当的场合、注意适当的批评时间等。最后还要注意批评的效果,以避免重犯类似的错误。

(三) 培训教育激励

培训教育激励是指通过思想、文化教育和技术知识培训,通过提高组织成员的素质,来增强其进取精神,从而激发其工作热情的方法。组织成员的素质主要包括思想素质和业务技能两个方面。

1. 通过思想政治工作调动组织成员积极性

通过对组织成员进行科学的世界观教育,使他们树立正确的人生观、价值观和道德观,形成崇高的理想和抱负,从而在工作中富于进取精神,积极努力,表现出高昂的工作热情。为了保证思想政治教育收到预期的效果,领导者在进行这方面的工作时,要注意遵循下述基本原则:要理论联系实际,防止空谈理论、空洞说教;要平等对待组织成员,坚持民主原则,防止以教育者或"教训者"自居;要注意批评与表扬相结合,但以表扬为主。

2. 通过专业知识和技术能力的培训,培养和启动自我激励机制

为了促进组织成员素质的提高,增强进取精神,领导者应根据组织目标和组织成员个人的特点,有计划、有重点、有组织、有针对性地进行培训工作。比如,对于管理人员,既要注意通过理论学习,使他们掌握现代化管理的新知识和新方法,也要注意在实践中的培养,提高他们解决和处理实际管理问题的能力;对于基层作业人员,既要注意文化知识教育,提高他们的文化水平,也要结合本职工作,进行基本技能训练,以提高他们的业务技能;对于工程技术人员,既要注意采取各种方式,使他们及时了解本学科发展动态,掌握学科发展的最新知识,也要注意让他们有更多运用新知识的机会。有计划地派送组织成员考察学习,这一行动本身就能有力地使组织成员感知到组织对他的重视和期望,从而极大地提高他们的责任心和积极性。

讨　论

如果你是管理者,对单位中那些做一天和尚撞一天钟的人如何激励?

第十二章 人力资源管理

人力资源管理的基本任务是根据组织战略要求,吸引、保留、激励与开发组织所需的人力资源,促成组织目标实现,从而使组织在市场竞争中得以生存和发展。人力资源管理的具体内容就是选人、育人、用人、留人。人力资源管理的最终目标是通过促进人与工作的有效匹配,促进组织战略目标的实现。

第一节 人力资源管理概述

一、人力资源管理相关概念

(一)人力资源的概念

人力资源(Human Resources),指在一个国家或地区中,处于劳动年龄、未到劳动年龄和超过劳动年龄但具有劳动能力的人口之和。这种劳动能力,构成了其能够从事社会生产和经营活动的要素条件,包括数量和质量两个方面。

人力资源的最基本方面包括体力、智力及非智力因素,从现实的应用形态看,其包括体质、经验知识、科技知识及心理素质。

具有劳动能力的人,不是泛指一切具有一定的脑力和体力的人,而是指能独立参加社会劳动、推动整个经济和社会发展的人。所以,人力资源既包括劳动年龄内具有劳动能力的人口,又包括劳动年龄外参加社会劳动的人口。

(二)人力资源管理的概念

人力资源管理的概念是1954年德鲁克提出人力资源的概念之后出现的。怀特·巴克(Wright Bakke)在1958年出版的《人力资源职能》一书中,首次将人力资源管理作为管理的职能加以论述。随着对人力资源研究的深入,国内外产生了诸多人力资源管理的流派。对人力资源管理的概念从多个角度进行到了阐释。

我们认为人力资源管理的内涵至少包括以下内容:一是人力资源管理是为了实现一定的组织目标,通过各种技术和方法使人力资源配置最优化。二是人力资源管理必须运用管理职能中的方法、手段才能达到人力资源管理目标。三是人力资源管理主要研究人与人之间关系的利益调整、个人的利益取舍、人与事的配合、人力资源潜力的开发、工作效率和效益的提高以及实现人力资源管理效益的相关理论、方法、工具和技术。四是人力资源管理必须将相关管理手段相互配合才能取得理想的效果。例如，薪酬必须与绩效考核、晋升、流动等相配套。

人力资源管理是指为了实现组织目标，根据组织发展战略的要求，对员工进行招聘、培训、使用、考核、激励、调整等一系列管理过程，调动员工的积极性，发挥员工的潜能，确保组织战略目标的实现。这些活动主要包括组织人力资源战略的制定、员工的招募与选拔、培训与开发、绩效管理、薪酬管理、员工流动管理、员工关系管理、员工安全与健康管理等。

人力资源管理的主要任务就是以人为中心，以人力资源投资为主线，研究人与人、人与组织、人与事的相互关系，掌握其基本理念和管理的内在规律，充分开发、利用人力资源，不断提高和改善职业生活质量，充分调动人的主动性和创造性，促使管理效益的提高和管理目标的实现。

人力资源管理的基本任务是根据组织发展战略要求，吸引、保留、激励与开发组织所需人力资源，促成组织目标的实现，从而使组织在市场竞争中得以生存和发展。具体表现为：求才、用才、育才、激才、护才和留才。人力资源管理的最终目标是通过促进人与工作的有效匹配，促进组织战略的实现。

（三）人力资源的特征

1. 人力资源的能动性

能动性或主体性是人力资源的首要特征，是人力资源与其他一切资源最根本的区别。人是任何生产活动的主体，能有目的、有意识地支配和使用其他生产资料。一切经济活动的基础都是人的活动，是由人的活动引发、控制、带动其他资源的活动。人力资源具有思想、情感，具有主观能动性，是生产活动中最积极、最活跃的因素，也是唯一有创造作用的因素，是经济活动的决定性因素。

2. 人力资源的可开发性

人力资源和自然资源一样具有可开发性，但开发的手段不同于自然资源，教育和培训是人力资源开发的主要手段，通过不断学习提高自身的知识和技能，进一步提升劳动能力。

3. 人力资源的资本属性

作为一种经济资源，人力资源具有资本属性，主要体现在：一是人力资源是公共社会、各类组织和个人投资的产物，必须投入物质资源、开展教育和培训才能形成和维护人力资源;二是人力资源可以为社会、组织和个人在未来带来收益;三是人力资源具有增值性,劳动者在生产过程中具有创造性,能够产生额外的价值。

4. 人力资源的时效性

人力资源存在于人的生命中,其形成、开发和利用势必受到时间的制约。在人生命周期的不同时段,人的体力、智力和成熟度不同,导致了其劳动能力的差异。人力资源的可利用程度在不同的生命周期是不同的,在青年和中年期最大,呈现出一个倒"U"型曲线。同时,科学技术的飞速发展加快了人的知识和技能的老化速度,使得人力资源的时效性更加重要。

5. 人力资源的社会性

自然资源不会因为所处的时代不同而有所变化,但人力资源的体力和智力受到社会和时代因素的影响,政治、经济、文化等社会因素反映和影响着人的价值观念、思维方法和行为方式,进而影响人力资源的质量。人力资源的社会性要求在开发过程中特别注意社会政治制度、国别政策、法律法规以及文化环境的影响。

(四)人力资源管理的特征

1. 综合性

人力资源管理是一门综合性的学科,需要考虑种种因素,如经济、政治、文化、组织、心理、生理、民族等。它涉及经济学、系统学、社会学、人类学、心理学、管理学、组织行为学等多种学科。

2. 实践性

人力资源管理的理论,来源于实际生活中对人的管理,是对这些经验的概括和总结,是现代社会化大生产高度发达,市场竞争全球化、白热化的产物。应该从中国实际出发,借鉴发达国家人力资源管理的研究成果,解决我国人力资源管理的实际问题。

3. 民族性

人的行为深受其思想观念和感情的影响,而人的思想观念和感情则受到民族文化的制约。因此,人力资源管理带有鲜明的民族特色。

4. 社会性

作为宏观文化环境的一部分,社会制度是民族文化之外的另一个重要因素。在影响劳动者工作积极性和工作效率的各因素中,生产关系和意识形态是两个重要因素,而它们都与社会制度密切相关。

5. 发展性

任何一种理论的形成都要经历一个漫长的时期,各个学科都不是封闭的、停滞的体系,而是开放的、发展的认识体系。随着其他相关学科的发展及人力资源管理学科本身不断出现的新问题、新思想,人力资源管理正进入一个蓬勃发展的时期。

第二节　人力资源管理内容

一、选人

(一) 职位分析

职位分析也叫工作分析、岗位分析。是对组织中各类岗位的性质、任务、职责、劳动条件和环境以及成员承担本岗位任务应具备的资格条件所进行的系统分析和研究。是指了解组织内的一种职位并以一种格式把与这种职位有关的信息描述出来,从而使其他人能了解这种职位的过程,是一种重要而普遍的人力资源管理技术。职位分析是对某特定的工作岗位做出明确规定,并确定完成这一工作所需要的知识技能等资格条件的过程。职位分析是系统全面的情报收集手段,是人力资源管理工作的基础,其分析质量对其他人力资源管理模块具有举足轻重的影响。

什么时候做职位分析?一般来说,以下两种情况职位分析是非常必要的。一是组织没有进行过岗位分析或者没有清晰完善的书面岗位说明书,就需要及时进行职位分析;二是当组织发生变化,如需要改变组织结构或出现新的技术时,也需要通过职位分析来规划和调整工作内容和工作流程;三是如果对人力资源规划的工作标准有疑问,比如培训、绩效考核、薪酬管理、招聘等,职位分析需要进一步澄清。

通过职位分析,要回答或者要解决以下两个主要的问题:

第一,"某一职位是做什么事情的?"这一问题与职位上的工作活动有关,包括职位的名称、工作职责、工作要求、工作场所、工作时间以及工作条件等一系列内容。

第二,"什么样的人来做这些事情最适合?"这一问题则与从事该职位的人的资格有关,包括专业、年龄、必要的知识和能力、必备的证书、工作的经历及心理要求等内容。

一般来说,职位分析的整个流程要经过以下四个步骤:准备阶段、调查阶段、分析阶段和完成阶段。

第一阶段:准备阶段。为了保证职位分析的顺利进行,在准备阶段要成立职位分析小组,为了保证职位分析的效果,要对职位分析小组的人员进行业务上的培训。要设计一个全面的调查方案,确定调查的范围、对象和方法,做好调查的准备工作。

第二阶段:调查阶段。在这一阶段,可以采用多种调查方法,对整个工作过程、工作环境、工作内容和工作人员进行全面调查。

常见的调查方法是采访当事人或相关人员;问卷调查法,包括工作任务、活动、工作范围、考核标准以及必要的知识和技能;还有就是在工作现场直接观察员工工作的过程、行为、内容、工具,并记录、分析、总结的观察法。

第三阶段:分析阶段。这时候就要对前期调查阶段收集到的信息进行归类、分析、整理、综合。主要任务是对有关工作特征和人员要求的结果进行全面的总结分析。

第四阶段:完成阶段。该阶段是在分析和总结的基础上编写职位描述和职位(工作)说明书。职位(工作)说明书,是一种典型的工作描述书,应该包括三个部分的内容。一是辨别工作岗位,通过工作的名称、任职者的数量、编号、位置等辨别出该岗位;二是定义工作岗位,说明该岗位的重要性,怎么才算圆满地完成该岗位的工作,以及该岗位与其他岗位的关系,如何与组织的整体目标配合;三是描述工作岗位,该岗位的任职者的学历、技能、工作经验、承担的主要责任是什么,需要完成什么具体的工作等。

(二) 人员招聘

人员招聘是组织为了发展需要,根据人力资源规划和职位说明书的要求,通过各种途径吸引应聘者,从中挑选适合本组织需要的人员并予以录用的过程。① 招聘是围绕着组织目标进行的,有什么样的组织目标,就决定了组织什么样的经营管理活动,进而决定了组织的用人数量、质量和结构。② 招聘是由人力资源管理部门牵头、用人部门参与的活动。③ 招聘是为了弥补现实或潜在的岗位空缺而开展的。④ 招聘是在适宜的时间范围内,通过合适的渠道和方法,实现人、职位、组织三者的最佳匹配,以达到因事任人、人尽其才、才尽其用的目标。

1. 招聘的依据

(1) 职位要求。组织结构设计中的职位说明书对各职位已有了明确的规定。招聘员工时,可以通过职务分析来确定某一职务的具体要求。

(2) 素质能力。人的素质和能力是人员选聘时要重点考虑的另一个重要依据。要根据不同职位对人员素质的不同要求来评价和选聘员工。

2. 招聘的原则

(1) 德才兼备的原则。德才兼备是我们历来用人的标准,但"路遥知马力,日久见人心"，仅通过招聘的过程很难看出一个人的品质和德行，但也要作为招聘的一个重要原则，尽可能从各个方面评价人品和才能。

（2）因事择人原则。员工的招聘应以实际工作的需要和岗位的空缺情况为出发点，根据岗位对任职者的资格要求选用人员。因事择人的优点主要有：减少冗员；提高生产率；有利于人才流动；有利于发挥大多数人的积极性；有利于人尽其才。但因事择人也有其缺点：可能使一些人失去工作，可能使某些战略人才离职。

（3）公开、公正原则。公开就是要公示招聘信息、招聘方法，这样既可以将招聘工作置于公开监督之下，防止以权谋私、假公济私的现象，又能吸引大量应聘者。公正就是要确保招聘制度给予合格应聘者平等的获选机会，必须克服个人好恶，以客观的态度及眼光去甄选人员，做到不偏不倚、客观公正。

（4）人岗匹配原则。招聘工作常见的误区就是盲目追求高学历、高素质的"优秀"人才。所谓"优秀"应该是能力和素质与应聘岗位的任职要求相匹配，这才是组织的最佳选择，因此，人岗匹配是招聘工作中应遵循的最为重要的原则。人岗匹配具有两层含义：一是岗位要求与任职者的知识、技能、能力等素质相匹配；二是工作报酬与工作动机相匹配。

（5）合法性原则。用人单位在招聘过程中必须遵守国家有关法律、法规和政策，否则不仅会导致招聘活动无效，而且还会受到相应的制裁。

3. 招聘的渠道

（1）外部招聘。外部招聘可从学校、竞争者、失业者、自我雇佣者中选则合适人员。外部招聘可以为组织带来"新鲜空气"，如果是招聘管理人员，可以为组织带来好的管理经验和管理方法。

（2）内部招聘。内部招聘包括内部晋升和岗位轮换，作为填补组织中由于人员流动而空缺的岗位的主要方式，具有以下优点：能调动成员积极性，提高工作热情；有利于选聘工作的准确性；有利于使被聘者迅速开展工作。

（三）人员甄选

人员甄选也叫选拔录用，指通过运用一定的工具和手段对招聘到的求职者的任职资格和对工作的胜任程度进行系统、客观地测量和评价，区分他们的人格特点和知识技能水平，预测未来的工作绩效，挑选出组织需要的人才。

候选人的任职资格和对工作的胜任程度主要取决于他所掌握的与工作相关的知识、技能、个性特点、行为特征和个人价值观等因素。因此，人员甄选是对候选者的这些方面的测量和评价。

1. 选拔测试

(1) 知识测试。衡量应聘者是否具备完成岗位工作所具备的知识，应聘者所拥有的文凭和一些专业证书可以证明他掌握的专业知识的广度和深度，但在人员甄选时不能仅以文凭为依据判断候选者掌握知识的程度，还应通过笔试、测试等多种方式进行考察。

(2) 能力测试。能力是引起个体绩效差异的持久性个人心理特征。通常我们将能力分为一般能力与特殊能力。一般能力是指在不同活动中表现出来的一些共同能力，如记忆力、想象力、观察力、注意力、思维能力、操作能力等。这些能力是我们完成任何一种工作不可缺少的能力。特殊能力是指在某些特殊活动中所表现出来的能力，如设计师需要具有良好的空间知觉能力，管理者需要具有较强的人际能力、分析能力等，也就是我们常说的专业能力。

(3) 个性测试。每个人为人处事总有自己独特的风格，这就是个性的体现。个性是指人的一组相对稳定的特征，这些特征决定着特定的个人在各种不同情况下的行为表现，个性与工作绩效密切相关。个性特征通常采用自陈式量表或投射量方式来衡量。

(4) 动力因素。员工要取得良好的工作绩效，不仅取决于他的知识、能力水平，还取决于他做好这项工作的意愿是否强烈，即是否有足够的动力促使员工努力工作。在动力因素中，最重要的是价值观，即人们关于目标和信仰的观念。具有不同价值观的员工对不同组织文化的相融程度不一样，组织的激励系统对他们的作用效果也不一样。所以，组织在招聘员工时有必要对应聘者的价值观等动力因素进行鉴别测试。动力因素通常采用问卷调查的方法进行测量。

2. 面试

面试是90%以上的用人单位在选拔人员时使用的筛选工具，根据不同的标准，面试可分为不同的类型：

(1) 按照面试的结构化程度可分为结构化面试、非结构化面试和半结构化面试三种类型。结构化面试是按照事先设计好的问题对应聘者进行提问的面试方式，可以对不同应聘者进行比较，但缺乏灵活性，不利于对某一问题进行深入了解；非结构化面试是根据实际情况随机提问；半结构化面试是将两种方式结合起来进行的面试，可以有效避免结构化面试和非结构化面试的缺点。

(2) 按照面试的组织方式，可以分为单个面试和集体面试两种类型。单个面试指由多个面试者对一个应聘者进行面试，该方法可以对应聘者做出比较全面的评价，但较耗时；集体面试是指同时对多个应聘者进行的面试，虽然可以节省实践，但要同时观察多个应聘者，容易观察不细致。

二、育人

(一) 培训需要分析

首先要界定组织所处的环境状况、发展战略以及员工需要具备的素质和能力；对目前员工的实际能力进行测评，找出与现实的差距，确认是否可以通过培训来解决问题。如果找到了通过培训解决问题的方式，则可以明确培训需要。在实际工作中，组织培训首先是确定每个工作岗位上的员工为圆满完成任务而必须掌握的知识、技能和能力。判断工作人员是否需要接受培训或需要接受何种培训。

(二) 培训规划制定

1. 确定培训项目

一是在培训需要分析的基础上，列出各种培训需要的优先顺序，并根据组织的资源状况优先满足那些最紧迫的需要；二是明确培训的目标群体及其规模；三是在考虑个体差异性、培训互动性以及培训预期目标的基础上，确定培训群体的培训目标。

2. 开发培训内容

培训内容必须坚持"满足需要、突出重点、立足当前、讲求实用、考虑长远、提升素质"的基本原则，应包括培训过程中的环节和练习。

3. 培训实施过程设计

首先要充分考虑实施过程的各个环节和阶段，合理安排培训进度。其次要结合培训师的期望与受训者的参与程度，合理选择教学方式和培训内容。此外，培训环境要尽量与实际工作环境保持一致。

4. 筹备培训资源

培训需要各类资源的支持，如人、财、物、时间、空间和信息等。资源分析实际上就是可行性分析，以此确定培训能否开展，是采取组织内部培训的方式还是外部委托培训的方式，或是与外部培训机构进行合作。

(三) 培训组织实施

培训的组织实施必须有系统而周密的培训计划，以预测实施中可能发生的许多事情，如学员、培训师的选择，培训时间和场地的安排，教材、讲义的准备，培训经费的落实，培训评估方法的选择，等等。此外，培训的成功实施还依赖于培训师的素质、培训人员的学习成效、培训环境、培训时间等相关因素的配合。培训的组织实施是指把培训计划付诸实践的过程,它是达到预期培训目标的基本途径。培训项目设计得再好,如果在实践中得不到实施,也没有意义。所以,培训实施是整个培训过程的实质性阶段。

(四) 培训制度体系

培训制度是能够直接影响和作用于组织培训系统与培训活动的各种法律、规章、制度及政策的总和,主要包括培训的法律和规章、培训的具体制度和政策两方面。组织培训的具体制度和政策是组织员工培训健康发展的根本保证,是组织在开展培训工作时要求人们共同遵守并按一定程序实施的规定、规则和规范。组织培训制度的根本作用在于为培训活动提供制度性框架和依据,促使培训沿着法制化、规范化的轨道运行。组织培训涉及组织和员工两个培训主体,这两个培训主体培训的动力和目的有一定的差别。在一定的制度条件下,这种差别将导致培训无法达到预期的培训目标和效果。要提高培训的效益,组织就必须建立一套完整的培训制度,通过制度来明确双方的权利和义务、利益和责任,使双方的目标和利益总体上保持一致。培训制度是由组织制定的,其主要目的是调动员工参与培训的积极性,同时使组织的培训活动系统化、规范化、制度化。

三、用人

(一) 用人原则

1. 要素有用

人力资源配置就是为所有人员找到和创造发挥作用的条件。要素有用原则强调优势定位,一方面,员工要根据自己的兴趣和能力设计职业发展目标;另一方面,管理者需要辩证地看待员工的优势与不足,将员工安排到最有利于其发挥优势的岗位上。

2. 能级对应

合理配置人力资源,提高人力投入产出比率,首先要充分了解人力资源的构成和特点。人力资源质量由于身体状况、教育程度、实践经验等因素影响而存在个体差异。承认不同个体之间能力和水平差异,是为了在使用人力资源时,做到"大才大用、小才小用、各尽所能、人尽其才",使每一个人所具有的能级水平与所处的层次和岗位的能级要求相对应。

3. 互补增值

互补增值原则是在承认个体多样性和差异性的基础上,在人员分配与安置上扬长避短,增强互补性,使人力资源系统的整体功能得到强化,从而产生"1+1>2"的增值效应。互补增值主要体现在知识互补、气质互补、人格互补、能力互补、性别互补、年龄互补等方面。

4. 动态适应

动态适应原则是指当人员或岗位要求发生变化的时候,要适时地对人员配置进行调整,以保证将最合适的人安排在最合适的工作岗位上。从组织内部的劳动者个人与工作岗位的关系来看,无论是由于岗位对人的能力要求提高了,还是由于人的能力提高而要求变动岗位,都要求组织及时地了解人与岗位的适应程度,并做出调整,以达到"人适其位、位得其人"的目的。

(二) 绩效考核

绩效考核的内容通常分为业绩评价、能力评价、态度评价、潜力评价。这四个方面不是孤立存在的,而是相互联系、为实现管理目的而形成的绩效评价系统。

1. 业绩评价

业绩评价是对组织成员职务行为的直接结果进行的考核和评价。它是对组织成员贡献程度的衡量,不仅要说明各级员工的工作完成情况,还要有计划地指导改进工作,以促进组织目标的实现。对组织而言,组织希望员工通过职务行为促进组织完成组织目标,而对员工的业绩评价能够直接反映员工实现组织目标的过程,并对这一过程进行控制;对员工而言,员工希望自己的工作业绩得到管理者的认可,因而需要通过业绩评价的结果来客观地反映自己对组织的贡献。

2. 能力评价

能力评价是考评组织成员在职务中发挥出来的能力。根据被评价者在工作中表现出的能力,参照标准和要求,对被评价者所担当的职务与其能力是否相匹配做出评定。与业绩评价相比参照标准和要求,对被评价者所担当的职务与其能力是否相匹配作出评定。能力评价主要有四项指标:知识、技能、工作经验、精力。

3. 态度评价

态度评价是考评组织成员对某项工作的认知程度。不同的工作态度将产生不同的工作结果,态度评价与能力评价的内容不同,态度评价不论员工的职位高低、能力大小,评价员工是否努力工作,是否遵守各种规章制度等。一般情况下,对工作态度的评价采用过程评价的方式进行,而能力评价既可以是过程评价,也可以是结果评价。

4. 潜力评价

潜力评价是对组织成员在现任职务中不能发挥出的能力进行测评。员工的能力未能充分发挥的情况在组织经营过程中经常存在,比如员工没有获得工作机会,从而失去了发挥能力的舞台;工作设计、分配出了问题,员工承担工作任务不合理,不能发挥全部能力;上级的指令或指导出现失误影响了员工能力的发挥,等等。因此找出阻碍员工发挥潜力的原因,将有利于员工工作潜力的发挥,将潜力转化为现实的工作能力。潜力评价能很好地解决上述问题,为组织的工作轮换、升迁等多各种人事决策提供依据。

四、留人

(一)提高人员满意度

成员满意是指一个员工通过对组织所感知的效果与他的期望值相比较后所形成的感觉状态,是员工对其需要已被满足程度的感受,是一种主观的价值判断,是员工期望与员工实际感知相比较的结果。

了解人员心理和生理两方面对组织环境因素的满足感受并做适应性改变,有助于降低员工流失率。人之所以产生了满意的感觉,往往是因为实现了某种目标,或需要得到了满足。满意感有正向和负向之分,满意和不满意代表截然相反的两个方向,但却不是同一线段的首尾两端。20世纪50年代后期,美国心理学家赫茨伯格调查发现,人们对诸如本组织的政策与管理、工作条件、人际关系、薪酬等,如果得到满足就没有不满意,得不到满足就会不满意,赫茨伯格称之为"保健"因素;而对于成就、赏识和责任等,如果得到满足就会满意,如果得不到满足就不会产生满意感,但也不会不满意,赫茨伯格称之为"激励"因素。赢得人才,赢得发展,全力打造"员工最满意组织"正是取胜之道。

(二)薪酬福利

组织设计薪酬结构时,往往要综合考虑五个方面的因素:职位等级、个人的技能和资历、工作时间、个人绩效、福利待遇。在工资结构中与其相对应的,分别是基本工资、绩效工资、加班工资和薪酬福利。

基本工资是由职位等级决定,它是一个人工资高低的主要决定因素。基本工资是一个区间,而不是一个点。组织可以从薪酬调查中选择一些数据作为这个区间的中点,然后根据这个中点确定每一个职位等级的上限和下限。例如,在某一职位等级中,上限可以高于中点20%,下限可以低于中点20%。相同职位上不同的任职者由于在技能、经验、资源占有、工作效率、历史贡献等方面存在差异,导致他们对组织的贡献并不相同,因此基本工资的设置应保持职位相同,其基本工资未必相同。如上所述，在同一职位等级内，根据职位工资的中点设置一个上下的工资变化区间，就是用来体现技能工资的差异。这就增加了工资变动的灵活性，使员工在不变动职位的情况下，随着技能的提升、经验的增加而在同一职位等级内逐步提升工资等级。

绩效工资是对员工完成业务目标而进行的奖励，即薪酬必须与员工为组织所创造的经济价值相联系。绩效工资可以是短期性的，如销售奖金、项目浮动奖金、年度奖励，也可以是长期性的，如股份期权等。此部分薪酬的确定与组织的绩效评估制度密切相关。

综合起来说，确定职位工资，需要对职位做评估；确定技能工资，需要对人员资历做评估；确定绩效工资，需要对工作表现做评估；确定组织的整体薪酬水平，需要对组织盈利能力、支付能力做评估。每一种评估都需要一套程序和办法。所以说，薪酬体系设计是一个系统工程。

（三）职业生涯发展

职业生涯规划是职业生涯管理活动中的核心部分，规划的制定和实施要依据不同人员的特点进行。职业生涯设计的主体是组织机构和员工个人，员工的职业选择和职业生涯目标，既是个人的需要，也是组织的需要。加强对员工职业生涯规划的管理，不仅与组织目标一致，而且是实现组织目标的有效手段。组织结合自身发展的要求，帮助员工设计制订出符合个人发展需要又符合组织发展需要的个人职业发展计划，同时通过诸如培训、岗位晋升等办法帮助员工实施这一计划，最终达到员工个人发展及自我实现与组织长远发展的互动双赢效果。员工职业生涯计划的制定包括员工评估、现实审查、设定职业目标、制定行动规划和评估与反馈五方面的内容。

第三节 人力资源演进与发展趋势

一、人力资源管理演进

（一）西方学者观点

西方学者对人力资源管理的发展阶段进行了深入的研究，提出了各自的观点。典型的理论包括六阶段论、五阶段论、四阶段论、三阶段论和二阶段论，它们从不同的角度揭示了人力资源管理渐进发展的历史。

1. 六阶段论

以美国华盛顿大学的弗伦奇(W. L. French,1998)为代表,从管理的历史背景出发,将人力资源管理的发展划分为六个阶段。分别是:

(1) 科学管理运动阶段。该阶段以创立科学管理理论的泰罗为代表,关注重点主要是工作分析、人员选拔、报酬方案的制定。

(2) 工业福利运动阶段。在此阶段,组织出现了福利部或福利秘书,专门负责员工福利方案的制定和实施,员工的待遇和报酬问题成为管理者关心的重要问题。

(3) 早期工业心理学阶段。该阶段推动了人事管理工作的科学化进程,个人心理特点与工作绩效关系的研究、人员选拔预测效度的提出,使人事管理开始步入科学化的轨道。

(4) 人际关系运动阶段。以霍桑实验为起源的人际关系运动,推动了整个管理学界的革命,也影响了人力资源管理。人力资源管理开始由以工作为中心转变到以人为中心,把人和组织看成社会系统,强调组织要理解员工的需要。

(5) 劳工运动阶段。对工人利益的重视、工人权利的重视,成为组织内部人力资源管理的首要任务。

(6) 行为科学与组织理论时代。进入20世纪80年代,组织管理的特点发生了变化,人的管理成为主要任务。从单个的人到组织人,把个人放在组织中进行管理,强调文化和团队的作用,成为人力资源管理的新特征。

2. 五阶段论

以罗兰(K. M. Rowland)和菲利斯(G. R. Ferris)为代表的学者则从管理发展的历史角度将人力资源管理的发展阶段划分为五个阶段。工业革命时代、科学管理时代、工业心理时代、人际关系时代、工作生活质量时代。

五阶段论中关于前四个阶段的划分与六阶段论是一样的。但把工作生活质量作为一个独立的阶段提出来。工作生活质量可以从两个角度来理解,一是指组织的客观条件和管理方式,如工作的多样化、工作的民主性、员工参与、工作的安全性等;二是指员工工作后的主观感受,如对工作的安全感、满意程度以及自身的成就感。

第一种含义比较强调工作的客观状态;第二种含义比较强调员工的主观需要。将这两种含义结合起来,工作生活质量是指员工在工作中所产生的生理和心理健康的感觉。影响工作生活质量的因素有很多,为了提高员工的工作生活质量,组织可以采取一系列措施。

工作生活质量的核心是员工参与管理,参与的方法有很多,并且还在不断推陈出新。从美国的实践看,工人参与组织管理的形式主要有建立质量控制小组以及解决各种问题的小组,劳资双方合作,参与工作设计和新工厂设计,实现收益分享和利润分享以及斯坎隆计划,实行组织雇员所有制。

3. 四阶段论

持这种观点的学者以科罗拉多(丹佛)大学的学者卡肖(W. F. Cascio,1995)为代表,他从功能的角度将人力资源管理的发展历程划分为四个阶段。

第一阶段:档案保管阶段。这一阶段,人事管理的主要工作就是招聘、录用、培训、人事档案管理。随着雇主对员工的关心程度的增加,新员工的录用、岗前教育、个人资料的管理等工作,都由人事部门或专门的人员负责,但在这一阶段缺乏对工作性质、目标的明确认识,也没有清晰的条理和制度。

第二阶段:政府职责阶段。这一阶段的特点是政府介入和法律规定开始在各个方面影响员工雇佣,企业不得不强调规范化、系统化和科学化,但组织的高层领导人仍将人力资源管理的成本视为非生产性消耗。

第三阶段:组织职责阶段。进入20世纪80年代后,组织领导人不再认为人事管理是"政府的职责",而把它真正视为自己组织的"组织的职责",人力资源管理和开发成为组织人事部门的职责。

第四阶段:战略伙伴阶段。把人力资源战略作为公司重要的竞争战略,与公司的总体经营战略联系在一起,是20世纪90年代后组织人力资源管理的重要发展。

4. 三阶段论

这种观点的代表是福姆布龙(Fombrun)、蒂奇(Tichy)和德兰纳(Deranna),他们从人力资源管理所扮演的角色和所起的作用这一角度把人力资源管理的发展划分为三个阶段。

第一阶段:操作性角色阶段。在此阶段,人力资源管理的内容主要是一些简单的事务性工作,在管理中的作用并不是很明显。

第二阶段:管理性角色时代。人力资源管理在这一阶段开始成为组织职能管理的一部分,承担着相对独立的管理任务和职责。

第三阶段:战略性角色阶段。随着竞争的加剧,人力资源在组织中的作用越来越重要,人力资源管理开始纳入组织的战略层次,要求从组织战略的高度来思考人力资源管理的相关问题。

(二)东方学者的观点

国内学者付亚和、孙健敏将人力资源管理划分为三个阶段:

第一阶段:初级阶段。管理的中心是如何通过科学的工作方法提高工作效率。

第二阶段：人事管理阶段。以工作为中心

第三阶段：人力资源管理阶段。强调人与工作的相互适应。

国内学者赵曙明从人事管理和现代人力资源管理之间的差异性角度，将人力资源管理的发展历史划分为人事管理和人力资源管理两个阶段。

第一阶段：人事管理阶段。人事管理阶段又可具体分为以下几个阶段：科学管理阶段；霍桑实验和人际关系运动阶段；组织行为学理论的早期发展阶段。

第二阶段：人力资源管理阶段。人力资源管理是作为替代传统的人事管理的概念提出来的，它重在将人看作组织中一种重要资源来探讨如何对人力资源进行管理和控制，以提高人力资源的生产效率，帮助组织实现目标。人力资源管理阶段又可分为人力资源管理的提出和人力资源管理的发展两个阶段。

还有学者将人力资源管理划分为六个阶段：

第一阶段：萌芽阶段。即工业革命时代，劳动分工思想的提出，奠定了人力资源管理的雏形。

第二阶段：建立阶段。即科学管理时代，管理从经验步入科学，人力资源的一些基本职能初步形成。

第三阶段：反省阶段。即人际关系时代，人际关系理论开创了人力资源管理的新阶段，培训主管，强调对员工的关心，人事管理的职能得到丰富。

第四阶段：发展阶段。即行为科学时代，人力资源管理从监督到激励，从专制领导到民主领导，努力做到人与工作的配合。

第五阶段：整合阶段。即权变管理时代，该阶段，企业的经营环境发生了巨大变化，各种不确定性因素增加，权变理论强调管理方式要与环境相适应，在该理论影响下，人力资源管理也发生了变化，强调针对不同情况采取不同管理方式。

第六阶段：战略阶段。即战略管理时代，该阶段，人力资源管理对战略实现有着重要影响，从战略角度思考人力资源的管理问题成为人力资源管理的主要特点和发展趋势。

对人力资源管理的发展阶段进行划分，目的并不在于这些阶段本身，而是要借助于这些阶段来把握人力资源管理整个发展脉络，从而更加深入地理解它。因此，对于阶段的划分并没有绝对的标准和绝对的对错。

二、人力资源管理的发展

（一）经济全球化与人力资源管理

经济全球化不仅对跨国公司的人力资源管理提出了更高的要求，也影响着本国的组织。因为即使对于不从事跨国业务的组织来说,也越来越多地与跨国界的组织或员工接触或共事。由于人才构成越来越国际化,文化差异也为人力资源管理增加了一定的难度,同时,人才流动速度的加快、人才素质的提高以及人才教育培训的加强等也需要人力资源管理根据新的情况和要求及时做出一定的调整。

(二)信息技术与人力资源管理

在知识经济时代,信息技术的发展不仅使我们的生产、生活发生了巨大变大,也影响着组织的人力资源管理,组织人力资源管理的信息化已经成为人力资源发展的一大趋势。

信息技术是把"双刃剑",对于组织人力资源管理既有积极的影响,也有消极的影响。信息技术的发展促进了组织的组织结构由原来垂直的金字塔式向扁平化的转变,组织更强调对员工的授权,鼓励员工扩大自己的工作内容,提高员工的通用性和灵活性,更加强调员工的参与管理。由于计算机以及网络技术的应用,许多人力资源管理工作都可以通过电脑完成,不需要人力资源管理者花费大量的时间和精力从事行政事务,所以,人力资源管理者必须对他们的角色进行重新定位。人力资源管理信息化可以降低管理成本,提高管理效率。人力资源管理信息化的一大优点就是信息的透明化,然而,这却对信息的安全性造成了隐患,因此,必须使用专业人员和专业手段来设计、维护、管理信息系统,确保人力资源信息的安全性。人力资源管理信息化系统的引人可能会对员工的心理造成一定的消极影响,例如,可能引发人际沟通障碍。

(三)管理模式战略化与人力资源管理

自进入 21 世纪以来,传统的人力资源管理已经转变为战略性的人力资源管理,这是组织发展的必然要求。战略性人力资源管理是一种全新的人力资源管理理念,组织如果能从战略角度有效地利用人力资源,必然能提高自己的竞争优势,这也是战略性人力资源管理日益受到组织重视的原因。战略性人力资源管理的本质是促进组织人力资源管理与组织发展战略的有机结合。一方面,人力资源部门要根据组织实际情况分析其内外环境,然后从战略性角度对组织人力资源进行规划;另一方面,在战略实施过程中,人力资源要与其保持同步、协同发展。

讨 论

人力资源管理在组织层面属于战略管理吗?

参考文献

(美)Richard L. Daft. Management[M].7版.北京:清华大学出版社,2006.
(美)S.罗宾斯.管理学[M].4版.北京:中国人民大学出版社,1997.
(美)安德鲁·J·杜伯林.管理学精要[M].胡左浩,郑黎超,译.7版.北京:电子工业出版社,2007.
安锋,宋伟,王冰.人力资源管理教程[M].北京:中国经济出版社,2016.
(美)彼得·圣吉.第五项修炼[M].郭进隆,译.上海:上海三联书店,1998.
车洪波,郑俊田.领导科学[M].北京:对外经济贸易大学出版社,2011.
陈国宏.人力资源管理[M].北京:北京理工大学出版社,2017.
丁桂凤.人力资源开发与管理[M].北京:中国经济出版社,2016.
董克用.人力资源管理概论[M].北京:中国人民大学出版社,2007.
亨利.法约尔.工业管理与一般管理[M].迟力耕,张璇,译.北京:机械工业出版社,2018.
胡运权.运筹学教程[M].2版.北京:清华大学出版社,2003.
黄建春.人力资源管理概论[M].重庆:重庆大学出版社,2020.
姜合作.平衡计分卡在医院管理中的应用[M].北京:军事医学科学出版社,2007.
课思课程中心.时间整理[M].北京:中国劳动社会保障出版社,2015.
李桂艳.现代管理专题[M].北京:中央广播电视大学出版社,2007.
李华敏.管理学基础[M].杭州:浙江大学出版社,2018.
李兴山,刘潮.西方管理理论的产生与发展[M].北京:现代出版社,2006.
李雪峰.中国管理学[M].北京:中国人民大学出版社,2005.
(美)理查德·达夫特.管理学[M].韩经纶,韦福祥,译.5版.北京:清华大学出版社,2006.
刘富书,李善之.孔子《论语》中的管理思想及其当代意义[J].浙江万里学院学报,2004,17(6):5-9.
刘红军.信息管理概论[M].北京:科学出版社,2008.
(美)迈克尔·波特.竞争战略[M].北京:华夏出版社,1997.
彭向刚,袁明旭.领导科学概论[M].北京:高等教育出版社,2007.

(美)琼斯·乔治.当代管理学(双语教学版)[M].郑风田等,译.3版.北京:人民邮电出版社,2005.

芮明杰.管理学——现代的观点[M].2版.上海:上海人民出版社,2005.

(美)斯蒂芬·P·罗宾斯.管理学[M].7版.北京:中国人民大学出版社,2004.

王林雪.管理学——原理、方法与技能[M].西安:西安电子科技大学出版社,2007.

王思渔.不再拖延[M].北京:北京理工大学出版社,2014.

王向东.医院持续发展[M].上海:上海科学技术出版社,2006.

吴雁鸣.管理学[M].上海:第二军医大学出版社,2006.

奚昕,谢方.人力资源管理[M].合肥:安徽大学出版社,2018.

余白.霍桑实验:管理科学发展的里程碑[J].高师函授学刊,1994,(2):35-38.

赵国祥.我国领导者的个性特质研究[C].北京:2000年中国博士后学术大会,2000.

周健临.管理学教程[M].2版.上海:上海财经大学出版社,2007.

周三多,陈传明,刘子馨.管理学——原理与方法[M].7版.上海:复旦大学出版社,2018.

周三多.管理学[M].5版.北京:高等教育出版社,2018.

组织行为学编写组.新编组织行为学[M].北京:中央广播电视大学出版社,2006.